传统农区工业化与社会转型丛书

传统农区工业化与社会转型丛书
丛书主编／耿明斋

区域差异与教育公平

韩良良◇著

Regional Differences and Educational Equity

社会科学文献出版社
SOCIAL SCIENCES ACADEMIC PRESS (CHINA)

本项研究与著作撰写出版得到了中原发展研究基金会、新型城镇化与中原经济区建设河南省协同创新中心、河南省重点智库河南中原经济发展研究院、河南省高等学校人文社会科学重点研究基地中原发展研究院等的支持。

总 序

　　如果不考虑以渔猎、采集为生的蒙昧状态，人类社会以18世纪下半叶英国产业革命为界，明显地可分为前后两个截然不同的阶段，即传统的农耕与乡村文明社会、现代的工业与城市文明社会。自那时起，由前一阶段向后一阶段的转换，或者说社会的现代化转型，已成为不可逆转的历史潮流。全世界几乎所有的国家和地区都曾经历或正在经历从传统农耕与乡村文明社会向现代工业与城市文明社会转型的过程。中国社会的现代化转型可以追溯到19世纪下半叶的洋务运动，然而，随后近百年的社会动荡严重阻滞了中国社会全面的现代化转型进程。

　　中国真正大规模和全面的社会转型以改革开放为起点，

农区工业化潮流是最强大的推动力。正是珠三角、长三角广大农村地区工业的蓬勃发展，才将越来越广大的地区和越来越多的人口纳入工业和城市文明发展的轨道，并成就了中国"世界工厂"的美名。然而，农耕历史最久、农耕文化及社会结构积淀最深、地域面积最大、农村人口最集中的传统平原农区，却又是工业化发展和社会转型最滞后的地区。显然，如果此类区域的工业化和社会转型问题不解决，整个中国的现代化转型就不可能完成。因此，传统平原农区的工业化及社会转型问题无疑是当前中国最迫切需要研究解决的重大问题之一。

使我们对传统农区工业化与社会转型问题产生巨大兴趣并促使我们将该问题锁定为长期研究对象的主要因素，有如下三点。

一是关于工业化和社会发展的认识。记得五年前，我们为申请教育部人文社科重点研究基地而准备一个有关农区工业化的课题论证时，一位权威专家就对农区工业化的提法提出了异议，说"农区就是要搞农业，农区的任务是锁定种植业的产业结构并实现农业的现代化，农区工业化是个悖论"。两年前我们组织博士论文开题论证时，又有专家提出了同样的问题。其实对这样的问题，我们自己早就专门著文讨论过，但是，一再提出的疑问还是迫使我们对此问题做更深入的思考。事实上，如前所述，从社会转型的源头上说，最初的工业都是从农业中长出来的，所以，最初的工业化都是农区工业化，包括18世纪英国的产业革命，这是其一。其二，中国20世纪80年代初开始的大规模工业化就是从农区开始的，所谓的苏南模式、温州模式不都是农区工业发展的模式么？现在已成珠三角核心工业区的东莞市30年前还是典型的农业大县，为什么现在尚未实现工业化的农区就不能搞工业化了呢？其三，也是最重要的，工业化是一个社会现代化的过程，而社会的核心是人，所以工业化的核心问题是人的现代化，一个区域只有经过工业化的洗礼，这个区域的人才能由传统向现代转化，你不允许传统农区搞工业化，那不就意味着你不允许此类地区的人进入现代人的序列么？这无论如何也是说不过去的。当然，我们也知道，那些反对农区搞工业化的专家是从产业的区域分工格局来讨论问题的，但是要知道，这样的区域分工格局要经过工业化的洗礼才会形成，而不能通过阻止某一区域的工业化而人为地将其固化为某一特定产业区域类型。其四，反对农区工业化的人往往曲解了农区工业化的丰富内涵，似乎农区工业化就是在农田里建工厂。其实，农区工业化即使包含着在农区建工厂的内容，那也是指在更广大的农区的某些空间点上建工厂，并不意味着所有农田都要变成工厂，也就是说，农区工业化并不意味着一定会损害乃至替代农业的发展。农区工业化最重要的意义是将占人口比例最大的农民卷入社会现代化潮流。不能将传统农区农民这一占人口比例最大的群体排除在中国社会的现代化进程之外，这是我们关于工业化和社会发展的基本认识，也是我们高度重视传统农区工业化问题的基本原因之一。

二是对工业化发生及文明转换原因和秩序的认识。从全球的角度看，现代工业和社会转型的起点在英国。过去我们有一种主流的、被不断强化的认识，即中国社会历史发展的逻辑进程与其他地方——比如说欧洲应该是一样的，也要由封建社会进入资本主义社会，虽然某一社会发展阶段的时间起点不一定完全一致。于是就有了资本主义萌芽说，即中国早在明清乃至宋代就有了资本主义萌芽，且迟早要长出资本主义的大树。这种观点用另一种语言来表述就是：即使没有欧洲的影响，中国也会爆发产业革命，发展出现代工业体系。近年来，随着对该问题研究的深入，提出并试图回答类似"李约瑟之谜"的下述问题越来越让人们感兴趣，即在现代化开启之前的1000多年中，中国科学技术都走在世界前列，为什么现代化开启以来的最近500年，中国却远远落在了西方的后面？与工业革命联系起来，这个问题自然就转换为：为什么产业革命爆发于欧洲而不是中国？虽然讨论仍如火如荼，然而一个无可争议的事实是：中国的确没有爆发产业革命，中国的现代工业是由西方输入的，或者说是从西方学的。这一事实决定了中国工业化的空间秩序必然从受西方工业文明影响最早的沿海地区逐渐向内陆地区推进，不管是19世纪下半叶洋务运动开启的旧的工业化，还是20世纪80年代开启的新一轮工业化，都不例外。现代工业诞生的基础和工业化在中国演变的这一空间秩序，意味着外来的现代工业生产方式和与此相应的经济社会结构在替代中国固有的传统农业生产方式和相应的经济社会结构的过程中，一定包含着前者对后者的改造和剧烈的冲突。而传统农耕文明历史最久、经济社会乃至文化结构积淀最深的传统农区，一定也是现代工业化难度最大、遇到障碍最多的区域。所以，将传统农区工业化进程作为研究对象，或许更容易发现两种不同文明结构的差异及冲突、改造、替代的本质和规律，从而使得该项研究更具理论和思想价值。

三是对我们所处的研究工作环境和知识积累的认识。我们中的很多人都来自农民家庭，我自己甚至有一段当农民的经历，我们工作的河南省又是全国第一人口大省和第一农民大省，截至 2008 年末，其城市化率也才不到 40%，也就是说，在将近 1 亿人口中，有近 7000 万人是农民，所以，我们对农民、农业、农村的情况非常熟悉，研究农区问题，我们最容易获得第一手资料。同时，我们这些土生土长的农区人，对该区域的现代化进程最为关注，也有着最为强烈的社会责任感，因此，研究农区问题我们最有动力。还有，在众多的不断变化的热点经济社会问题吸引相当多有抱负的经济学人的情况下，对事关整个中国现代化进程的传统农区工业化和社会转型问题进行一些深入思考可能是我们的比较优势。

我个人将研究兴趣聚焦到农区工业化上来始于 20 世纪 90 年代中期，进入 21 世纪以来，该项研究占了我越来越多的精力和时间。随着实地调查机会的增多，进入视野的令人感兴趣的问题也越来越多。与该项研究相关的国家社科基金重点项目、一般项目以及教育部基地重大项目的相继立项，使研究的压力也越来越大。值得欣慰的是，该项研究的意义越来越为更多的学者和博士生及博士后研究人员所认可，研究队伍也越来越大，展开的面也越来越宽，研究的问题也越来越深入和具体。尤其值得一提的是日本大学的村上直树教授，他以其丰厚的学识和先进的研究方法，将中国中原地区的工业化作为自己重要的研究方向，且已经取得了重要进展，并打算与我们长期合作，这给了我们很大的鼓舞。

总之，研究对象与研究领域已经初步锁定，研究队伍已聚集起来，课题研究平台在不断拓展，若干研究也有了相应的进展。今后，我们要做的是对相关的研究方向和研究课题做进一步的提炼，对研究队伍进行优化整合，对文献进行更系统的批判和梳理，做更多的实地调查，力争从多角度来回答若干重要问题，比如：在传统农业基础上工业化发生、发育的基础和条件是什么？工业化究竟能不能在传统农业的基础上内生？外部的因素对传统农区工业化的推进究竟起着什么样的作用？从创业者和企业的行为方式看，工业企业成长和空间演进的轨迹是怎样的？在工业化背景下，农户的行为方式会发生怎样的变化，这种变化对工业化进程又会产生怎样的影响？县、乡等基层政府在工业化进程中究竟应该扮演何种角色？人口流动的方向、方式和人口居住空间结构调整演进的基本趋势是什么？这是一系列颇具争议但又很有研讨价值的问题。我们将尝试弄清楚随着工业化的推进，传统农业和乡村文明的经济社会结构逐步被破坏、被改造、被替代，以及与现代工业和城市文明相适应的经济社会结构逐步形成的整个过程。

按照目前的打算，今后相当长一个时期内，我们的研究都不可能离开传统农区工业化与社会转型这一领域，我们也期望近期在若干主要专题上能有所突破，并取得相应的研究成果。为了将所有相关成果聚集到一起，以便让读者了解到我们所研究问题的全貌，我们决定编辑出版"传统农区工业化与社会转型丛书"。我们希望，随着研究的推进，每年能拿出三到五本书的相关成果，经过3~5年，能形成十几乃至二十本书的丛书规模。

感谢原社会科学文献出版社总编辑邹东涛教授，感谢该社皮书出版分社的邓泳红，以及所有参与编辑该套丛书的人员，是他们敏锐的洞察力、强烈的社会责任感、极大的工作热情和一丝不苟的敬业精神，促成了该套丛书的迅速立项，并使出版工作得以顺利推进。

2009年6月14日

前言

教育公平是社会普遍关注的问题，义务教育作为最基本的教育制度，义务教育公平备受关注与期待，义务教育公平是实现教育公平的起点。城乡差异和区域差异是教育不公平的两个突出表现，无论是从国家的政策导向还是从学者的实证研究来看，义务教育的城乡差异似乎都是不公平问题的主要体现。但是，本书从省级面板数据的梳理分析中发现，我们持续关注的而且感受颇深的城乡差异问题已经明显缓解，城乡之间的义务教育生均经费支出差距可以说已经微乎其微。相反，目前我国义务教育的不公平问题主要体现在区域之间，区域之间的义务教育生均经费支出长久以来都存在巨大差距，但是区域差异问题并没有得到应有的重视，本书从能够客观反映区域差异的生均经费支出入手研究义务教育公平问题。

从省级面板数据梳理分析普通小学和普通初中的生均教育事业费和生均公用经费，利用平均值、极差、四分位数间距、标准差、变异系数五个常用测度指标，对全国31个省（自治区、直辖市）区域间，东、中、西部区域间，东部区域内，中部区域内，西部区域内分别进行了详细的生均经费支出差异水平测度，利用数据统计和差异水平测度说明我国义务教育公平区域差异的严重程度。

地方政府财政支出状况无疑会影响义务教育财政支出，以义务教育财政支出比重的区域差异水平测度，可以说明地方政府义务教育财政支出状况的区域差异。在地方政府财政支出不变的情况下，地方政府财政其他支出项目过多或支出比例过高，都会挤占义务教育财政支出额度或支出比例。换句话说，如果政府职能范围的边界不清，政府负担了本可以由市场负责的事务，政府的支出责任加重势必挤占义务教育财政支出；从政府内部财政支出项目的分配比例来看，其他财政支出项目的额度或比例增加势必挤占义务教育财政支出；从政府内生动力或激励机制来看，地方政府缺乏积极性又没有激励机制的正面指引，地方政府义务教育财政支出难免会比较低。这些地方政府支出方面的因素，影响了义务教育的财政支出，导致义务教育财政支出区域差异的产生。

地方政府财政收入状况也影响义务教育财政支出，从地方政府财政收支关系可以看出，地方政府财政收入主要包括本级财政收入和转移支付收入，本级财政收入受区域经济发展水平的直接影响，中央政府的转移支付解决地方政府支出规模偏大的问题。也就是说，地方政府财政收入受区域经济发展水平和转移支付收入的影响，地方政府财政收入影响义务教育财政支出，地方政府财政收入充足则义务教育财政支出相对宽裕，地方政府财政收入不足则义务教育财政支出相对紧张。区域经济发展水平高则本级财政收入高，地方政府自给财力充足则义务教育财政支出相对宽裕；区域经济发展水平低则本级财政收入低，地方政府自给财力不足则义务教育财政支出相对紧张。转移支付收入高则可支配财力充足，地方政府可支配财力充足则义务教育财政支出相对宽裕；转移支付收入低则可支配财力不足，地方政府可支配财力不足则义务教育财政支出相对紧张。这些地方政府收入方面的因素，影响了义务教育的财政支出，导致义务教育财政支出区域差异的产生。

从制度因素的多维视角分析，地方政府的财政收入和财政支出均受到政府层级的影响，本级财政收入受到财权即税收在政府层级之间分配的影响，转移支付收入受到财力即中央转移支付在政府层级之间分配的影响，地方政府财政支出也受到政府职能范围在政府层级之间分配的影响。总之，不管是横向的政府间财政关系还是纵向的政府间财政关系，即事权和事责、财权和财力的分配及匹配问题都受到政府层级的影响。当然，我们之所以追踪分析所有的相关影响因素，最终目的不过是采取有效措施使之起到积极的影响，经过实践验证的有效措施最终需要以法律制度的形式固定下来以确保长期实施。需要特别强调的是，生均经费支出是指义务教育财政支出与义务教育在校生数的比值，地方政府财政收入和财政支出对义务教育财政支出的影响，不过是对义务教育生均经费支出一个方面的影响，另一个方面的影响就是义务教育的在校生数，城镇化带来的大量人口流动影响了区域之间的义务教育在校生数，因此人口流动是义务教育财政支出区域差异产生的动态因素。

虽然我国的义务教育事业发展存在这样那样的问题，但是国家始终将义务教育放在优先发展的战略地位，现阶段我国已经基本实现了义务教育机会均等目标，国家开始把促进义务教育公平、推动义务教育内涵式和均衡式发展，作为义务教育事业的战略性任务。党的十八大报告提出了义务教育改革的准确定位，即"大力促进教育公平，合理配置教育资源"。《国家中长期教育改革和发展规划纲要（2010～2020年）》重申了实现义务教育公平的政府责任，"教育公平的主要责任在政府，全社会要共同促进教育公平"。国家政策明确了实现义务教育公平目标的财政资源均衡配置路径，财政资源均衡配置的制度设计和政策安排是一项系统工程。本书借鉴了部分具有代表性的发达国家和发展中国家义务教育公平的实践经验，总结了经济社会发展对义务教育公平的影响和义务教育公平面临的机遇与挑战，以便我们全方位考虑财政体制和政府体制以指导总体方案的规划和布局。

鉴于义务教育公平问题重要性和紧迫性的现实要求，制定全国统一的生均经费支出标准和办学条件标准是最为直接最为有效的措施，但是我们知道任何政策和措施的实施都会带来相关衍生问题，制定全国统一标准对于实现义务教育公平目标无疑是立竿见影的，但是全国统一标准对于可支配财力不足地区的财政压力可想而知，在提出全国统一标准建议的同时还要考虑地方政府实施这一政策的财力保障问题，由此进一步提出建立需求本位的财政资源分配模式，并根据差异分配原则改革转移支付制度，实施两级转移支付制度，提高转移支付的财力均衡效力，解决地方政府的财力差异问题，保障全国统一标准得以实施。但是完善的转移支付制度只是财力保障的一个补救措施，要想从根本上解决地方政府可支配财力不均衡问题，就要从地方政府财政收入和财政支出的自我平衡角度入手，从根本上解决我国财政体制和财政关系存在的顽症，随之提出深化财税体制改革和理顺政府间财政关系的系列举措。由于财政体制和财政关系存在的问题源于政府体制的根本问题，所以本书将实现义务教育公平的总体方案落脚在财政体制和政府体制改革。

目录

Contents

第一章　导论 …………………………………………………… 1
　第一节　提出问题 ………………………………………… 1
　第二节　研究意义 ………………………………………… 8
　第三节　研究路径 ………………………………………… 12
　第四节　研究方法与学术创新 …………………………… 20

第二章　理论回顾与研究综述 ………………………………… 24
　第一节　义务教育理论回顾与研究综述 ………………… 24
　第二节　教育公平理论回顾与研究综述 ………………… 47

第三章　区域间义务教育公平度测度 ………………………… 56
　第一节　区域间义务教育公平度测度的相关说明 ……… 56
　第二节　全国区域间义务教育公平度测度 ……………… 58
　第三节　东、中、西部区域间义务教育公平度测度 …… 78
　第四节　东、中、西部区域内义务教育公平度测度 …… 82
　第五节　义务教育公平度测度的总体结论 ……………… 99

1

第四章　影响义务教育公平的因素分析 …………… 104
第一节　影响义务教育公平相关因素的综合分析 …… 104
第二节　影响义务教育公平的财政支出因素分析 …… 110
第三节　影响义务教育公平的财政收入因素分析 … 122
第四节　影响义务教育公平的制度因素分析 ………… 159
第五节　影响义务教育公平的人口因素分析 ………… 178

第五章　国外义务教育公平的实践与经验总结 ………… 180
第一节　发达国家义务教育公平的实践经验 ………… 180
第二节　发展中国家义务教育公平的实践经验 …… 200
第三节　实现义务教育公平的经验总结 ……………… 217

第六章　中国义务教育公平面临的机遇与挑战 ………… 223
第一节　经济社会发展对义务教育公平的影响 …… 223
第二节　"十四五"时期中国义务教育公平面临的机遇 …………………………………………………… 240
第三节　"十四五"时期中国义务教育公平面临的挑战 …………………………………………………… 272

第七章　实现义务教育公平的整体思路及保障措施 …… 316
第一节　实现义务教育公平的整体思路 ……………… 316
第二节　实现义务教育公平的保障措施 ……………… 324

第八章　结语 ……………………………………………… 338

参考文献 …………………………………………………… 341

第一章 导论

第一节 提出问题

一 义务教育公平本质上就是财政支出公平

随着经济社会的不断发展和人们对公平诉求的不断提高,教育公平作为世界各国普遍认同的价值标准,越来越受到各国政府和人民的重视。联合国在《世界人权宣言》中明确提出:"人人都有受教育的权利,教育应当免费,至少在初级和基本阶段应如此。"此举极大地推动了世界义务教育公平进程,教育公平已经成为世界各国教育改革的终极目标,教育公平问题始终是教育改革的核心问题,教育公平问题也是个人与社会共同期待的焦点问题,各国政府纷纷通过制度设计和政策安排来保障教育公平目标的实现。

　　我国将义务教育的均衡发展作为实现教育公平目标的根本途径。1986年开始实施的《中华人民共和国义务教育法》，保障了适龄儿童、少年依法享有平等接受义务教育的权利；2005年教育部下达《关于进一步推进义务教育均衡发展的若干意见》，要求各级政府明确义务教育均衡发展的目标、步骤和举措；2006年重新修订《中华人民共和国义务教育法》，将义务教育均衡发展确立为义务教育改革的指导思想，同时指出义务教育资源配置应体现公平性和公正性，尤其是对义务教育财政经费的公平分配提出了明确要求，将实现义务教育均衡发展、解决义务教育公平问题作为今后的努力方向；2010年教育部下发《关于贯彻落实科学发展观　进一步推进义务教育均衡发展的意见》，明确提出了促进义务教育均衡发展的目标和阶段，并对义务教育的经费投入、资源配置及机制创新等方面进行了指导。

　　《中华人民共和国义务教育法》规定义务教育是国家必须予以保障的公益性事业，中央政府将义务教育全面纳入国家财政保障范围，如图1-1所示，2018年，我国财政性义务教育经费占义务教育总经费的93.09%。从某种意义上说，义务教育的均衡问题就是财政支出的均衡问题，义务教育的公平问题就是财政支出的公平问题；财政支出均衡是义务教育均衡的前提，财政支出公平是义务教育公平的保障。义务教育公平本质上就是财政支出公平，如何从根本上改变我国义务教育的不公平状况，是今后很长时期内我国义务教育领域的重要课题。

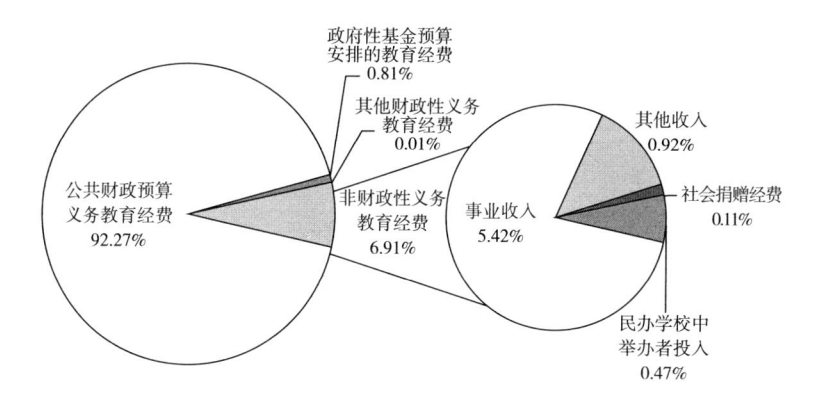

图 1-1　2018 年全国义务教育经费来源构成情况

从财政支出公平的角度来衡量，我国的义务教育公平程度较低。九年制义务教育实施 30 多年来，我国已经基本普及了义务教育，但是在义务教育快速发展的同时，出现了财政资源分配不均现象，阻碍了义务教育公平目标的实现。我国义务教育不公平的突出表现就是生均经费支出差异，衡量义务教育生均经费支出差异普遍从城乡和区域两个维度来评价，城乡差异和区域差异是不公平问题的两个主要表现。无论是从国家的政策导向看还是从学者的实证研究来看，义务教育的城乡差异似乎都是不公平问题的主要体现。但是，本研究在对义务教育生均经费支出省级面板数据的梳理中发现，城乡之间和区域之间的生均经费支出差异状况已经明显不同，我们持续关注的而且感受颇深的城乡差异问题明显缓解，城乡之间的义务教育生均经费支出差异可以说微乎其微；相反，区域之间的义务教育生均经费支出长久以来都存在巨大差异，目前我国义务教育的不公平问题主要体现为区域之间的差异，但是区域差异并没有得到足够的重视，这一点单从研究义务教育公平问题的文献数量上就可以看出来，更不用说国家政策规划多次反复提到的都是教育的城乡差异问题。正是基于义务教育区域差异问题研究的理论价值和现实意义，本研究拟从能够客观反映区域差异的生均经费支出开始研究义务教育公平问题。

二 城乡之间的义务教育不公平问题明显缓解

城乡之间的义务教育生均经费支出不均衡问题明显缓解。如图 1-2 所示，教育部、国家统计局、财政部关于 2019 年全国教育经费[①]执行情况统计公告显示：2019 年全国普通小学生均公共财政预算教育事业费[②]支出为 11197.33 元，比上年的 10565.50 元增长 5.98%；其中农村小学生均教育事业费为 10681.34 元，比上年的 10102.94 元增长 5.73%；农村小学生均教育事业费比全国普通小学低 515.99 元。2019年全国普通小学生均公共财政预算公用经费[③]支出为 2843.79元，比上年的 2794.20 元增长 1.77%；其中农村小学生均公

---

① 教育经费支出分为事业性经费支出、基本建设支出两部分。事业性经费支出分为个人部分支出、公用部分支出两部分。个人部分支出包括工资福利支出、对个人和家庭的补助支出两部分，公用部分支出包括商品和服务支出、其他资本性支出两部分。
② 生均公共财政预算教育事业费，下文简称生均教育事业费。
③ 生均公共财政预算公用经费，下文简称生均公用经费。

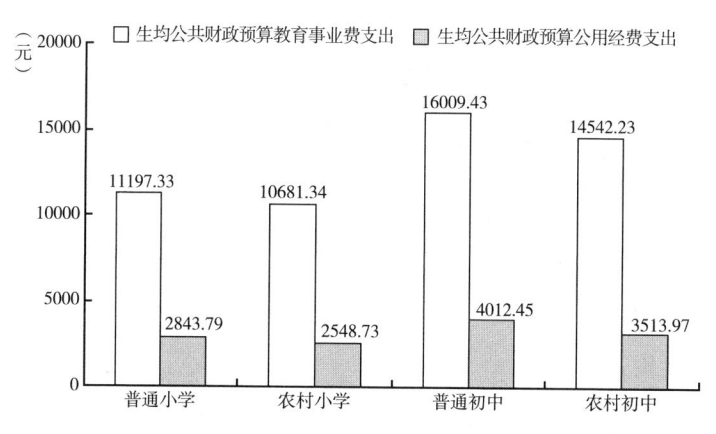

图 1-2　2019 年全国义务教育生均公共财政预算教育
事业费支出及生均公共财政预算公用经费支出

用经费支出为 2548.73 元，比上年的 2545.54 元增长 0.13%；农村小学生均公用经费支出比全国普通小学低 295.06 元。2019 年全国普通初中生均教育事业费支出为 16009.43 元，比上年的 15196.40 元增长 5.35%；其中农村初中生均教育事业费为 14542.23 元，比上年的 13912.37 元增长 4.53%；农村初中生均教育事业费比全国普通初中低 1467.2 元。2019 年全国普通初中生均公用经费支出为 4012.45 元，比上年的 3906.20 元增长 2.72%；其中农村初中生均公用经费支出为 3513.97 元，比上年的 3460.77 元增长 1.54%；农村初中生均公用经费支出比全国普通初中低 498.48 元。差距最大的农村初中生均教育事业费比全国普通初中低了 9.16%；差距最小的农村小学生均公用经费支出比全国普通小学低了 10.38%。仅从生均教育经费支出同比来看，农村义务教育与城市义务教育的差距并不是很明显，国家对农村义务教育持续的政策倾斜，使城乡之间义务教育生均经费支出不均衡问题明显缓解，未来义务教育生均经费支出的城乡差距将会越来越小。虽然经验体会和直观感受告诉我们，农村、县镇和城市的义务教育在办学条件、师资水平和培养质量等方面依然存在差距，但造成这种城乡差距的原因并非义务教育财政支出问题所致，因此义务教育城乡差距问题不在本书研究的范围之内。

三 区域之间的义务教育不公平问题依然突出

区域之间的义务教育生均经费支出不均衡问题依然突出。如图1-3和图1-4所示，从2018年东、中、西部地区义务教育生均教育事业费和生均公用经费支出比较来看，东部地区的义务教育生均教育事业费和生均公用经费支出都明显高于中部和西部地区，中部地区无论是义务教育生均教育事业费还是生均公用经费支出都是最低的，我国区域之间义务教育生均教育事业费和生均公用经费支出不均衡问题依然突出。从2018年东、中、西部地区的生均经费支出平均值数据可以看出，其一，生均经费支出最高的东部地区与生均经费支出最低的中部地区差距比较显著，无论是普通小学还是普通初中东部地区的生均经费支出平均值都高出中部地区1.4倍以上。东部地区普通小学生均教育事业费平均值是中部地区的1.43倍，东部地区普通初中生均教育事业费平均值是中部地区的1.65倍；东部地区普通小学生均公用经费平均

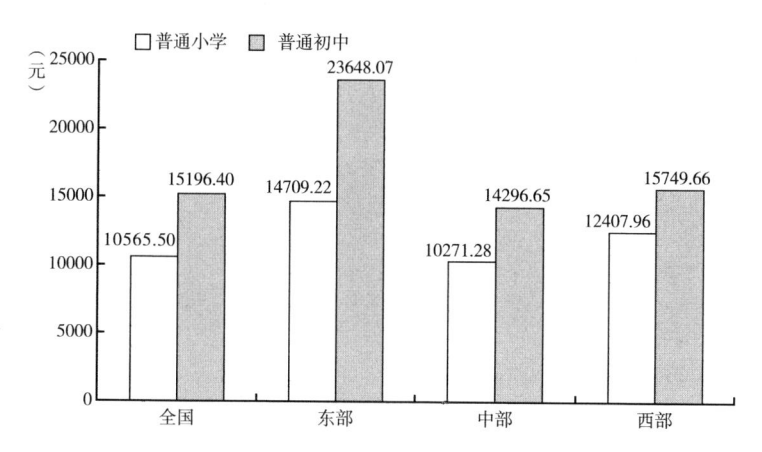

图 1-3　2018 年东、中、西部生均公共财政预算
教育事业费平均值

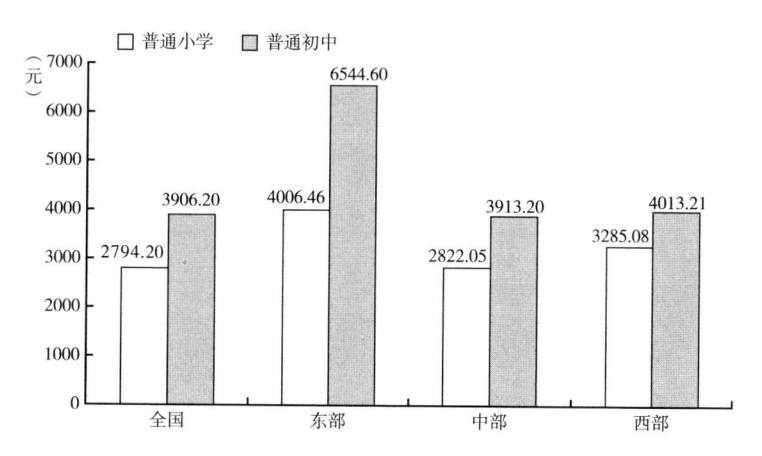

图 1-4　2018 年东、中、西部生均公共财政预算
公用经费平均值

值是中部地区的 1.42 倍，东部地区普通初中生均公用经费平均值是中部地区的 1.67 倍。其二，就普通小学生均经费支出平均值而言，西部地区比中部地区高出将近 1.16 倍，中西部地区差距比较明显；就普通初中生均经费支出平均值而言，

西部地区比中部地区略微高一点，中西部地区差距不很明显。西部地区普通小学生均教育事业费平均值是中部地区的1.21倍，西部地区普通初中生均教育事业费平均值是中部地区的1.10倍；西部地区普通小学生均公用经费平均值是中部地区的1.16倍，西部地区普通初中生均公用经费平均值是中部地区的1.03倍。

综上所述，从义务教育财政支出角度分析，城乡之间的义务教育生均经费支出不均衡问题明显缓解，区域之间的义务教育生均经费支出不均衡问题依然突出。就义务教育公平而言，义务教育生均经费支出的区域差异是最主要的不公平，本书就此展开义务教育公平问题研究。

第二节 研究意义

一 理论意义

教育公平是社会普遍关注的问题，义务教育作为我国最基本的教育制度，义务教育公平备受关注与期待，义务教育公平是实现教育公平的起点。城乡差异和区域差异是教育不公平的两个突出表现，无论是从国家的政策导向来看还是从学者的实证研究来看，义务教育的城乡差异似乎都是不公平问题的主要体现。但是，本研究从省级面板数据的梳理分析中发现，我们持续关注的而且感受颇深的城乡差异问题已经明显缓解，城乡之间的义务教育生均经费支出差距可以说已经微乎其微。相反，目前我国义务教育的不公平问题主要体现在区域之间，区域之间的义务教育生均经费支出长久以来都存在巨大差距，但是区域差异问题并没有得到应有的重视，本研究从能够客观反映区域差异的生均经费支出入手研究义务教育公平问题，利用数据统计和差异水平测度说明我国义务教育公平区域差异的严重程度，在一定程度上丰富了教育公平理论的研究视角。

二 现实意义

我国经济社会快速发展的时代背景，将义务教育公平问题提上了日程。城镇化的快速推进带来了社会人口的自由流动，义务教育适龄人口的区域分布也随之发生较大变化。自由流动社会唤醒了公民的义务教育公平意识，同时也增加了实现义务教育公平的难度。财政体制改革对政府间财政关系的重新调整，不仅造成了财政资源配置的效率低下，影响了义务教育财政资源的公平分配，还增加了义务教育公平问题的复杂程度。"全面二孩"生育政策的出台，将会使义务教育适龄人口的规模和结构迅速发生变化，如未能及时在义务教育财政供给的规划布局上予以调整，将不可避免会出现一系列义务教育财政资源配置的偏差。

（一）自由流动社会唤醒了公民的义务教育公平意识

城镇化正在成为我国经济社会发展的一个显著特征，人口在城乡之间、区域之间大规模持续流动，已成为一种不可逆转的时代特征和发展趋势。伴随着义务教育适龄人口的大规模快速流动，义务教育适龄人口的地区分布发生了变化。从城乡分界来看，农村地区义务教育适龄人口持续减少，城镇地区义务教育适龄人口持续增加；从区域分界来看，经济欠发达地区义务教育适龄人口持续减少，经济发达地区义务教育适龄人口持续增加。在城镇化带来的自由流动社会背景下，公民同等接受教育和接受同等教育的教育公平权被激活，在流入地区享受同等教育资源的美好诉求被唤醒，流动地区之间的义务教育公平问题成为社会关注的焦点。适龄人口流动会同时引发义务教育供给的财政外部性，在一个存在财政外部性的现实社会环境中，地方政府义务教育财政供给的收益与支出不对称，使地方政府供给义务教育的积极性不高，因财政外部性而扭曲的激励机制难以实现教育公平。因此，自由流动社会唤醒了公民的义务教育公平意识，义务教育公平实现的难度也随之增加。

（二）财政体制改革影响了义务教育公平的实现

1994年的财政体制改革无疑是制度性和历史性的创新，自此我国的财政体制一直实行分税制财政体制。事权与财权相匹配是改革最初的总方向和总目标，也可以说是分税制财政体制的灵魂或设计原则，但是分税之后没有跟进事权分配改革，使财政资源配置纵向失衡问题十分严重。同时，我国区域之间经济发展水平不均衡问题突出，调节区域发展不均衡的转移支付制度又存在缺陷，没有真正起到均衡区域之间财力的作用，使财政资源配置横向失衡问题普遍存在。在我国财政资源配置严重不均衡的情况下，所谓的分权改革并不到位，对包括教育在内的财政资源配置影响深远。中央政府已经明确提出财政是国家治理的基础和重要支柱，将建立与国家治理体系和治理能力现代化相匹配的现代财政制度确立为我国新一轮财政体制改革的总体目标。财政体制改革影响的不仅是财政资源配置，更是延伸到经济社会和国家治理的方方面面。如果财政体制改革不能满足义务教育事业发展对制度改革的要求，财政体制改革的消极作用势必影响义务教育公平目标的实现。

（三）"全面二孩"政策增加了义务教育公平的压力

我国计划生育作为一项长期基本国策，在控制人口规模、促进经济社会发展等方面做出了巨大贡献，与此同时也产生了年龄结构失衡、人口性别失调等一系列衍生问题。2013年11月的"单独二孩"和2015年10月的"全面二孩"，是我国为改善人口老龄化问题对计划生育政策的重大调整，也是为促进人口均衡发展对完善人口发展战略的重要改革。新中国成立后曾出现过三次生育高峰，分别是新中国成立时、1962年以后、1987年以后，全面放开二孩将迎来第四次生育高峰，我国2021年的普通小学和2027年的普通初中，将先后迎来适龄人口规模的快速膨胀，5年之后的义务教育事业发展必然面临更大的挑战，未来的义务教育财政支出压力也会更大。在目前义务教育财政支出不均衡问题严重且尚未得到有效解决的情况下，义务教育财政即将面临的更大挑战和压力无疑会使教育公平问题雪上加霜。

第三节 研究路径

一 概念界定

研究义务教育公平问题，首先需要清楚什么是义务教育公平，义务教育公平的真正内涵是什么。这不是一个三言两语就能简单回答的问题，本研究在此也只是试图做一个粗浅的描述。

所谓教育，旨在教书育人，教博学古今之书，育贤良通达之人。教书育人并不是制造学习机器，是需要培养和塑造学生的健康人格，是需要熏陶和激发学生的内在潜能，这不仅需要教师的影响更需要环境的影响。学生是生活在红墙绿瓦的校园里，还是处于只有钢筋水泥教学楼的环境中，不同的校园环境对学生天性的影响不言而喻。如果学校音体美课程设置不齐全甚至缺失，有这些特长爱好的学生的天资禀赋就很难有机会被发掘，没有这些天分的学生也很难得到身心全面发展的培养。对于处于求知欲旺盛的义务教育阶段的学生而言，如果学校配备有大量课外读物可以随时借阅翻读，对多数学生来说是一件很幸运的事情，否则对收入较低的贫困家庭学生，其知识渴求将无法得到有效满足。

总之，对于不同家庭条件或不同地区的学生，他们所能选择的或只能选择的教育存在很大差异，所有这些问题都是教育不公平的体现。教育不公平问题存在于方方面面，不可能在微观层面一个个解决，如果全国都能提供同样质量的义务教育，这些不公平问题必定迎刃而解，这显然是一个浩大的系统工程。但是我们也认识到，所有这些不公平问题的出现，都是由教育资源分配不均衡造成的。由于义务教育资源供给主要依赖政府财政，因此本研究选择从义务教育财政支出角度研究教育公平问题。并不是说义务教育公平只是财政支出公平这么简单，而是说财政支出公平是义务教育公平实现的有效路径，简单从财政支出角度研究教育公平并不能抹杀教育公平的深刻内涵。

由于义务教育公平的内涵过于宽泛，为了使研究对象更清晰、研究内容更集中，本书首先界定义务教育公平的内涵。义务教育阶段即指我国《义务教育法》规定的九年制义务教育，本研究仅限于普通小学和普通初中教育，不包括成人小学、成人中学和特殊教育等其他教育类别。教育公平是一种社会普遍认同的抽象价值判断，多是道德评价、伦理评价或历史评价等抽象评价，目前还没有规范标准的量化参数和指标体系来统一判定。由于义务教育具有法律强制性，较之其他教育阶段而言，义务教育的公共性更强，对于政府财政经费的依赖性更高。从义务教育财政资源供给的角度来说，义务教育的公平问题就体现为财政支出的公平问题，基于公平度量化的可能性考虑，本研究从义务教育生均经费支出的区域差异分析入手，环环紧扣义务教育公平目标这一核心主题，层层剖析我国义务教育的财政支出公平问题。

教育公平是社会公平和正义的一个方面，通常意义上的教育公平是指起点公平、过程公平和结果公平。起点公平主要是指每个人都能公平享有接受教育的机会和权利；过程公平主要是指每个人都能公平享有同等的教育资源；结果公平主要是指每个人都能公平享有实现学业成就的机会。现阶段我国已经基本普及了九年制义务教育，可以说每个人都有公平接受教育的机会和权利，义务教育的起点公平已经基本实现。研究所指的教育公平是指受教育者公平享有同等教育资源的过程公平，不同区域之间的受教育者应该公平享有教育资源的均衡分配，本研究用义务教育生均经费支出指标来评价教育资源的公平分配问题。

本书所指的教育公平并非严格意义上的绝对均等，我们利用罗尔斯正义论的自由原则和差异原则来解释公平问题。自由是压倒一切的优先权利，自由选择是与生俱来的权利，反映在义务教育公平问题上，自由原则表达为无差别的公平对待，即每个人都有自由选择同等教育资源的权利，不同的学生在不同的地区都可享受相同的义务教育，自由原则的核心思想还是追求义务教育公平。罗尔斯的差异原则指出，公平的形式和原则固然非常重要，但在如何确定公平及比例方面缺少实用性，要对先天不利者和有利者使用并非同等的标尺，使先天不利者和有利者一样可以公平利用机会，并且要在共同合作的利益分配方面，始终从先天不利者的立场来考虑。本研究遵循罗尔斯正义论的两个基本原则来评价我国义务教育资源配置的不均衡问题，罗尔斯的正义论正是本书研究教育公平问题的逻辑起点。

二 研究思路与研究内容

本书从我国目前普遍存在的义务教育生均经费支出区域差异分析入手，对我国31个省份[①]义务教育财政支出的区域差异问题进行深入剖析，对31个省份区域之间，东、中、西部区域之间和区域内部的生均经费支出差异进行测度，用大量省级面板数据的统计分析和差异测度说明我国区域差异的严重程度。从不同经济发展水平区域之间的生均经费支出差异特征分析可能存在的相关影响因素，尤其是从全国31个省份来源于本级财政收入比重的区域差异和来源于中央补助收入比重的区域差异分析，指出31个省份之间生均经费支出差异的主要原因或者说是部分省份生均经费支出较低的主要原因。部分省份主要是由本级财政收入较低而且中央补助收入也较低引发的可支配财力不足导致的，部分省份主要是由本级政府动力不足、积极性不高引发的义务教育财政支出不足

---

① 不包括港澳台地区的31个省、自治区、直辖市。

导致的，部分省份主要是由政府财政支出分配不合理引发的义务教育财政支出被挤占导致的，还有部分省份主要是由义务教育适龄人口过多引发的义务教育财政支出被平均导致的，生均经费支出区域差异产生原因的多样性和复杂性，说明实现义务教育公平目标任重而道远。

本研究从不同区域引起生均经费支出差异的不同原因，提出不同区域应该选择不同的改善路径。也就是说，主要是由中央补助收入较低导致的生均经费支出较低的区域主要依赖转移支付，能够提升转移支付制度均衡作用的制度激励路径是最好的选择；主要是由本级财政支出比重较低导致的生均经费支出较低的区域主要依赖自身努力，能够增强自身努力程度的制度激励路径是最好的选择；主要是由政府财政支出分配不合理引发的义务教育财政支出被挤占主要依靠政府职能转变，能够实现政府转型的政府体制改革路径是最好的选择；主要是由义务教育适龄人口数量引发的义务教育财政支出被平均导致的生均经费支出差异问题，能够探索稳步推进城镇化均衡发展路径是最好的选择。当然，任何问题产生的原因和改革路径的选择都不是纯粹的，而是相互交织的复杂体系，本研究放弃经常使用的有因必有果的因果关系分析逻辑，努力追踪影响义务教育财政支出区域差异的各种相关因素，提出义务教育公平问题主要源于财政体制问题同时也涉及政府体制问题，并从改革财政体制进而改革政府体制的角度，提出了解决义务教育公平问题的一般思路。因此财政体制和政府体制存在的主要问题和改革的总体方案，是本书逻辑思维的脉络和本书研究内容的重点。

本书在区域之间义务教育生均经费支出存在巨大差异的分析测度之后，提出了一系列相关问题并试图从中寻找答案。我国区域之间的义务教育生均差异依靠什么制度加以改善？（依靠转移支付制度）长期存在的义务教育区域之间的生均差异为什么没有得到改善？（转移支付出了问题）我国的财政转移支付制度存在哪些方面的缺陷？（设计缺陷和运行缺陷）怎样强大的力量关系造成了转移支付制度的扭曲变形？（财政关系的匹配错位）财政关系匹配错位的财政体制问题的根源来自哪里？（政府体制存在问题）政府体制的突出问题都有哪些？（职能范围问题、层级设置问题、激励机制问题、法律保障问题等）进而按此逻辑递进关系提出实现义务教育公平目标的总体方案，即实现义务教育公平的短期措施（制定全国统一标准），改革财政体制（厘清政府间财政关系、完善转移支付制度，深化财税体制改革）、改革政府体制（转变政府职能定位、构建三级政府体制、改革政府激励机制、加强法律制度建设）的中长期辅助政策。笔者正是从这些问题的提出和答案的分析中找到了文章结构内容的逻辑递进关系，本书的结构设计和内容安排也都是沿着这些问题思考的逻辑脉络进行的。

第一章为导论。首先提出了本书要研究的问题，说明了研究的理论意义和现实意义，界定了研究对象，进一步阐述了研究思路与研究内容、研究框架、研究方法与学术创新。

第二章为理论回顾与研究综述。本章主要是基于对公共物品理论和外部性理论发展演进的述评，深入剖析了义务教育的公共性和外部性两大特征及衍生的社会收益问题。由此产生的政府职能理论的历史演进和发展趋势，不仅从理论而且从现实说明了义务教育供给主体的政府责任。进而在梳理政府职能理论衍生出来的财政分权理论时，从理论分析和实证研究两个方面述评了义务教育的事权归属问题。在梳理财政分权理论继续演化分离出来的财政均衡理论中，依然是从理论分析和实证研究两个方面，详细述评了财政均衡理论中核心的转移支付财力均衡作用，进而引出教育公平的核心即义务教育财政支出均衡的相关研究。本书五大理论的梳理均涉及传统理论和现代观点的综合述评，也就是说，本书的相关理论研究述评体现了传统理论与研究问题紧密结合的文献述评特征。在相关理论基础的梳理之后，又综述了各学科领域对义务教育公平的多维界定，同时对义务教育公平的相关文献进行梳理并进行综合述评。

第三章为区域间义务教育公平度测度。从省级面板数据梳理分析普通小学和普通初中的生均教育事业费和生均公用经费，利用平均值、极差、标准差、变异系数四个常用测度指标，对全国31个省份区域间，东、中、西部区域间，东部区域内，中部区域内，西部区域内分别进行了详细的生均差异分析和差异水平测度，用大量省级面板数据的统计分析和差异测度说明了我国区域之间生均差异的严重程度。

第四章为影响义务教育公平的因素分析。从地方政府义务教育财政支出比重、地方政府生均经费支出的财政收入来源的角度，分析了全国31个省份义务教育财政支出比重区域之间的差异和来源于本级财政收入比重、来源于中央补助收入比重区域之间的差异，指出了31个省份区域之间生均差异的原因或者说是部分省份生均经费支出较低的原因。财力不均衡造成的生均经费支出区域差异最直接的改善办法就是利用转移支付制度的财力均衡作用，但是基于前一章近10年区域之间生均经费支出差异的数据分析说明，我国的转移支付制度并没有起到应有的财力均衡作用，转移支付的运行缺陷反而强化了财政资源配置不均的格局。本章主要从转移支付的规模、结构、分配方法、监督考核及均衡效力方面说明了制度存在的自身缺陷，分析了转移支付在义务教育财政均衡中起到的消极作用，同时指出财政关系的匹配错位影响义务教育公平目标的实现，政府间财政关系问题是影响义务教育公平的重要因素。但是财政体制并不是义务教育公平问题的唯一来源，也不是解决义务教育公平问题的唯一途径，还涉及诸如政府职能范围、政府层级设置、政府激励机制、法律制度保障等方面的政府体制问题。

第五章为国外义务教育公平的实践与经验总结。分析了欧美日发达国家、四个金砖国家和东南亚国家义务教育公平的实践研究，并对国外义务教育公平的实践与经验进行总结。

第六章为中国义务教育公平面临的机遇与挑战。在经济社会发展对义务教育公平影响方面,从全球化、信息化和城市化三方面来研究对义务教育公平的影响。"十四五"时期中国义务教育公平面临的挑战主要包括:经济转型升级亟待义务教育转型加速,结构性改革要求义务教育具有前瞻性,创新驱动期待义务教育公平拓展内涵。"十四五"时期中国义务教育公平面临的机遇包括:可持续发展呼唤义务教育公平,教育现代化促进义务教育公平,互联网计划助力义务教育公平。

第七章为实现义务教育公平的整体思路及保障措施。根据以上章节对存在问题的分析,本章就改善义务教育生均经费支出的区域差异问题,首先提出制定全国统一的生均经费支出标准和办学条件标准这个直接解决办法。但全国统一标准的实施必然带来地方财政支出经费来源的相关衍生问题,进而提出改革财政体制和改革政府体制的中长期配套解决方案,完成了解决义务教育公平问题的一般思路和总体方案的设计。

第八章为结语。总结全书,指出本研究的不足之处和有待深入研究的相关问题。

第四节　研究方法与学术创新

一　研究方法

本书主要采用以下四种研究方法。

一是数据统计的研究方法。在义务教育财政支出的区域差异问题分析上，主要采用省级面板数据进行统计分析，从义务教育生均经费支出的区域差异和差异水平测度来分析义务教育财政支出的区域差异状况。

二是分类分析、分流解决问题的研究方法。在问题分析部分指出31个省份区域之间生均经费支出差异的主要原因或者说部分省份生均经费支出较低的主要原因，部分省份主要是由本级财政收入较低而且中央补助收入也较低引发的可支配财力不足导致的，部分省份主要是由本级政府动力不足、积极性不高引发的义务教育财政支出不足导致的，部分省份主要是由政府财政支出分配不合理引发的义务教育财政支出被挤占导致的，还有部分省份主要是由义务教育适龄人口过多引发的义务教育财政支出被平均导致的。利用分类分析方法阐述了生均经费支出区域差异产生原因的多样性和复杂性，指出不同原因引起的生均经费支出差异应该侧重选择不同的改革路径，提出了分流解决义务教育公平问题的总体方案。

三是学科综合的研究方法。义务教育公平问题，既是经济问题，也是社会问题，又是政治问题。要想进行全面系统的分析研究，需要运用多学科领域的研究方法。在提出问题和分析问题的部分主要是基于经济学角度的分析，同时引入了法学、政治学、社会学、伦理学的概念，在最后的政策建议部分也是从经济学、政治学、社会学、法学等学科综合的角度给出了解决义务教育公平问题的总体方案。

四是国际比较和借鉴的研究方法。在政策建议部分，比较西方具有代表性的国家义务教育财政体制的特色和优势，借鉴具有参考价值的国家在义务教育财政供给方面的先进经验，给出了我国实现义务教育公平目标的整体思路及保障措施。

二 学术创新

第一，关于义务教育公平问题的研究，国内外很多学者都有相关论著，但总体来说，这些研究多侧重于从财政学视角通过财政制度安排来实现财力均衡，而缺少对义务教育政府供给主体与相关制度设计综合系统的研究，更缺少将义务教育公平问题引申到财政体制和政府体制相结合的高度来解决问题。

第二，本书是根据相关理论的衍生逻辑来进行文献梳理的，同时将传统理论文献和最新研究文献的梳理交叉融合进行，本书相关理论的梳理均涉及传统理论和现代观点的综合述评。也就是说，本书的相关理论研究述评体现了传统理论与研究问题紧密结合的文献述评特征。

第三，本书根据现有的事权、财权和财力的研究基础提出了"事责"的概念，并详细阐述了事权、事责、财权、财力的相互关系，说明了事权和事责、财权和财力的权责分配原则，分析了地方政府的财政收入、财政支出、转移支付的权责匹配问题，为进一步厘清各级政府间财政关系奠定了基础。

第四，本书采用了分类分析、分流解决问题的方法，利用分类分析方法阐述了生均经费支出区域差异产生原因的多样性和复杂性，指出不同原因引起的生均经费支出差异应该侧重选择不同的改革路径，并借鉴国际经验设计了分流解决义务教育公平问题的整体思路及保障措施，特别是提出了建立需求本位的资源分配模式及实施两级转移支付制度的政策建议。

第五，本书的结构设计和内容安排均是按照逻辑递进的关系进行的。在区域之间义务教育生均经费支出存在巨大差异的分析测度之后，根据义务教育财政支出的相关影响因素，提出了一系列相关问题并试图从中寻找答案。本书正是从这些问题的提出和答案的分析中设计了逻辑递进的文章结构，本书的内容安排也都是沿着思考这些问题的逻辑脉络进行的。

第二章　理论回顾与研究综述

第一节　义务教育理论回顾与研究综述

一　义务教育的公共性特征

义务教育的公共性特征来源于对公共物品理论的探讨。对公共物品的最早论述源自霍布斯，他在1651年的《利维坦》中指出，公共物品就是"运用全体力量和手段"来保障"有利于大家的和平与共同防卫"，霍布斯运用全体力量来保障共同事务的思想，已经勾勒出公共物品的基本属性即公共性特征。大卫·休谟被认为是公共物品理论的创立者，1740年《人性论》里那精妙绝伦的邻人草地排水案例，说明某些共同消费物品的提供，公众存在坐享其成的心理，只能由政府参与才能有效克服，被认为包含了公共物品的主要思想。

1776年斯密最早将公共支出与市场失效联系起来，提出公共物品的存在必然导致市场失灵。1848年穆勒已经模糊地意识到"囚徒困境"和"免费搭车"问题。1920年庇古将物品分为个人净产品和社会净产品，相当于纯粹私人物品和纯粹公共物品的概念。还有李嘉图、马歇尔、帕累托、凯恩斯、林达尔等，不同学者从不同角度指出了公共物品的三个核心内容：共同消费意愿、无人愿意供给、共同供给解决。这些早期论述成为公共物品理论的重要思想源头。

对公共物品理论开创性的研究则始于萨缪尔森，萨缪尔森在1954年的《公共支出的纯理论》中给出了公共物品的经典定义，在1955年的《公共支出理论的图解》中将物品分为"私人消费品"和"公共消费品"两类，这对公共物品理论的发展具有划时代的意义。萨缪尔森公共物品理论的缺陷之一在于，物品分类只考虑了两种极端情况，将所有物品只分为两类未免过于简单，在私人物品和公共物品之间还存在着大量的中间状态。萨缪尔森公共物品理论的缺陷之二在于，该理论是从私人物品理论基础上发展起来的理论范式，将私人物品自愿交易的分析方法直接用来分析公共物品是不恰当的，因为人们对公共物品选择的考虑与私人物品是不同的。相对于私人物品而言，公共物品概念很难定义，萨缪尔森将消费的非竞争性作为物品划分的唯一标准，而主流概念中的另一个标准非排他性则是由马斯格雷夫提出的。

马斯格雷夫在萨缪尔森的理论基础上进一步研究，他在

1959年的《财政学原理》中提出了"有益物品"概念，把公共物品和有益物品归于"非私人物品"，将物品分为私人物品、公共物品和有益物品三类。马斯格雷夫的贡献在于作了公共物品和有益物品的区分，提出了物品分类标准的非排他性原则，把消费的非排他性与非竞争性并列作为界定公共物品的两大标准，公共物品分类的两大标准非竞争性和非排他性自此正式确定下来。马斯格雷夫和萨缪尔森一样，对物品的分类依然显得有些粗糙，对概念的定义同样基于消费特征，理论基础也是源于私人物品的论述。

继萨缪尔森和马斯格雷夫之后，德姆塞茨、奥尔森、弗里德曼、皮尔斯、奥斯特罗姆、阿特金森和斯蒂格利茨、曼昆、布朗和杰克逊、恩德勒等经济学家，沿着萨缪尔森和马斯格雷夫的思路，进一步研究并扩展了公共物品的内涵。

综上所述，以萨缪尔森和马斯格雷夫为代表的这一派学者的研究，理论的逻辑起点都是基于公共物品的消费特征，完成某些事务对于集体或社会的好处远远大于个人，因此，这些事务只能由集体或社会共同完成，所以公共物品只能也必须由政府提供。该体系从公共物品的定义、分类到供给主体都存在致命的缺陷。

定义的缺陷在于，并未强调提供公共物品的集体或社会的边界，忽略了公共物品的集体或社会的范围。事实是，任何物品都是在一定集团范围内才具有公共性特征，换句话说物品的公共性特征是在一定集团范围内才存在的。例如，生活小区内的花园是小区内住户享有的某种程度上的公共物品，对小区外住户这个群体而言，花园就是小区内住户这个群体某种意义上的私人物品。

分类的缺陷在于，没有考虑物品的公共性强弱程度，从萨缪尔森的两分法到马斯格雷夫的三分法，再到曼昆[①]和奥斯特罗姆[②]的四分法，不同学者虽然各有不同的物品分类标准，但是这些学者对公共物品的理解和分类，都回避不了极端的、分裂的思维模式，并未从一般性的研究角度出发，尚未形成物品分类谱系和标准体系。事实是，任何物品都是既有私人性特征又有公共性特征，只是不同情况下私人性或公共性强弱程度不同而已。例如，牙刷是公认的私人物品，但当别人看到你的漂亮牙刷而心情愉悦时，你的牙刷就具备了一定程度的公共性。

供给主体的缺陷在于，仅从公共物品的消费特征这一个方面，就直接限定政府是唯一的供给主体。事实是，公共物品的供给和政府之间没有必然的联系，公共物品理论试图解决的是如何共同供给共同消费的物品，集体共同供给并不完全等同于政府供给，尽管政府是一个重要的公共物品提供者，但政府仅仅是经济活动中存在的各种集体之一，因此不

---

① 曼昆在《经济学原理》中将物品分为私人物品、自然垄断、共有资源和纯公共物品四类。
② 奥斯特罗姆在《公共事物的治理之道——集体行动制度的演进》中以排他性和共同使用为标准，将物品分为私益物品、收费物品、公共池塘资源与公益物品四类。

能把政府视为公共物品唯一的供给主体。

　　基于消费特征的公共物品理论存在的缺陷，在以布坎南为代表的基于供给特征的公共物品理论体系中得到了弥补。基于供给特征的公共物品理论产生于19世纪80年代，得益于经济学说史上的"边际革命"，潘塔莱奥尼、萨克斯、马佐拉、马尔科等奥意财政学派学者，以公共物品的有效供给为主题，引入边际效用概念和边际分析方法，用效用价值论替代劳动价值论，尤其是运用几何图形和数学分析对公共物品问题进行研究，开启了公共物品量化研究的先河，使公共物品理论发展渐成体系。1896年威克塞尔发表了《正义税收的新原则》，提出公共物品供给决策过程应该将数量和融资手段一起加以考虑。其实在公共物品理论的发展史上，最先正式提出"公共物品"概念的是威克塞尔的学生埃里克·R.林达尔，1919年林达尔在其博士论文《公平的赋税》中提出了著名的"威克塞尔—林达尔均衡"。[①]

　　直到1965年，公共选择学派的布坎南带来了理论性的突破，布坎南也认为严格意义上的纯私人物品和纯公共物品都十分少见，纯公共物品和纯私人物品之间的"混合物品"不应该被忽略，绝大多数物品都介于这两者之间，即具有某种程度上的公共性，形成了公共物品谱系研究。布坎南将任何

[①] 林达尔认为个体对共享资源（以税收形式支付并且作为对公共物品生产的投入）支付多少，公共物品就产出多少给大家享用，如果以市场交易为参照原则，就能达到市场交易的效率，体现的效率符合帕累托效率条件。

由集体或集团提供的物品都称为公共物品。① 布坎南俱乐部理论中的物品概念没有私人和公共之分，只有一种俱乐部物品涵盖了从纯私人物品到纯公共物品的所有情况，② 俱乐部最优消费规模即成员数量大于 1 而小于无穷大。布坎南认为物品的公共性是由物品的供给过程决定的，与物品本身的消费特征无关，通过俱乐部可以有效排除搭便车行为，从一定程度上将外部性内部化。俱乐部理论的核心在于研究俱乐部成员的最优规模和俱乐部物品的最优消费的相关关系问题。从人的行动而非物品特性来建立公共物品理论是布坎南该理论的逻辑起点，这种截然不同的分析方法对后续的公共物品理论研究产生了重要影响。

其后，大批经济学家对公共物品的分析均是沿着布坎南的思路进行的。戈尔丁、井手文雄、曼瑟尔·奥尔森、王广正、维尔·伊肯、马莫洛、休·史卓顿、乔治·恩德勒、卢先明等，更加深化了布坎南理论的两方面内容。其一，私人物品对应市场供给，公共物品对应政府供给，只有私人供给和公共供给之分，没有私人物品和公共物品之别，供给方式决定物品属性。例如，私人从市场上购买的牛奶是私人物品，但如果政府向贫困家庭的儿童提供免费牛奶，那么此时

---

① 布坎南在《民主过程中的财政》中给公共物品下的定义是："任何由集团或社会团体决定，为了任何原因，通过集体组织提供的物品或劳务，都被定义为公共的。"
② 纯私人物品就是最优会员数量为 1 的物品，纯公共物品则是最优会员数量为无穷大的物品，萨缪尔森的私人消费品和公共消费品只是俱乐部物品的两个极端。

的免费牛奶是公共物品。其二，公共物品必然属于某个集团，对其他集团来说则是私人物品。任何公共物品都是与特定的俱乐部相联系的，公共物品只有在特定的集团中才有意义，对于俱乐部内部成员来说，该物品具有消费的非竞争性和非排他性，但是对于俱乐部外部成员来说，该物品就具有了消费的竞争性和排他性。

随着公共物品理论研究的不断深入，教育的公共性特征也随之不断清晰。自从1954年萨缪尔森将公共物品和私人物品区分开来，不同学者对于教育是否属于公共物品始终存在着较大的争议。部分经济学家认为教育是纯公共物品，部分经济学家认为教育是准公共物品，也有部分经济学家认为教育是纯私人物品。本研究认为应该抛开思维定式的困扰，就教育的客观存在来理解教育。第一，教育既不是纯粹的公共物品，也不是纯粹的私人物品；第二，教育无论是更倾向于公共物品还是私人物品，它的公共性特征是客观存在的；第三，公共性特征只是教育的特征之一，教育这个公共物品还有其他特征存在；第四，教育的公共性特征只是物品属性，物品属性并不直接决定供给途径；第五，公共部门提供教育的动机绝非出于教育是公共物品的考虑；第六，教育的公共性决定了其在公共物品谱系中的位置，谱系位置决定了教育的公共性强弱；第七，教育的公共性是与固定集团相联系的，只有归属于固定的集团才有意义。本研究更认同将教育视为准公共物品，相比其他教育阶段而言，义务教育则更接近纯公共物品。

二 义务教育的外部性特征

研究义务教育的外部性特征需要清楚外部性理论的深意。西奇威克对外部性理论的提出功不可没,1887年西奇威克已经认识到了外部性的存在,指出了公共物品与私人物品的不同之处,他指出私人成本与社会成本、私人收益与社会收益之间并非完全一致,提出需要政府进行干涉以解决经济活动中的外部性问题。1890年马歇尔首次提出"外部性"概念和理论,定义了"外部经济"和"内部经济"的概念。在西奇威克和马歇尔的开创性研究之后,1920年马歇尔的学生庇古进一步解释了外部性问题,提出了"内部不经济"和"外部不经济"的概念,从社会资源最优配置的角度创建了外部性理论。1952年鲍莫尔对垄断条件下的外部性、帕累托效率与外部性、社会福利与外部性等问题作了较为深入的考察。1960年罗纳德·科斯提出了明晰产权的外部性内部化思路。1986年保尔·罗默首次建立了一个具有外部性效应的竞争性动态均衡模型。1988年鲍莫尔用一般分析模型解释外部性内部化方法之"庇古税"的正确性。1988年罗伯特·卢卡斯把人力资本的外部性效应视为经济增长的一个重要因素。1993年戴维·皮尔斯从发展的可持续性考察了英国乃至全球的环境问题。总之,诸多经济学家执着于解决由于外部性的存在而产生的经济效率问题。

多数经济学家将外部性分为正外部性和负外部性,正外部性又称外部经济，负外部性又称外部不经济。一般认为，教育培育的人才会对社会做出贡献，是对整个社会和所有人都有益的事情，教育具有明显的正外部性特征。不同阶段教育所具有的正外部性不同，多数学者普遍认可的研究显示，义务教育的正外部性最强，中等阶段教育的正外部性居中，高等教育的正外部性最弱。2006年倪清燃的理由是，教育的阶段和层次越高，教育的目的性就越强，内部收益也就越多，相对的外部性便越少。倪清燃认为，高等教育类的内部收益率较高，政府不应该承担高等教育太多费用，仅仅进行适当的财政补贴即可，应该把财政资源用于发展义务教育。2006年查显友研究表明我国高等教育的外部性较低，社会总收益的75%内化为受教育者的私人收益。但是，我国高等教育支出比重偏大，超过了很多经济发达国家，相比而言，义务教育支出比重偏小。

然而，义务教育自身所具有的正外部性造成教育供给的先天不足，某地区的义务教育财政支出收益会外溢到其他地区，该地区并不能获得直接的收益补偿，因此供给义务教育的地方政府缺乏积极性。地方政府本身就是理性思考的自由选择个体，各地区会倾向于减少义务教育财政支出，在投资义务教育时也会想到支出收益的外部性。一般来说，欠发达地区接受义务教育的人口会流向发达地区工作，欠发达地区义务教育财政支出的正外部性要高于发达地区。但是，由于各级教育在公共物品谱系中的位置不同，公共性和私人性、外部性和外溢性不完全相同，各级教育的政府供给选择动力也就不尽相同。

正如巴尔 1998 年所言，教育可以引发包括生产收益和文化收益等在内的形式多样的外部收益。早在 1776 年亚当·斯密就提出，劳动力技能是经济社会进步最强大的力量，教育机构的花费无疑是有益于整个社会的。19 世纪以来，里昂·瓦尔拉斯等新古典经济学家运用生产函数关系，论证了教育和科学带来的技术进步对一国经济发展的影响。1963 年西奥多·W. 舒尔茨在《教育的经济价值》中，通过研究西方国家经济增长的要素提出了人力资本论，认为教育投资是促进人力资本形成的关键因素，教育投资的增速应快于物质投资的增长。1964 年科尔曼在《科尔曼报告》中提出，义务教育是一种拥有自然权利的物品，国家与社会均受益于义务教育的投资。

综上所述，义务教育存在较强的社会收益，如果政府不提供义务教育，完全由市场化的私人组织提供，那么收入较低的群体将无力购买。义务教育的主要供给主体是地方政府，相对于地方性的小学教育而言，中学教育更易于受到地方政府的重视。因为，不同阶段教育投资的社会收益不同，小学教育相比中学教育投资收益更低，教育的阶段越高接受教育的目的性就越强，产生的私人收益相对于社会收益也越高。同时，教育的阶段越高外部性会越小，就会导致地方政府对小学教育的支出更有可能偏离社会最优值。

三 义务教育的供给主体

根据对公共物品理论和外部性理论的述评可知，市场失灵是公共物品政府供给的认知前提。由于公共性、外部性等因素影响，市场可能带来公共物品的供给失效。因此，政府理所当然地成为公共物品最好的供给者，公共物品供给成为政府得以存在的理由，由此产生了政府职能理论的发展。

最初意义上的政府职能理论是从对国家起源的研究发展而来的，早期经济学家的研究成果表明了政府职能观点，即国家出现的基本职能就是提供法律保护、公共安全。约翰·洛克、霍布斯、亚当·斯密、密尔、马克思、理查德·A. 马斯格雷夫和佩吉·B. 马斯格雷夫、斯蒂格利茨等从不同角度提出，早期的政府责任就是提供公共物品和公共福利。也就是说，政府设立之初的作用就在于提供公共物品，否则政府根本没有继续存在的必要。在其后的不断演进过程中，不同学者围绕政府与市场的边界问题，对政府职能的不同看法逐渐形成了各种学派，虽然不同学派在以政府还是市场为主导的问题上存在观点分歧，但是一致认为公共物品供给是政府的主要职能之一。

以斯密、李嘉图、萨伊、穆勒为代表的古典自由主义学派认为政府职能是提供有限范围内的公共物品。从斯密理解的政府职能仅限于不能期望个人或少数人出来创办或维持的公共机构和公共工程，到穆勒认为的政府就应该承担有益于社会整体利益但人民无力去做的事情，都主张政府应为人民增加福利提供更多的机会与保障。穆勒的政府职能理论比斯密的理论更加现实、具体，穆勒的有限政府干预思想值得我们重视和借鉴。

以凯恩斯、庇古为代表的政府干预主义学派主张直接利用行政手段和财政政策解决公共物品供给问题。凯恩斯认为政府的角色定位是经济秩序和社会秩序的缔造者，指出公共物品的有效需求不可能由市场自发创造出来，实现公共物品有效供给的唯一的出路就是政府干预。庇古提出国家应当关心贫穷人口的福利问题，认为把富人的收入转移给穷人以增加社会福利是十分必要的。庇古的福利经济学完成了政府公共物品供给职能理论的系统阐述，却忽略了政府活动的扩展本身可能就是不稳定的一个根源，忘记了政府干预的目的在于让市场机制发挥作用。

以布坎南、科斯、诺斯、哈耶克为代表的新自由主义学派主张适度政府干预思想。公共选择理论的创始人布坎南主张复兴斯密的有限政府思想，批驳凯恩斯主义影响下的规模膨胀的大政府。指出市场的缺陷并不是把问题转交给政府解决的理由，不恰当的政府干预反而会成为市场失灵的主要根源。公共选择理论使政府与市场之争回归理性状态，公共选择理论已成为现代政府职能理论的重要理论渊源。新制度经济学代表人物科斯指出，政府最重要的职能就是为经济和社会发展提供各种制度安排。科斯认为，公共物品供给不需要完全依靠政府干预解决，通过适当的产权制度安排可以依靠市场提供。也就是说，政府干预的范围仅限于产权界定不清的经济领域。诺斯强调，政府的作用犹如一枚硬币的两面，既是经济发展的关键，同时又是经济衰退的根源，这就是著名的"诺斯悖论"。关于政府的职能和干预的范围，诺斯还有一句十分精练的话："没有国家办不成的事，有了国家又有很多麻烦。"新制度经济学派的政府职能理论过分强调制度的重要性，制度作为软件是难以移植的，移植不当会带来消极后果，同样的制度并不能解决所有国家的问题，不能寄希望于移植制度来解决自身制度供给不足的问题。哈耶克认为政府适度的介入是必要的也是合理的，哈耶克的论述成为新自由主义风行的新起点。随后，新自由主义思潮在世界各国不断发展壮大，英国撒切尔政府、美国里根政府率先将新自由主义思想以国家政策的形式固定下来，推动了新自由主义思潮在全球范围内更加广泛的传播，进而影响着我国大批经济学者和正在实施的政府转型改革。

在政府提供公共服务的范围方面，德国经济学家瓦格纳认为，政府供给公共物品的数量和比例有一种内在的扩大趋势，这就是著名的瓦格纳定理。瓦格纳预测的政府职能范围逐渐扩大的趋势，使政府与市场边界问题的争论更有意义。国内学者对此问题存在不同的观点，周志忍认为"政府责任市场化的倾向应予校正"，耿明斋认为改革开放实际上是政府在资源配置方面逐步退缩、市场在资源配置方面逐步推进的过程,楼继伟指出政府应从直接配置资源的角色逐步改变为让市场发挥作用的秩序维护者的角色。

虽然政府存在的理由就是提供公共物品,在政府职能理论关于政府和市场边界的世纪之争中,我们不妨回到最初的公共物品理论和外部性理论,再次讨论一下义务教育的供给主体问题。公共物品理论同时指出了公共物品的供给模式选择,作为公共物品理论的核心问题,公共物品的供给一直饱受学界争议,争议的重点是供给主体该是政府还是市场等。基于外部性理论的研究表明,义务教育的正外部性造成供给先天不足,地方政府对义务教育的供给缺乏动力。从理论研究和实践经验来看,虽然公共物品的供给模式有多种选择,但是义务教育的供给主体毫无疑问是政府。

如果说基于消费特征的公共物品理论的出发点是"物品特性决定人的行为",即公共物品的非竞争性和非排他性决定了供给行为选择,那么基于供给特征的公共物品理论的出发点就是"人的行为决定物品特性",一种物品是否属于公共物品关键在于人们是否诉诸集体决策。两派理论关于公共物品供给主体的讨论从来就没有停止过。

一些学者研究认为,教育的供给并不必然是政府。1974年科斯对英国早期的灯塔进行了翔实的史料研究,证明了灯塔由私人建造和收费的可能性,他从产权角度考察了公共物品的供给问题,认为只要明晰产权就能提高资源配置的效率。1965年布坎南提出的俱乐部理论，从机制和组织上解决了公共物品的收费问题。1970年德姆塞茨在其论文《公共物品的私人供给》中指出了私人生产公共物品的可能性，他认为如果有办法能够排除不付费者，私人就可以有效生产公共物品。

另一些学者研究认为，教育的供给已然是政府。1954年萨缪尔森仍然以典型的公共物品灯塔为例，系统论证了公共物品的提供者应该是政府，市场无法有效解决公共物品的供给问题，只有政府才能解决市场失灵问题，只有政府才能有效供给公共物品。但是政府供给的效率、质量等方面出现的政府失灵问题，又让人们逐渐开始质疑这一模式。尽管理论研究存在缺陷、实践经验出现问题，当今世界各国政府仍然是公共物品的主要提供者。

四 义务教育的财政分权

义务教育的事权归属研究来自财政分权理论的发展。之前关于政府职能理论的论述可谓源远流长，早在古希腊时期的《理想国》和亚里士多德的《政治学》就已经透露出财政分权的思想，当时国家承担的公共事务已经越来越多，已经把责任分配给各阶级或各地区承担，每个阶级或地区分担一部分供给职能，这其实已经是最初意义上的分工思想，也可以说是现代财政分权理论的雏形。财政分权理论正是从政府职能理论发展而来的，政府职能理论创建之初，主要研究政府与市场的边界问题，伴随着政府职能的扩大和政府组织的扩展，进而深入研究政府层级之间的职能分工问题，研究政府职能如何在不同层级的政府之间划分更有效率，从而衍生出新的理论分支即财政分权理论。虽然目前财政分权已经为世界各国广泛采用，但是理论界就财政分权的合理性和必要性而进行的争论和探索一刻也没有停止过。

以蒂布特、奥茨和马斯格雷夫等为代表的传统财政分权理论，也被称作财政联邦主义或TOM模型。1956年蒂布特发表的《地方支出的纯理论》标志着财政分权理论的兴起，他在该文中提出了著名的"用脚投票"理论，认为彻底分权和区域竞争可以实现公共物品供给的帕累托最优，然而蒂布特理论要求的假设条件现实社会却是难以满足的。1957年乔治·施蒂格勒和夏普提出了最优分权理论，论证了由于地方政府相比中央政府更了解民生，从而对区域内居民的公共偏好更具信息优势，中央政府则无法提供不同区域偏好的公共物品。1959年马斯格雷夫构建了分权模型，根据各级政府各自特点和辐射能力，判断设定了最优社会的结构模型，以求解公共服务供给的最优水平。1972年奥茨提出了著名的奥茨分权定理，研究了财政分权的成本与收益问题，认为适宜的分权应该是在实现规模经济和满足差异性之间进行权衡，公共服务应尽可能下放到能够使成本与利益内部化的最小地理区域内。1991年布坎南运用俱乐部理论来解释最优地方政府管辖范围的形成问题，提出各级政府之间的职责划分取决于公共行动溢出效应的地理范围的大小。1981年特里西提出了"偏好误识"分权理论，认为中央政府对社会偏好的认识存在失误的可能，偏好误识容易造成政府对公共物品的过量提供或提供不足，而由地方政府来提供公共物品，社会福利才有可能实现最大化。

钱颖一和温加斯特认为，由于发展中国家的地方政府往往并不是以公共福利为目标，而是出于某种自利性动机，上述的分权理论可能并不适用于发展中国家。传统的财政分权理论只是从地方政府的信息优势说明分权的好处，分析了地方政府在某些方面会比中央政府更加有效，但是这个有效的前提条件难以实现，还提出存在一个高效政府的理论假设，该假设受到钱颖一、温加斯特等经济学家的质疑。

以钱颖一、罗兰德、温加斯特、怀尔德森和麦金农等为代表的新一代经济学家，继承了传统财政联邦主义的核心思想，主要侧重财政分权运行机制的分析。钱颖一和温加斯特认为政府尤其是地方政府存在激励问题，应关注如何设计激励公共政策制定者的机制。新一代经济学家在分权理论框架基础上，将微观经济学的企业理论扩展到财政分权问题的研究，对传统分权理论关于政府官员都努力实现公民福利最大化的假设提出质疑，认为政府官员都适用于理性经济人假设，制度约束缺失就会存在寻租行为。并将激励相容、政治因素引入财政分权理论，认为地方政府激励机制可以提升效率，有效的政府应该实现政府官员和居民福利之间的激励相容。

综上所述，财政分权理论从信息经济成本的角度认为，在了解居民偏好上地方政府比中央政府获取信息的成本更低，在公共物品供给上地方政府比中央政府更具有信息优势，因此，适度的分权有利于提高资源配置的效率。法治国家的财政分权不仅是基于经济目的，更是基于政治考量。2012年刘剑文从财政法的角度指出财政分权的主要政治目的是制约权力，中央向地方政府纵向分权可以有效防止中央过度集权，提高地方政府供给公共物品的竞争力。2011年曾康华在研究中表明，发达国家大多已经实行了财政分权制度，在75个500万人口以上的经济转型国家中，84%的发展中国家正致力于向地方政府分权转型。尽管财政分权的优势明显，但条件要求也非常苛刻：第一，财政分权的行政单位必须足够小，具有共同偏好的居民能够聚集在一起；第二，辖区居民对政府要有足够的影响力，能够确保政府提供公共物品的效率；第三，公民不存在自由流动的障碍，能够自由选择公共物品。此外，财政分权理论也存在明显缺陷，比如容易形成区域市场分割、提升社会效率和公平能力不足、稳定和调控宏观经济作用有限。

随着经济社会的不断发展，和谐社会成为人类社会发展的新命题，在这样的时代背景下，财政分权理论学者在继续关注层级政府之间职能分工的同时，将研究视角更多地聚焦于对发展、公平、福利的影响上，不同学者研究的结论虽然存在分歧，但贡献了很多相关实证研究的成果。

一些学者认为分权起到了积极作用。耶尔马兹、林毅夫和刘志强、坂田和赤井、法格特、钱颖一和温加斯特、温娇秀等认为财政分权在减少贫困、改善民生、促进经济增长等方面发挥了积极作用，但是在不同国家和不同地区之间存在效果差异。

一些学者认为分权的作用不确定。蒂本、乔宝云、克鲁克认为，财政分权在一定条件下会起到积极作用，但分权过高或过低都会产生消极作用；在另一些环境或条件约束下，分权会加剧资源配置的区域差异，在缺乏刚性制度约束时，分权不但不会发挥效力，反而会导致腐败的盛行。

一些学者认为分权起到了消极作用。王绍光、达乌迪和邹恒甫、张涛和邹恒甫、胡书东、陈抗、巴德翰、殷德生、法格特、叶尼科洛波夫和朱拉夫斯卡娅、郭旭新等认为财政分权在促进经济增长、稳定经济运行等方面发挥了消极作用。

一些学者特别关注了财政分权对教育供给的消极影响。《中国人权发展报告1999》发现我国财政分权对于教育公平存在负面影响。2003年黄佩华和迪帕克指出，教育财政体制的分权对于地方政府教育供给的影响，不但影响供给数量，还会造成区域之间的不平衡，会使欠发达地区政府的教育供给雪上加霜。同时指出我国教育财政支出存在分权过度的情况，庞大的教育财政支出责任主要依赖县乡政府财政，地方政府的负担过重必然导致义务教育的质量下降。2005年 Zhang 和 Kanbur 通过对全国省级数据的统计分析发现，20 世纪 80 年代以来教育供给的区域差异扩大趋势与财政分权趋势之间存在直接的关系。2006 年卢洪友和李凌指出我国义务教育供给不足与财政分权改革存在明显的相关性。2010 年郑磊发现省以下政府的财政分权程度越大则省内教育供给的差异越大，原因是省以下政府的财政分权过度导致省级政府的可支配财力变小，从而减弱省级政府在省域内的财政平衡能力。

财政分权理论的实质在于，地方政府提供地方性公共物品更具有信息优势。但是，随着中央政府向地方政府分权的程度越来越深，中央政府提供的公共物品的数量逐渐减少，这可能会导致规模不经济问题的出现。因此，中央政府向地方政府的分权，必须协调好信息优势与规模经济。一般来说，在考虑供给规模经济的影响因素时，公共物品应该由上级政府直至中央政府提供；在公共物品的外部性逐渐增强时，公共物品也应该由上级政府直至中央政府提供。总而言之，可以根据不同公共物品外部性的强弱和规模经济的高低，灵活划分各层级政府的公共物品供给职能。

在义务教育的事权归属上，如果有可能，将供给责任全部划归中央政府最为简便，这样可以避免各级政府的利益冲突，但对庞大的经济体而言，因为信息的相对复杂性和不对称性，现实情况是中央政府难以解决所有问题，将供给责任全部划归中央政府会导致效率低下。从另一个角度来说，应当将供给责任尽可能下放，因为地方政府更了解当地居民的愿望和需求，但这又会产生局部利益和全局利益的冲突。如何合理划分各级政府的义务教育供给责任，既能让不同层级的政府各司其职，又能避免相互之间的恶性竞争和管理缺位，这就依赖财政分权理论的发展和完善。

综上所述，义务教育既具有纯公共物品的属性，又具有准公共物品和私人物品的属性，它的受益范围具有公共性以及较强的外部性。一种多数学者认可的观点是，相比其他教育阶段而言，义务教育的公共性和外部性最强，基于地方政府的信息优势，义务教育应该由基层政府承担，但同时考虑义务教育的规模效益，义务教育的供给层级也不能太低，仅从义务教育的事权归属方面来衡量，如果市县并立的三级政府模式能够实现，以省级政府为主供给义务教育的格局还比较合理。

五 义务教育的财政均衡

无论是归属省级还是县级政府负责，义务教育的经费来源总是依赖地方政府，而不同地区的经济发展水平存在很大差异，多数地方政府的自给财力不足，义务教育供给严重依赖中央政府的转移支付，这时财政均衡制度就成为义务教育的财力保障。随着世界各国不同财政均衡制度的建立，财政均衡理论也随之产生和发展，财政均衡理论与财政分权理论的研究密不可分。在财政均衡制度产生之前，已经出现了政府之间税收划分或转移支付的实践。2006年，王军的研究显示，英国是世界上最早产生财政转移支付的国家，虽然英国的政治体制一直实行地方自治，但主要的财政收入仍然集中在中央政府。2006年财政均衡制度研究课题组归纳财政均衡制度产生的原因，指出财政均衡制度产生于分权体制，产生于纵向不均衡，也产生于横向不均衡。

财政均衡理论的产生最早可以追溯到布坎南，他的研究主要集中在联邦政府的财政均衡政策体系。1950年，布坎南指出，联邦政府对地方政府的转移支付是均衡政府之间财政能力最可行的办法，这在一定程度上可以实现相对均衡，但是绝对均衡是不可能实现的。1982年，伯德威和佛拉特斯在布坎南的研究基础上进一步扩展，认为财政均衡指的是横向财政均衡，中央政府可以通过转移支付补足地方政府财力，实现财力均衡的目标。

在转移支付的财政均衡效应研究方面，曾军平、刘溶沧、胡德仁等研究者的研究表明，转移支付的财力均衡效应为负，即转移支付不仅没有起到财力均衡的效应，还对缓解区域之间的财力差距起了负面作用。辛波、田发、张恒龙等研究者的研究表明，转移支付的财力均衡效应为正，认为政府之间合理的税权划分和转移支付是实现财力均衡的必要手段。值得一提的是田发等人的研究结论，2010年，田发、周琛影从人均财政收支的变异系数分析发现，我国区域之间的财政均衡状况经过转移支付的调节后有所改进，但东西部地区区域内的财政非均衡状况仍然较为明显，转移支付在区域内部的财政均衡效果一般。2011年，田发、杨楠运用泰尔指数对区域财力均等化水平进行测度，测度结果表明，中央转移支付在区域之间的财力再分配中，改善了区域之间总体财力的非均衡状态，但不能有效缩小区域内部的财力差异，导致区域内部的财力差异大于区域之间的财力差异。

不同研究者在衡量财政均衡程度的测度方法选择上也各不相同，2009年，江庆利用标准差和变异系数，从东、中、西部之间，省与省之间，县与县之间三个层次，对我国地方政府横向财力不均衡状况进行了实证分析。2009年，王小朋使用变异系数等衡量区域之间的财力差异，使用泰尔系数分析财力差异的影响因素，使用基尼系数和离差系数来验证区域之间财力差异的变迁。在衡量财政均衡目标是否实现的指标选择上，世界各国的认定标准归纳起来主要有以下四种。标准一，人均财政收入指标的均衡，包括均衡税收负担和均衡财政收入，代表性国家有加拿大和德国。标准二，人均财政支出指标的均衡，财政收入高度集中在中央政府的国家，均衡人均财政支出更有意义，代表性国家有英国。标准三，标准财政收入与标准财政支出差异的均衡，代表性国家有澳大利亚和日本。标准四，公共服务项目的均衡，通过专项转移支付均衡某些公共服务项目，最典型的例子是教育。

第二节 教育公平理论回顾与研究综述

一 教育公平的多维界定

研究教育公平问题,就必须清楚教育公平的概念实质。"公平"的概念源于"公正"与"平等",就是公正、平等地对待一切人和事。教育公平作为一个交叉学科领域,不同学科对教育公平的认识不同、概念界定也不同。目前,教育公平研究涉及的学科主要包括教育学、法学、经济学、社会学、伦理学。

教育学认为教育公平应该体现在学校和课堂的机会公平和待遇公平。学校和课堂是受政治、经济和文化影响最大的场所,教育活动本身的公平性通常容易受到忽略。

法学视角下的教育公平是指受教育权平等。受教育权是人的一项基本法律权利,1948年的《世界人权宣言》规定了人人享有受教育的权利。自20世纪60年代的教育公平改革浪潮以来,受教育权已经由一种自然权利转变为法律权利,从少数人的个人权利转变为公民的共同权利。当前,法治化仍是世界各国推动教育改革、实现教育公平的有效手段。

经济学认为教育公平的实质是教育资源的均衡分配,即区域之间教育资源的流动达到一种相对稳定状态,各区域教育资源的供给与需求达到相对平衡,没有教育资源短缺或闲置的情况，实现教育资源配置效率的最大化。教育资源是否实现了均衡分配，不能仅用经济发展规律来衡量，还要从社会效率和经济效率方面共同考量。

社会学对教育公平的研究更加深入、视角更为广阔，既包含对教育公平与社会结构的静态分析，也包括对教育公平与社会变迁的动态研究。在不同的社会形态和历史时期，教育公平有着不同的价值目标和追求。从时间阶段上，可以将教育公平分为起点公平、过程公平和结果公平；从对象层次上，可以将教育公平分为水平公平、垂直公平和代际公平。

伦理学的观点认为公平是人类社会一直以来的价值目标和道德理想。罗尔斯的正义论在这方面有着深远的影响，他认为公平和正义应当遵守平等和差异这两个最基本的准则。平等原则强调每个人都应该享有同等的教育基本权利，而差异原则强调的是在平等原则基础上偏向扶持社会弱势群体，前者赋予每个人都平等地享有受教育的权利，后者保障了社会阶层中弱势群体的受教育权利。正义论体现出强烈的社会公正与平等精神，从个人主义和差异原则出发，以人生而不平等为前提，对弱势群体和优势群体采取不同的标准，使弱势群体最终获得补偿，实现事实平等。罗尔斯认为没有平等保障的教育公平不是真正的公平，事实的平等是建立在保障先天弱势群体利益的基础上，罗尔斯的正义论对促进教育公平具有积极作用。联合国教科文组织以及许多西方发达国家的教育补偿机制等都是基于差异原则而制定。

随着对教育公平概念理解的逐渐深化，不同的研究者也有不同的观点和认识，2001年，钱志亮指出："教育公平的概念是唯一的，它有一个确定的含义或本质，以表征其所反映对象的特有属性，但教育公平观是历史变化的，在不同的历史时期，人们对教育公平的认识是不同的。"本研究理解的教育公平是，公民享有同等的受教育权，教育资源实现均衡分配，社会成员共同遵守的社会规则和社会秩序。

我国在20世纪80年代完成了从教育权利平等到教育机会均等的转变。自《世界人权宣言》规定人人都有受教育的权利后，教育权利平等的思想也在新中国萌发，1977年高考制度的恢复，标志着我国教育公平竞争制度的确立，奠定了我国教育公平的基础。直到1986年开始实行九年义务教育制度，教育公平的基本主题由教育权利平等转变为通过普及教育追求教育机会均等。尤其是在党的十四届三中全会提出"效率优先，兼顾公平"的分配原则后，学术界展开了对公平与效率关系的深入研讨。部分研究者认为教育公平应该从社会公平角度出发，即每个社会成员受教育机会应该平等，也就是说教育机会均等即教育公平。2000年成为教育公平研究变化的分水岭，2000年之前可以说是拿来主义时期，主要是引用西方教育机会均等说来界定教育公平，如T.胡森的教育机会平等论和詹姆斯·科尔曼的教育机会均等观。

我国在21世纪初完成了从教育机会均等到教育资源合理配置的转变。自2000年以来教育公平开始受到高度关注，一是因为教育公平问题非常复杂，并非短期内所能实现的目标，二是因为我国教育公平状况不容乐观，还远远不能与西方发达国家相比。从2010年教育公平问题被纳入教育现代化目标进程以来，学术界也越发认识到教育公平问题需要国家用经济手段来解决，对教育公平的理解也从伦理学的角度转移到经济学的角度，开始更多地考虑教育资源分配的公平问题，更注重保障受教育者自由平等享有当时当地的公共教育资源，这也是国家在配置教育资源时依据的规范和准则。2008年，褚宏启的研究指出，义务教育的均衡发展是人民共同的期望，但实际情况是东部地区实现了高水平均衡，西部地区却还处于低水平均衡状态，教育资源分配的不公平严重影响了教育公平的实现。我国短期内对教育公平的探讨仍然处于教育资源配置阶段，教育资源的均衡分配依然是实现教育公平目标的重要途径，义务教育公平问题的解决需要完善财政资源的均衡分配路径。

二　教育公平的研究综述

财政支出均衡是义务教育公平的基础，西方研究者从不同的视角、采取不同的方法，针对义务教育财政支出均衡问题展开研究。研究内容涉及财政支出的区域差异问题、欠发达地区的财政投入不足问题、政府之间财政责任的划分问题、弱势群体义务教育经费保障问题、提高转移支付合理性问题等。研究方法引用极差、标准差、变异系数、基尼系数、泰尔指数等分析工具。西方研究者关于教育公平的研究结论，主要包括以下五种观点。

以 Brown、Coleman、Arthur Wise、Christopher Jencks、Robert Berne 和 Leanna Stiefel 为代表的研究者认为，义务教育公平指的是机会公平，机会公平是指教育机会人人平等，不同的学生应该获得相同的机会。以 Coons、Martin Feldstein、Strauss、Robert Berne 和 Leanna Stiefel 为代表的研究者认为，义务教育公平指的是财富中性，财富中性意味着教育与财富之间不应存在任何关联。以 Berne 和 Stiefel、Schwartz 和 Moskowitz、Wyckoff、Hertert、Rubenstein、Moser、Sherman 为代表的研究者认为，义务教育公平指的是横向公平，横向公平就是处于相同境遇的学生应获得相同的对待。以 Berne 和 Stiefel、Mc Mahon 和 Chang 为代表的研究者认为，义务教育公平指的是纵向公平，纵向公平就是处于不同境遇的学生应进行不同的对待。以 Enrich、William Clune、Julie Underwood、Robert Berne 和 Leanna Stiefel、Guthrie 和 Rothstein 为代表的研究者认为，义务教育公平指的是财政充足，财政充足意味着提供的教育资源足够获得既定的教育成果。

综上所述，世界各国对实现教育公平目标的实践探索都根植于不同经济体的不同经济发展状况，西方研究者对教育公平的界定和研究也是基于不同的学科背景和经济社会发展背景。从 2000 年开始，我国研究者陆续投入义务教育公平领域的研究，尤其是 2006 年颁布新的《义务教育法》之后，义务教育公平被更多的研究者们关注，已经成为社会各界关注的热点。究其原因，主要是因为我国的义务教育虽然取得了较大进步，但现实社会仍然存在许多教育不公平现象，使义务教育公平问题成为研究者关注的热点；此外，《国家中长期教育改革和发展规划纲要（2010～2020 年）》将促进教育公平作为国家基本教育政策，义务教育公平作为教育公平的重要组成部分，也成为研究者普遍重视的核心问题。整体来看，我国研究者分析总结的义务教育不公平问题主要从教育起点、教育过程和教育结果角度分析描述不公平现象，突出矛盾主要在区域差异、城乡差异、阶层差异和校际差异方面。

有些研究者如杜育系统分析了 1988～1996 年小学和初中的生均经费支出省域之间的差距都在不断加大；曾满超、丁延庆利用 1997 年和 1999 年县级数据研究了我国义务教育资源配置状况，发现小学和初中生均经费支出的区域差距有所扩大，其间城乡差距有所扩大且省内差距大于省际差距；吴春霞、王春梅对西部民族地区，胡胜霞对甘肃地区，刘旭东对青藏地区，杨军、黄敏对边远贫困地区，杨林杰对陕西地区等，分别对区域之间的义务教育不公平现象进行了分析并提出了相应的政策建议。此外，有些研究者主要针对城乡差异的现状和原因进行分析并提出重点解决农村义务教育公平问题的制度保障和政策建议；有些研究者侧重从阶层差异的角度主要对农民工随迁子女的义务教育公平问题进行了现状分析与路径研究；有些研究者侧重从校际差异的角度研究择校难题并提出解决义务教育公平问题的校际资源配置方案；还有些研究者从公平与效率、制度创新、伦理困境、均衡发展等不同角度，分别阐述了对义务教育公平问题的不同认识。

就义务教育公平程度的测度方法研究，多数研究者主要采用经济学中一些计算差距的方法，如使用极差、极差率、标准差、变异系数、基尼系数、麦克劳伦指数、洛仑兹曲线等方法测度义务教育的公平程度。

此外，从国内研究者对教育公平指标体系的研究来看，教育公平指标体系也越来越受到关注。2006年周金燕首次建立了适合评价我国整体教育发展水平和区域教育发展水平的教育公平综合指标体系，教育经费和教育机会是主要考核目标。2008年王善迈提出的教育公平指标体系包括受教育权和入学机会公平、公共教育资源配置公平、教育质量公平、群体间教育公平。2008年鲍传友、西胜男从教育公平指标体系的纵向和横向两个维度，提出了纵向三个层次、横向五个方面的三级义务教育公平指标体系。2013年孙阳等总结了国内教育公平指标成果进而得出了包括生均教育经费、教育仪器达标率、教师学历状况、巩固率、基础教育入学率、中等教育入学率、生均预算内教育经费、图书达标率、升学率、人均受教育年限、生均校舍建筑面积、生师比等在内的高频指标。2015年李恺、朱国华从农民的视角研究了农村义务教育公平指标维度，包括一级指标即目标层指标，反映农村义务教育的公平程度；二级指标即准则层指标，包括教育机会与权利公平、教育起点公平、教育过程公平、教育结果公平、教育成本负担公平、教育政策公平六个维度；三级指标即操作层指标，指标选取依托于准则层指标及其他相关理论。

就义务教育公平问题的原因分析和政策建议研究，多数研究者从财政体制、转移支付制度、法律制度、教育政策等方面明确指出了地方政府的主导责任，大家大多有共同的认识，我国目前的义务教育事业还处于依赖教育资源合理配置来实现教育公平目标的均衡发展阶段，我国义务教育公平目标的实现主要还是依赖财政资源均衡分配的财政均衡路径。

综上所述，众多研究者对义务教育公平问题的研究，无论是区域差异、城乡差异、阶层差异还是校际差异，均是将义务教育资源分配不均作为研究的立足点，都是在试图实现义务教育均衡发展阶段目标方面做文章，也就是说，潜在地都将均衡发展视为教育公平的实现途径。相比其他差异表现形式而言，区域差异问题的研究相对较少，可能是因为我国地域辽阔省份较多，偏宏观的区域差异没有偏微观层面的城乡差异、阶层差异和校际差异给人们的直观感受深，当然也有教育政策导向和个人研究偏好等其他方面的原因。对于公平程度的差异水平测度，不同研究者虽然选择有所不同，但几乎使用了相对集中的几种测度方法，当然本研究的差异水平测度也是选择沿用常见的几种测度方法。不同研究者对义务教育公平的问题分析和解决思路也多集中在相近的研究领域，虽然不同研究者从不同的角度指出了财政体制、转移支付、法律制度、教育政策等政府责任方面的问题所在和解决方案，但多数只是笼统地分析问题并没有深入剖析问题存在的逻辑关系，没有真正将政府间财政关系分析透彻，而只是沿用了国家政策层面提到的混淆不清的一般性说法，更没有厘清财政体制、财政关系、政府体制之间内在的相互作用关系。因此，与之相呼应的政策建议也只是简单粗暴毫无逻辑的罗列，并没有从政策建议设计的递进性、操作的连带性、问题的衍生性等方面综合考虑并统筹安排。

第三章 区域间义务教育公平度测度

第一节 区域间义务教育公平度测度的相关说明

本章主要测度我国区域之间的义务教育公平程度，深入分析义务教育生均经费支出的区域差异。为了更方便测度我国区域之间的义务教育公平程度，在此对义务教育公平度测度的指标选择、方法选择、区域选择做详细说明。

在义务教育公平度测度的指标选择上，考虑我国义务教育经费指标的现实情况，从教育经费指标的代表性、可比性和测度数据的可获得性出发，本研究采用生均教育事业费和生均公用经费[①]来测度义务教育财政支出的区域差异，即普通小学生均教育事业费、普通初中生均教育事业费、普通小学生均公用经费、普通初中生均公用经费。两个指标的选择是根据全国教育经费支出分类而定，全国教育经费支出分为事业性经费支出和基本建设支出两部分，事业性经费支出分为个人部分支出和公用部分支出，两个指标的关系是从大到小的包含关系。

在义务教育公平度测度的方法选择上，不同测度方法对于区域差异程度的理解不同，通过详细比较几种常用的差异测度方法，本研究选择平均值、极差、四分位数间距（内距）、标准差、变异系数（离散系数）来描述区域之间的差异程度。用最为常见的算术平均值来测度本组数据的大概情况；用极差来测度本组数据的变异量数，即用最大值与最小值之差来测度本组数据的全距；用四分位数间距来测度本组数据的变异程度，即用上四分位数与下四分位数之差来反映本组数据的内距；用标准差来测度本组数据与平均值的离散程度，标准差较大代表本组数据与其平均值之间的差异较大，标准差较小代表本组数据比较接近平均值；用变异系数来测度本组数据的离散程度，标准差与平均值之比消除了测

[①] 《中华人民共和国教育法》规定："各级人民政府教育财政拨款的增长应当高于财政经常性收入的增长，并使在校学生人数平均的教育费用逐步增长，保证教师工资和学生人均公用经费逐步增长。"《教育法》明确规定了教育经费支出的"三个增长"原则，即全国公共财政教育支出增长、生均公共财政预算教育事业费支出增长、生均公共财政预算公用经费支出增长。因此本书选取生均教育事业费和生均公用经费两个指标来测度义务教育财政支出的区域差异。

度尺度和数据量纲的影响，可以客观比较本组数据离散程度的绝对值，进而从区域差异水平测度结果说明义务教育的不公平程度。

在义务教育公平度测度的区域选择上，本研究选取全国31个省份生均经费支出的面板数据，首先对全国31个省份义务教育生均经费支出的区域差异进行测度。由于31个省份之间的经济发展水平差异很大，我们将经济发展水平相近的东、中、西三大地区进行比较，对东、中、西三大地区义务教育生均经费支出的地区差异进行测度。为了进一步深入分析东、中、西部地区内部省份之间的差异程度，我们又分别对东部地区11个省份生均经费支出的区域差异、中部地区8个省份生均经费支出的区域差异、西部地区12个省份生均经费支出的区域差异进行了水平测度。

第二节　全国区域间义务教育公平度测度

我们首先对全国31个省份之间的义务教育公平度进行测度。由于在计算变异系数时需要先计算出平均值和标准差，我们选择平均值、极差、四分位数间距、标准差和变异系数这5个常用方法对全国31个省份之间义务教育财政支出的区域差异进行测度。2007~2018年全国各省份普通小学与普通初中生均教育事业费分别如表3-1和表3-2所示，2007~2018年全国各省份普通小学与普通初中生均公用经费分别如

表 3-3 和表 3-4 所示，该四个指标的平均值、极差、标准差和变异系数分别如表 3-5 和表 3-6 所示，该四个指标的四分位数间距如表 3-7 所示①。

从严格意义上讲，由各省份生均教育事业费和生均公用经费计算平均值，应采用加权算术平均数或加权调和平均数的方法②。由于各省份普通小学生人数、普通初中生人数、教育事业费和公用经费的数据不齐全，考虑到不同方法对本章结论的正确性和可靠性影响有限，所以在计算上述四个指标的平均值和标准差时，我们就全国 31 个省份的数据采用简单算术平均的方法，而没有采用加权平均的方法，这也是表 3-5 和表 3-6 中的平均值与全国平均水平不一致的原因。由表 3-1 至表 3-7 可知，2007~2018 年全国各省份普通小学和普通初中的生均教育事业费和生均公用经费不断增加，普通小学与普通初中之间的生均教育事业费差距有加大的趋势，普通小学与普通初中之间的生均公用经费差距呈现"先加大后缩小"的特征，西部欠发达省份与东部发达省份之间的生均教育事业费和生均公用经费差距不断加大，但是从整体上来看不同省份之间的相对差距呈逐渐缩小的态势。

---

① 由于页面宽度限制，所以四分位数间距（内距）的计算结果单独列表显示。
② 由平均数计算平均数，应根据被研究标志的性质及其具有的资料选择不同的方法。其一般规则是：如果掌握的权数资料是相对数或平均数的子项数值，则采用加权调和平均数；如果掌握的权数资料是相对数或平均数的母项数值，则采用加权算术平均数。

表 3-1 2007~2018 年全国各省份普通小学生均教育事业费

单位：元

省份	2007 年	2008 年	2009 年	2010 年	2011 年	2012 年	2013 年	2014 年	2015 年	2016 年	2017 年	2018 年
全国	2207	2757.5	3357.9	4012.5	4966	6129	6901.8	7681	8838.4	9557.9	10199.7	10565.5
北京	7316.2	10111.5	11662	14482.4	18494.1	20407.6	21727.9	23441.8	23757.5	25793.6	30016.8	31375.6
天津	4956.4	6850.8	9131.4	11505.4	13398	14718	15447.4	17233.9	18128.2	18284.4	18683.8	19091.9
河北	2272.3	2981.1	3343.2	3783.1	4233.9	4786	4936.8	5349.1	6752.7	7300.2	7914.2	8367.8
山西	2057.5	2690.3	3430.8	4049.3	5057.7	5815.9	6517.2	7359.2	9269.2	9450.6	10151.8	10365.6
内蒙古	2946.4	3799.5	5278.6	6691.9	8295.8	8896.1	9838	10181.4	11972.3	13109.3	13110	13198.4
辽宁	2841.4	3761.2	4359.8	5174.2	6929.2	8067.1	8304.6	8354.3	9138.2	9735.8	10218.5	9701.5
吉林	3028.3	3992.8	4708.9	6220.6	7285.9	8694.5	9174.5	10192.6	12136.7	13087.7	13864.9	13294.2
黑龙江	3548.6	4295.9	4916.9	5484.5	6271.4	7893.9	8895	11063	12939.5	14066.5	14383.6	13867.9
上海	11499	13016.1	14792.7	16143.9	17397.9	18543.8	19518	19519.9	20688.4	22125.1	20676.5	21887.3
江苏	3680	4306.5	5820.2	7252.4	8479.5	9548.1	10584.6	11175.1	11988.8	12503.0	13081.6	12363.9
浙江	3734.4	4528.1	5612	6732.4	7468.7	8197.7	8874.5	9811.9	11599.8	12908.6	13937.1	15108.7
安徽	1644.7	2083.3	2480.8	3192.1	4503.4	5587.2	6438	6658.2	7766.5	8573.6	9035.6	9850.9
福建	2587.2	3240.2	4023.5	4785.9	5766.5	6747.5	7522.5	8175.6	9102.8	9636.5	10110.6	10519.3
江西	1666.8	1795.5	2141.8	2470.3	3731.3	4848.6	5817.1	6851.8	7462.0	7989.5	8500.6	9201.3
山东	2396.6	2908.5	3221.6	3936.3	5071.9	6094.8	6642.2	7253.5	8135.3	8790.8	9195.6	9383.8
河南	1392.9	1640	1949	2186.1	2736.9	3458	3914	4447.6	4575.3	5036.3	5759.2	6369.7
湖北	1920.9	2362	2936.8	3208.3	3670.3	4817.9	5408.1	7020.7	8791.0	10076.7	11031	10603.8

续表

省份	2007年	2008年	2009年	2010年	2011年	2012年	2013年	2014年	2015年	2016年	2017年	2018年
湖南	1905.4	2327.6	2791.1	3014	3619.3	4892.6	5721.2	6363.4	7154.5	7861.3	8378.1	8616.8
广东	2053.9	2470.1	2896.5	3487	4731.1	5681.3	6742.8	7738.6	8758.0	9997.3	11267.6	11830.9
广西	1829.3	2329.6	2672.8	3355.6	4003.3	4863.7	5472.4	5946	7061.4	7690.5	7897.9	8013.3
海南	2175.3	2616.9	3891.9	5578.5	6573.2	7358.9	8347.5	8825.6	10460.9	11353.0	11296.3	12170.7
重庆	1758	2167.5	2963.2	3634	4773.2	6378.3	6308.7	7259.9	8431.7	9180.1	10533.2	11380.1
四川	1681.1	2230.7	2824.9	3372.6	4164.1	6107.6	6822.6	7530.4	8984.5	9003.2	9620.8	9982.6
贵州	1466.4	1853	2302.6	2758.6	3419.3	5038.1	5975.7	6789.8	8645.8	9659.2	9753.1	10156
云南	1798.7	2077.3	2773.4	3286.2	3704.8	4979.8	6145.4	6200.7	7532.2	8931.4	10491.5	11479.1
西藏	4648.2	5062	6302.3	8164.3	10382.4	11727.5	12820.2	17905.9	25750.2	24237.5	26246.8	26597.8
陕西	2128.5	3072	4247.7	4723.9	5997	8747.4	9633.1	10197	10896.4	11172.1	11016.9	11329.7
甘肃	1774.2	2476.2	2832.1	3306.4	4113.9	5371.5	6191.5	7289.2	9118.3	10321.9	10776.1	11040.5
青海	2733.2	3395.5	4127	5011.8	6518.7	8037.1	8200.5	9438.5	10472.8	11948.8	13191.5	13929.3
宁夏	1975.6	2956.2	3029.9	3819.1	4226.3	5312.2	6011.3	6470.1	8034.9	8719.9	9503.4	9877.1
新疆	2573.5	3652.8	4420.9	5868.6	7639.9	9094.6	10463.2	11292.2	12929.8	12133.4	11738.7	11911.6

注：表中为当年价格数据，数据来源于2008~2019年《中国教育统计年鉴》。

表 3-2 2007~2018 年全国各省份普通初中生均教育事业费

单位：元

省份	2007年	2008年	2009年	2010年	2011年	2012年	2013年	2014年	2015年	2016年	2017年	2018年
全国	2679.4	3543.3	4331.6	5213.9	6541.9	8137	9258.4	10359.3	12105.1	13416.0	14638.4	15196.4
北京	10358.1	13224.9	15581.1	20023	25828.2	28822	32544.4	36507.2	40443.7	45516.4	57636.1	59768.4
天津	5537.9	7779	11083.2	14819.5	17716.3	20796.8	22840.6	26956.4	28208.7	29961.9	30949.8	31982.6
河北	2350.4	3523.6	4258	5227.2	6217	7252.1	7470.8	7749.4	9557.8	10532.6	11441.4	11839.8
山西	2345.9	3225.3	4036	4739.4	5843.1	6638.2	7765.2	9016.9	11403.2	12267.0	13523.8	14372.8
内蒙古	3074.7	4517.3	6130.2	7684.3	9115	10207.1	11414.8	11954.8	14362.6	16301.7	16380.2	16469
辽宁	3489.8	4631.6	5590.8	6978	9437.1	11489.3	11462.6	11163.2	12706.6	13710.0	14564.4	13870
吉林	2917.4	4165.8	5315.3	6826.6	8442.8	10515.2	11451.4	12707.7	15539.6	16879.0	17746.7	16966
黑龙江	3267.3	4269.6	4786.3	5594	6564.2	8689.4	10334.1	12187.7	14435.9	15514.7	15920.8	15706.4
上海	13122.7	15473.6	18224.3	19810	22076.2	23771.9	25445.5	25456.6	27636.2	30284.7	30573.4	33285
江苏	3595.9	4464.2	5903.7	8385.9	10175.1	12479.6	15140.8	16690.4	19048.6	21194.7	22364.6	21525.1
浙江	4795.3	5710.3	6886.5	8382.5	10027.3	11500	12617.1	14204.9	16616.2	18798.3	20564.1	22125.9
安徽	1793.4	2527.8	3048.6	3963.6	5646	7457.3	8830	9210.8	11114.7	12435.3	13239.5	15021.3
福建	2608.1	3524.8	4501.6	5715.6	7350.8	9231.8	10511	11544.5	13199.2	14692.3	16100.4	16982
江西	2067.2	2513.4	3113.8	3375.2	4868.1	6536.1	7882.1	9002.6	9665.4	10513.4	11326.4	12224
山东	3387	4389.5	4907.1	6137.1	7762.1	9308.1	10171.2	11333.9	13409.0	14630.3	15772.8	15494
河南	1910	2436.2	2965.1	3410	4564	5761.8	6453.8	7139.8	7263.0	7812.0	8997.6	9862.9
湖北	2213.1	3031.4	4006.6	4514.4	5410.5	7328.5	8543.5	11347.7	14435.8	17272.0	18636	17416.5

续表

省份	2007年	2008年	2009年	2010年	2011年	2012年	2013年	2014年	2015年	2016年	2017年	2018年
湖南	2660.9	3611.4	4508.8	4932.6	5941.4	8145.9	8835.4	10068.2	10473.0	11878.7	12574.6	12803.3
广东	2742.8	3206.9	3418.7	3921	4907.1	6116.6	7509	9264.1	11456.7	13726.0	16084.4	17090.3
广西	2032	2990.6	3364.1	4299.7	5360	6361.3	6750.8	7360.6	8746.0	9507.6	10028.8	10423.8
海南	2443.3	3040	4333.2	5801.6	7563	8850.7	10076.8	10594.6	13205.9	14585.9	14982.9	16165.7
重庆	2143.2	2802.2	3559.9	4297.9	5605	7422.6	7606.7	9224.8	10834.5	11917.4	14692	15398.9
四川	1995.4	2690.6	3438.9	4077	5210	7025	8336.8	9111.1	11477.0	12063.0	13394	13762.5
贵州	1741.5	2310.8	2698.2	3204.2	4134.2	5403.2	6140.5	6924.7	8704.9	10131.8	11273.1	12241.8
云南	2209.2	2894.7	3716.3	4349.1	4872.3	6131.6	7190	7586.9	9335.8	10822.1	12730.8	13782.1
西藏	4758.7	5965.7	7157.1	7242.8	9593.7	10632.9	12783.5	16631.7	23845.2	24605.6	27341.6	28525.2
陕西	2153.6	3402.7	4798.5	5256.9	7422.6	10502.6	11358.6	12330.5	13619.4	14155.1	15163.9	15732
甘肃	2050.8	3093.1	3636.3	4129.9	5020.3	6411.4	7494.3	8377.7	10187.1	11721.5	12551.1	13051.6
青海	2991.4	4052	5366.3	7423.2	8331.4	10062.2	10494.9	11949.6	13295.0	14915.3	16910.9	17881.6
宁夏	2623.2	4415.2	4608.1	6009.4	6903.4	7886.8	8479.1	9689.5	11047.2	11929.4	12920.4	13313.2
新疆	3271.6	4577.6	6341.6	7788.7	10182.6	12022.2	14549.2	14452.2	16999.8	17410.1	17949.1	18414.2

注：表中为当年价格数据，数据来源于2008~2019年《中国教育统计年鉴》。

表3-3 2007~2018年全国各省份普通小学义务教育生均公用经费

单位：元

省份	2007年	2008年	2009年	2010年	2011年	2012年	2013年	2014年	2015年	2016年	2017年	20018年
全国	425	616.3	743.7	929.9	1366.4	1829.1	2068.5	2241.8	2434.3	2610.8	2731.8	2794.2
北京	2951.6	4271.5	4722.9	5837	8719.4	8731.8	9939	9951	9753.4	10308.7	10855.1	11092.2
天津	592.6	1042.4	1144.1	1691.8	2272.5	3353.7	3788.9	3968.9	4361.4	4244.7	3649.5	3996.5
河北	379.3	540.2	689.5	892.3	1213.7	1362.9	1390.8	1439.3	1770.6	1862.0	1922.1	2184.5
山西	458.9	567.6	832.2	954.9	1378.6	1570.3	1639.3	1842.5	2021.3	2159.5	2221.1	2403.8
内蒙古	647.7	906.9	1141.1	1560.8	1895	2099.1	2298.5	2527.4	2885.4	3352.3	3122.1	3164.6
辽宁	590.5	699.9	998.8	1263.6	2546.7	2638	2846.5	2445	1966.9	2057.1	2076.1	2085.3
吉林	530.3	758.7	1208.7	1462.4	1822.9	2318	2294	2680	2882.1	3081.0	3177	3064.1
黑龙江	485.2	840.2	813.3	978.3	1362.1	2442.9	2650.2	2640.9	2736.6	2949.7	2882.8	2882
上海	2844.9	3179.7	3453.1	4264.7	5369.2	6021.2	6417.4	7383.6	6984.0	6985.1	6474.3	6396.1
江苏	506.9	641	689.1	853.6	1594.3	1964.2	2664.1	2958.2	3081.3	2844.2	2896.5	2649.6
浙江	602.5	758.8	792.7	870.5	1048.2	1333.2	1492.8	1693.1	2229.0	2741.5	2939.4	3360.5
安徽	296.9	539.6	609.4	922.5	1640.9	2123.6	2451.3	2364.4	2521.0	2871.5	2963.3	2993.4
福建	421.3	588.8	681.6	1071.3	1369.5	1625	1849.4	2200.6	2500.5	2705.1	2782.9	2825.9
江西	283.3	363.7	647	697.3	1290.4	1895.8	2536.2	2789.2	2672.5	2949.1	3351.8	3635.4
山东	370.8	505.3	573.5	917.7	1370.5	1837.4	2019.3	2179.5	2054.0	2192.0	2242.7	2219.6
河南	316.5	466.1	573.3	700.8	1135.1	1605.4	1806.6	2036.8	1955.0	1980.9	2040.4	2165.3
湖北	308.8	512.1	652.4	701.1	889.6	1451.4	1581.2	1642.8	2825.3	2842.9	2992.9	3021.9

续表

省份	2007年	2008年	2009年	2010年	2011年	2012年	2013年	2014年	2015年	2016年	2017年	2018年
湖南	370.6	634.6	840.3	928.5	1346.3	2032.5	2221.8	2187.4	2383.3	2377.9	2472.5	2410.5
广东	449.2	543.9	652.9	735.9	974.3	1264.2	1481.6	1851.4	2251.1	2489.3	2700	2752.9
广西	308.1	383.9	453.3	670.4	994.5	1339.1	1439.9	1640	1748.9	2049.2	2414.2	2481.8
海南	374.2	556.2	879	1358.7	1767.6	2398.9	3233.9	3091.8	3486.0	4171.8	4277	4508
重庆	495.4	714.6	853.2	1166.5	1501.9	2219.3	2309.7	2513.2	2940.8	3416.7	3163.3	3175.7
四川	491.5	703.5	629.3	770.8	1020.4	1716.8	1771.7	1824	1983.2	2337.5	2727.5	2778.2
贵州	198.6	403.3	439.5	579.3	834.2	1236	1400.3	1386.1	1785.0	2024.5	2225	2180.3
云南	281.3	420	584.9	802.6	979.2	1460.6	1670.3	1712.9	1948.6	2187.9	2205.9	2282.7
西藏	494.6	676.3	1187.3	2078	3040.3	3257.8	3434.8	6641.3	8728.2	7600.5	7938.5	8012.4
陕西	519.3	772.5	1140.5	1071.3	1570.9	2934.2	3343.9	3590	3563.1	3554.3	3913.4	3938
甘肃	300.5	609.8	781.2	820.6	1167.5	1394.7	1585.1	1815.6	2117.0	2588.5	2472.8	2576.8
青海	437	777.5	1235.1	1850.5	2505.7	3033.1	2741.2	3176.1	3260.4	3028.2	3146.5	3181.3
宁夏	474	1144.9	777.4	1304.5	1710.7	1960.9	2034.8	2425.8	3158.9	3140.4	3318.5	3335.6
新疆	445.3	945.1	1122.9	1145.5	1948.5	2071.5	2475.2	2587.4	2389.9	2528.7	2493.2	2313.5

注：表中为当年价格数据，数据来源于2008~2019年《中国教育统计年鉴》。

表 3-4　2007~2018 年全国各省份普通初中义务教育生均公用经费

单位：元

省份	2007 年	2008 年	2009 年	2010 年	2011 年	2012 年	2013 年	2014 年	2015 年	2016 年	2017 年	2018 年
全国	614.5	936.4	1162	1414.3	2044.9	2691.8	2983.8	3120.8	3361.1	3562.1	3789.9	3906.2
北京	4963.6	5796.7	6352.2	8247.7	11241.8	11268.5	13747	14127.6	15945.1	16707.9	21282.5	21603.6
天津	787.7	1326.1	1689.6	2521.1	2983.1	4477.9	5379.9	6134.4	6356.9	5790.5	5014.6	6539.1
河北	478.3	757.7	989.8	1305.7	1854.4	2050	2083.7	2121.1	2533.7	2695.5	2796.8	2991.4
山西	629.6	827.5	1208.4	1415.2	1912.9	2176.1	2402.8	2546.2	2535.9	2821.7	2895	3127.1
内蒙古	781.8	1342.3	1669.1	2209.1	2574.5	3014.6	3168.5	3284	4011.4	4545.6	4145.2	4137.4
辽宁	788.1	1069.7	1532.9	2041.4	3640.7	4211.9	3937.2	3404.1	2809.4	2688.6	2699.8	2661.2
吉林	619.3	971.5	1749.1	1906.3	2511.2	3109.6	2975	3405.9	3770.7	4030.8	4209.5	4344.9
黑龙江	564.1	1055.5	1086.3	1418.3	1814.2	3427.3	3564	3518.8	3527.4	3678.6	3785.9	3598.1
上海	3425.9	3915.6	4495.3	5298.5	6837.8	7795.1	8333.2	9278.8	8642.7	9041.9	9422.6	11329.8
江苏	642.6	871	864	1088.5	1817.7	2274.2	3367.9	3731.1	4246.2	4076.2	4332.8	4198.4
浙江	920.2	1051.3	1072.2	1209.8	1614.8	1981.1	2132.9	2639.2	3225.2	3850.9	4184	4966.2
安徽	399.9	806	920.1	1339	2285.3	3097.1	3618.2	3328.6	3611.8	4073.4	4244.8	4286.7
福建	519.7	758.6	949.9	1454.1	1845.6	2342.5	2581.4	2916.1	3234.9	3677.1	3861.9	4067.1
江西	363.4	582.7	1099.6	1074.4	1902.1	2795	3769.5	3954.2	3931.0	4065.3	4603.8	5109.2
山东	568.1	828.6	1011.9	1782.5	2451.2	3162.3	3332.7	3586.7	3526.7	3602.2	3608.7	3555.9
河南	512.2	755.5	932.9	1175	2104.8	2821.2	3046.9	3295.8	3168.4	3082.1	3214.2	3408.1
湖北	450.3	800.7	1121.9	1130.4	1355	2089.5	2320.3	2308.6	3898.8	4083.4	4233.7	4054.3

续表

省份	2007年	2008年	2009年	2010年	2011年	2012年	2013年	2014年	2015年	2016年	2017年	2018年
湖南	494.4	1070.7	1522.9	1544.5	2141.9	3481.3	3264.9	3432.9	3069.4	3216.0	3271.4	3377.2
广东	733	834.5	899.2	974.2	1175.5	1638.6	1866.6	2382.2	2947.4	3278.5	3597.5	3718.5
广西	474.8	589.2	728	1127.3	1676.5	2222.6	2238.8	2353.2	2545.9	2863.9	3128.6	3204.6
海南	576.4	1034.7	1543.8	2037.3	2979.7	3903.3	4702.5	3942.9	4923.7	5939.4	6055.4	6359.4
重庆	697	1107.1	1250	1566.9	1966.8	2684.5	2887.4	3050.4	3340.4	3905.7	4321.9	4112.8
四川	628.4	1052.9	933.7	1033.8	1508.4	2125	2508.4	2322.5	2514.7	2905.9	3375.6	3465.3
贵州	324.6	638.9	624.1	827.2	1371.6	1739.7	1887.4	1725	2233.7	2498.7	2819.9	2707.3
云南	395.5	640.3	995.3	1162.3	1454.8	1929.5	2119.8	2165.7	2695.3	2840.9	2877.2	2888
西藏	505	1719.1	2200.3	1431.9	2453.5	2575.8	3727.3	4951.5	5751.0	5980.6	6279.3	7210.5
陕西	657.8	1097.3	1732.4	1517	2757.5	3989.3	4081.7	4388.9	4195.9	4093.8	4725.2	4646.9
甘肃	454.7	914.6	1250.8	1292.8	1645.7	1997.9	2271.7	2381.6	2499.2	2828.0	2724.9	2814.5
青海	554.6	1001.1	1630.6	3447.6	3271.7	4211.7	3914.7	4266.7	4343.7	3906.9	3914.5	3970.7
宁夏	837.9	2066	1763.7	2777.8	3408.4	3611.2	3181.7	4168.5	4534.9	4359.2	4750.6	4584.8
新疆	726.7	1472.7	2483.6	2447.2	3768.2	4069.5	5293.4	4238.7	4166.6	4252.6	4713.5	4415.7

注：表中为当年价格数据，数据来源于2008~2019年《中国教育统计年鉴》。

表 3-5　2007~2018 年全国各省份义务教育生均教育事业费区域差异水平

年份	平均值（元）		极差（元）		标准差		变异系数	
	普通小学	普通初中	普通小学	普通初中	普通小学	普通初中	普通小学	普通初中
2007	2902.93	3375.86	10106.10	11381.20	1988.24	2397.36	0.6849	0.7101
2008	3646.80	4466.51	11376.10	13162.80	2377.91	2854.80	0.6521	0.6392
2009	4447.95	5525.30	12843.70	15526.10	2758.76	3415.48	0.6202	0.6182
2010	5376.76	6720.01	13957.80	16818.80	3242.49	4110.06	0.6031	0.6116
2011	6537.38	8325.51	15757.20	21694.00	3739.97	4888.18	0.5721	0.5871
2012	7764.95	10024.52	16949.60	23418.80	3844.79	5215.89	0.4951	0.5203
2013	8529.56	11241.44	17813.90	26403.90	3973.95	5748.28	0.4659	0.5113
2014	9462.48	12507.76	18994.20	29582.50	4322.13	6314.21	0.4568	0.5048
2015	10917.28	14589.47	21174.90	33180.70	4811.78	6854.09	0.4407	0.4698
2016	11634.76	16054.38	20757.30	37704.41	4757.04	7503.50	0.4089	0.4674
2017	12302.69	17559.21	24257.60	48638.50	5117.78	9013.26	0.4160	0.5133
2018	12673.13	18177.35	25005.90	49905.50	5268.07	9370.48	0.4157	0.5155

表 3-6　2007~2018 年全国各省份义务教育生均公用经费区域差异水平

年份	平均值（元）		极差（元）		标准差		变异系数	
	普通小学	普通初中	普通小学	普通初中	普通小学	普通初中	普通小学	普通初中
2007	587.99	821.79	2753.00	4639.00	616.32	918.31	1.0482	1.1174
2008	853.83	1250.20	3907.80	5214.00	788.57	1026.70	0.9236	0.8212
2009	1025.79	1558.18	4283.40	5728.10	850.64	1124.07	0.8293	0.7214
2010	1320.12	1929.19	5257.70	7420.50	1061.65	1447.53	0.8042	0.7503
2011	1880.02	2655.72	7885.20	10066.30	1511.41	1892.75	0.8039	0.7127
2012	2344.95	3299.15	7495.80	9629.90	1481.80	1876.90	0.6319	0.5689
2013	2606.76	3667.98	8548.20	11880.40	1657.37	2245.17	0.6358	0.6121
2014	2876.97	3850.06	8564.90	12402.60	1831.98	2343.22	0.6368	0.6086
2015	3127.25	4152.84	8004.51	13711.38	1887.19	2511.77	0.6035	0.6048
2016	3278.15	4367.15	8446.74	14209.20	1799.81	2595.26	0.5490	0.5943
2017	3356.72	4680.36	8933.00	18582.70	1833.11	3301.53	0.5461	0.7054
2018	3421.56	4885.64	9006.90	18942.40	1861.44	3477.93	0.5440	0.7119

表 3-7 2007~2018 年全国各省份义务教育生均教育事业费与生均公用经费四分位数间距

年份	生均教育事业费 普通小学	生均教育事业费 普通初中	生均公用经费 普通小学	生均公用经费 普通初中
2007	1173.35	1180.90	169.55	243.50
2008	1567.55	1479.75	235.10	298.85
2009	1984.40	2149.15	482.00	709.50
2010	2713.60	3034.20	520.00	870.70
2011	3238.30	3890.80	707.65	1123.25
2012	3545.80	3742.45	905.45	1606.70
2013	3325.45	3771.05	1047.85	1480.55
2014	3374.00	3455.10	1040.45	1597.15
2015	3895.45	4334.00	1082.45	1342.65
2016	3844.70	5177.45	981.60	1179.20
2017	3588.65	5022.30	804.35	1415.85
2018	3382.30	4111.20	940.90	1223.20

从全国平均水平来看，2018年我国普通小学和普通初中的生均教育事业费分别为10565.5元和15196.4元，与2007年相比分别增加了8358.5元和12547元，分别是2007年的4.79倍和5.67倍，2007~2018年年均名义增速分别为15.30%和17.09%，高于同期全国经济增速以及一般公共预算收入与支出的增速。与生均教育事业费相比，尽管我国普通小学和普通初中的生均公用经费相对较低，但是其增速更高，增长态势更为明显。2018年我国普通小学和普通初中的生均公用经费分别为2794.2元和3906.2元，与2007年相比分别增加了2369.2元和3291.7元，分别是2007年的6.57倍和6.36倍，2007~2018年年均名义增速接近19%，远远高于同期全国经济增速以及一般公共预算收入与支出的增速。

从各省份具体情况来看，普通小学和普通初中的生均教育事业费和生均公用经费平均值也表现出类似的增长特征。2018年全国31个省份普通小学和普通初中的生均教育事业费平均值分别为12673.13元和18177.35元，与2007年相比分别增加了9770.20元和14801.49元，分别是2007年的4.37倍和5.38倍，2007~2018年年均名义增速分别为14.34%和16.54%，略低于全国普通小学和普通初中的生均教育事业费增速。2018年全国31个省份普通小学和普通初中的生均公用经费平均值分别为3421.56元和4885.64元，与2007年相比分别增加了2833.57元和4063.85元，分别是2007年的5.82倍和5.95倍，2007~2018年年均名义增速接近17.5%，也低于全国普通小学和普通初中的生均公用经费增速。上述现象说明，2004年以来尤其是2006年新修订的《义务教育法》实施以来，我国义务教育投入规模不断增大，生均教育事业费和生均公用经费不断提高，有力推进了全国各省份义务教育事业的快速发展。但是，上述现象也进一步说明，21世纪初尤其是2010年以前我国各省份义务教育投入规模偏小，生均教育事业费和生均公用经费处于较低水平，2010年以后尤其是进入"十四五"期间，我国义务教育经费投入进入了快速增长阶段。一方面这与全国各省份经济发展水平有密切的关系，另一方面与中央政府和地方政府对义务教育事业的重视程度有很大关系。

从普通小学与普通初中生均教育事业费、生均公用经费之间的比率来看，全国普通初中与普通小学生均教育事业费比率由2007年的1.21增加到2018年的1.44，普通小学与普通初中生均教育事业费的差距逐渐加大。而全国普通初中与普通小学生均公用经费比率则由2007年的1.45提高到2009年的1.56，然后开始下降，2018年降至1.40，比2007年的水平还低。从各省份情况来看，全国31个省份普通初中与普通小学生均教育事业费平均值之间的比率则由2007年的1.16上升至2018年的1.43，而普通初中与普通小学生均公用经费平均值之间的比率则由2007年的1.40上升至2009年的1.52，之后持续下降，2018年降至1.43，大致相当于2007年的水平。由此可知，全国各省份普通小学与普通初中生均教育事业费之间的区域差距呈逐渐加大的趋势,而普通小学与普通初中生均公用经费之间的区域差距则大致呈现"先上升后下降的倒U形"特征。所以"十四五"及以后时期,要考虑到生育政策调整等背景,根据义务教育发展的规律,结合地区经济发展水平的实际,适当增加义务教育投入的规模,逐步缩小普通小学与普通初中生均教育事业费之间的差距,合理控制普通小学与普通初中生均公用经费之间的差距。

从不同省份生均教育事业费与生均公用经费之间的绝对差距来看,生均教育事业费与生均公用经费较低的省份主要集中在西部地区和中部地区,尤其是西部地区,生均教育事业费与生均公用经费较低省份与较高省份之间的差距(极差)呈加大的态势,生均教育事业费与生均公用经费处于中游水平的省份之间的差距(四分位数间距)也有所加大但是不很明显。

就各省份普通小学生均教育事业费而言,2007~2018年河南省在31个省份中一直处于最低水平,2007~2010年上海市处于最高水平,2011~2014年和2016~2018年北京市处于最高水平,2015年西藏则处于最高水平。从河南省与上海市、北京市和西藏的差距(极差)来看,由2007年的10106.1元逐渐上升至2018年的25005.9元,年均上升1354.5元。四分位数间距则由2007年的1229.6逐渐上升至2018年的3382.3,年均上升195.7。这说明,无论是生均教育事业费较小与较大的省份之间还是处于中游水平的省份之间，其绝对差距均有加大的趋势。

各省份普通初中生均教育事业费也表现出类似的特征，但无论是极差还是四分位数间距均略高于普通小学生均教育事业费。2007~2014年贵州省处于最低水平，2015~2018年河南则处于最低水平，2007~2009年上海市处于最高水平，2010~2018年北京市则处于最高水平。从贵州省和河南省与上海市和北京市的差距（极差）来看，由2007年的11381.2元逐渐上升至2018年的49905.5元，年均上升3502.2元。四分位数间距则由2007年的1243.8逐渐上升至2018年的4111.2，年均上升260.7。

就各省份普通小学生均公用经费而言，2008年和2015年江西与广西两省份处于最低水平，2007年和2009~2012年贵州省处于最低水平，2013~2014年和2016~2018年河北省则处于最低水平，2007~2018年北京市则处于最高水平。就各省份普通初中生均公用经费而言，2008年江西省处于最低水平，2007年、2009~2010年和2014~2018年贵州省处于最低水平，2011~2013年广东省则处于最低水平，2007~2018年北京市则处于最高水平。从不同最低水平省份与上海市和北京市的差距（极差）来看，普通小学和普通初中生均公用经费则分别由2007年的2753.0元和4639.0元逐渐上升至2018年的9006.9元和18942.4元，年均分别上升568.5元和1300.3元。普通小学和普通初中生均公用经费的四分位数间距，则分别由2007年的202.8和254.7逐渐上升至2018年的940.9和1223.2，年均分别上升67.1和88.0。

由此可知，不同省份之间普通初中的生均教育事业费和生均公用经费的极差与四分位数间距均高于普通小学，无论是生均教育事业费还是生均公用经费，各省份普通初中之间的差距要大于普通小学。结合普通小学与普通初中生均教育事业费、生均公用经费规模与其之间的比率来看，鉴于普通初中生均经费支出高于普通小学并且两者差距加大的趋势，区域之间的经济发展水平差异和义务教育投入比例差异是该现象的主要根源。

从标准差来看，2007~2018年全国不同省份的普通小学和普通初中，无论是生均教育事业费还是生均公用经费，其标准差都持续增大。2007年全国不同省份普通小学和普通初中的生均教育事业费标准差分别为1988.24和2397.36，2018年其标准差分别为5268.07和9370.48，增幅非常明显。2007年全国不同省份普通小学和普通初中的生均公用经费标准差分别为616.32和918.31，2018年其标准差分别为1861.44和3477.93，增幅也相当明显。如果仅从标准差来看，2007年以来，全国不同省份的普通小学和普通初中，其生均教育事业费和生均公用经费的年度变动范围有可能在扩大。

这一点由2007~2018年全国各省份义务教育生均教育事

业费和生均公用经费的偏度和峰值变动情况可以看出来。如表 3-8 所示，2007 年以来，全国各省份生均教育事业费与生均公用经费的偏度系数均大于 0、峰值均大于 2.5，虽然 2017~2018 年生均教育事业费与生均公用经费的偏度系数与峰值存在一定程度的上升，但 2007~2016 年生均教育事业费的偏度系数与峰值呈减小趋势，生均公用经费的偏度系数也呈减小趋势，峰值却大致呈波浪形波动的特点。这说明各省份历年生均教育事业费的分布形式尽管为右偏，但是随着时间的推移不同省份生均教育事业费分布范围更广、更为分散。而各省份历年生均公用经费的分布形式尽管也为右偏，但是其偏度系数变动较小，即随着时间的推移不同省份生均公用经费分布范围变动不够明显。这也就是上述标准差持续增大的来源或者原因。

表 3-8 2007~2018 年全国各省份义务教育生均经费的偏度与峰值

年份	生均教育事业费				生均公用经费			
	普通小学		普通初中		普通小学		普通初中	
	偏度	峰值	偏度	峰值	偏度	峰值	偏度	峰值
2007	3.08	11.06	3.08	9.92	3.54	11.80	3.85	14.94
2008	2.73	8.17	2.89	8.62	3.58	13.05	3.50	13.13
2009	2.44	6.44	2.65	7.18	3.51	12.85	3.17	11.16
2010	2.09	4.34	2.38	5.47	3.28	11.49	3.21	11.75
2011	2.02	4.00	2.43	5.95	3.51	13.81	3.46	13.80
2012	2.01	4.11	2.37	5.76	3.16	11.37	2.95	10.45
2013	2.00	4.13	2.40	6.05	3.27	12.44	3.29	12.98
2014	1.84	3.11	2.44	6.48	2.65	7.32	3.21	12.01

续表

年份	生均教育事业费				生均公用经费			
	普通小学		普通初中		普通小学		普通初中	
	偏度	峰值	偏度	峰值	偏度	峰值	偏度	峰值
2015	1.84	3.11	2.25	5.78	2.55	6.17	3.65	15.68
2016	1.77	2.84	2.40	6.90	2.69	7.59	3.79	16.64
2017	2.12	4.81	3.13	12.09	2.93	9.23	4.37	21.26
2018	2.22	5.20	3.16	12.05	2.94	9.40	3.94	17.53

由于不同年份不同省份的生均教育事业费与生均公用经费平均值存在明显差异，仅仅利用标准差不能对不同省份之间的差异作出正确判断，我们需要利用变异系数对全国不同省份之间的整体差异做出评判。无论是生均教育事业费还是生均公用经费，全国普通小学和普通初中的区域差异整体上呈现缓慢下降的减缓特征。具体而言，全国各省份普通小学生均教育事业费的变异系数由2007年的0.6849逐渐下降至2018年的0.4157，普通初中则由2007年的0.7101逐渐下降至2018年的0.5155。全国各省份普通小学生均公用经费的变异系数由2007年的1.0482逐渐下降至2018年的0.5440，普通初中则由2007年的1.1174逐渐下降至2018年的0.7119。尽管欠发达省份与发达省份之间的生均教育事业费和生均公用经费差距非常明显并且有加大的趋势，但是全国不同省份之间的整体差距有减缓的趋势，说明我国义务教育区域差距问题已经得到了一定程度的改善。

第三节 东、中、西部区域间义务教育公平度测度

为了更加深入测度义务教育公平程度的区域差距，将比较对象31个省份合并同类项，更加细化分为东部、中部、西部三大地区[①]，使比较对象相对集中可比性更强。东部地区的11个省份包括北京、天津、河北、辽宁、上海、江苏、浙江、福建、山东、广东、海南；中部地区的8个省份包括山西、吉林、黑龙江、安徽、江西、河南、湖北、湖南；西部地区的12个省份包括内蒙古、广西、重庆、四川、贵州、云南、西藏、陕西、甘肃、青海、宁夏、新疆。

由上一节内容可知，不同省份普通小学和普通初中的生均教育事业费和生均公用经费存在明显差异。为了进一步分析不同区域之间生均经费支出的差异状况，根据本研究选择的东、中、西部地区省份划分标准，分别对东、中、西部地区省份之间的差异进行分析。

2007~2018年东、中、西部地区义务教育生均教育事业费和生均公用经费的平均值分别如表3-9和表3-10所示。由表3-9和表3-10可知，2007年以来，东、中、西部地区义务教育生均教育事业费和生均公用经费不断增加，东部

[①] 现在我国的经济区域划分为东部、中部、西部和东北四大地区。由于东北地区单列对公平度测度结果的影响不大，因此本书选取了较为简单的三大地区划分标准进行研究。

地区生均教育事业费与生均公用经费一般高于全国平均水平，而中部地区与西部地区通常低于全国平均水平，中部地区生均教育事业费最低。从区域之间的差距来看，中西部地区与东部地区生均教育事业费和生均公用经费的绝对差距有加大的趋势、相对差距有逐渐减小的趋势。

表3-9　2007~2018年东、中、西部义务教育生均教育事业费平均值

单位：元

年份	东部		中部		西部	
	普通小学	普通初中	普通小学	普通初中	普通小学	普通初中
2007	4137.52	4948.30	2145.64	2396.90	2276.09	2587.11
2008	5162.82	6269.85	2648.43	3222.61	2922.69	3642.71
2009	6250.44	7698.93	3169.51	3972.56	3647.95	4567.96
2010	7532.86	9563.76	3728.15	4669.48	4499.42	5480.26
2011	8958.55	11732.75	4609.53	5910.01	5603.23	6812.54
2012	10013.71	13601.72	5751.08	7634.05	7046.16	8339.08
2013	10786.25	15071.80	6485.64	8761.94	7832.55	9383.27
2014	11534.48	16496.84	7494.56	10085.18	8875.09	10466.18
2015	12591.87	18680.78	8761.84	11791.33	10819.19	12704.54
2016	13493.48	20693.92	9517.78	13071.51	11342.28	13790.05
2017	14218.05	22821.30	10138.10	13995.68	11989.99	15111.33
2018	14709.22	23648.07	10271.28	14296.65	12407.96	15749.66

表3-10　2007~2018年东、中、西部义务教育生均公用经费平均值

单位：元

年份	东部		中部		西部	
	普通小学	普通初中	普通小学	普通初中	普通小学	普通初中
2007	916.71	1309.42	381.31	504.15	424.44	586.57
2008	1211.61	1658.59	585.33	858.76	704.86	1136.79
2009	1388.84	1945.53	772.08	1205.15	862.14	1438.47

续表

年份	东部		中部		西部	
	普通小学	普通初中	普通小学	普通初中	普通小学	普通初中
2010	1796.10	2541.89	918.22	1375.39	1151.73	1736.74
2011	2567.81	3494.75	1358.24	2003.43	1579.40	2321.47
2012	2957.32	4100.49	1919.99	2874.64	2060.26	2847.61
2013	3374.88	4678.64	2147.58	3120.20	2208.78	3106.73
2014	3560.22	4933.11	2273.00	3223.88	2653.32	3274.73
2015	3676.20	5308.35	2499.64	3439.18	3042.45	3569.39
2016	3872.86	5577.35	2651.56	3631.41	3150.73	3748.48
2017	3892.33	6077.87	2762.73	3807.29	3261.73	3981.37
2018	4006.46	6544.60	2822.05	3913.20	3285.08	4013.21

2018年东部地区普通小学和普通初中生均教育事业费平均值分别为14709.22元和23648.07元，与2007年相比分别增加了10571.70元和18699.77元，2007~2018年年均增速分别为12.22%和15.28%。2018年中部地区普通小学和普通初中生均教育事业费平均值分别为10271.28元和14296.65元，与2007年相比分别增加了8125.64元和11899.75元，2007~2018年年均增速分别为15.30%和17.63%。2018年西部地区普通小学和普通初中生均教育事业费平均值分别为12407.96元和15749.66元，与2007年相比分别增加了10131.87元和13162.55元，2007~2018年年均增速分别为16.67%和17.85%。就区域之间的差距而言，2007年中部地区普通小学和普通初中生均教育事业费平均值与东部地区分别相差1991.88元和2551.40元，西部地区与东部地区分别相差1861.43元和2361.19元。2018年中部地区普通小学和

普通初中生均教育事业费平均值与东部地区分别相差4437.94元和9351.42元，西部地区与东部地区则分别相差2301.26元和7898.41元。由此可知，2007年以来，东部地区普通小学和普通初中生均教育事业费不仅高于中西部地区，而且累计增量也高于中西部地区，中西部地区与东部地区的绝对差距在加大。鉴于近年来中西部地区义务教育生均教育事业费的增速高于东部地区，可以预见未来中西部地区与东部地区的相对差距会逐渐缩小。2007年东部地区普通小学和普通初中生均教育事业费平均值分别是中部地区的1.93倍和2.06倍，是西部地区的1.82倍和1.91倍。2018年东部地区普通小学与普通初中生均教育事业费平均值分别是中部地区的1.43倍和1.65倍，分别是西部地区的1.19倍和1.50倍。

生均公用经费也表现出与生均教育事业费类似的特点。2018年东部地区普通小学和普通初中生均公用经费平均值分别为4006.46元和6544.60元，与2007年相比分别增加了3089.75元和5235.18元，2007~2018年年均增速分别为14.35%和15.75%。2018年中部地区普通小学和普通初中生均公用经费平均值分别为2822.05元和3913.20元，与2007年相比分别增加了2440.74元和3409.05元，2007~2018年年均增速分别为19.96%和20.48%。2018年西部地区普通小学和普通初中生均公用经费平均值分别为3285.08元和4013.21元，与2007年相比分别增加了2860.63元和3426.64元，2007~2018年年均增速分别为20.45%和

19.10%。此外，2007年东部地区普通小学和普通初中生均公用经费平均值分别是中部地区的2.40倍和2.60倍，分别是西部地区的2.16倍和2.23倍。2018年东部地区普通小学和普通初中生均公用经费平均值分别是中部地区的1.42倍和1.67倍，分别是西部地区的1.22倍和1.63倍。这说明2007年以来，我国东、中、西部区域之间的生均公用经费也存在绝对差距在加大、相对差距在减小的趋势。

第四节 东、中、西部区域内义务教育公平度测度

我们分别对东、中、西部区域内的义务教育公平度进行测度，以详细分析经济发展水平相近省份的公平度差异。2007~2018年东部地区义务教育生均教育事业费和生均公用经费差异水平如表3-11和表3-12所示，2007~2018年中部地区义务教育生均教育事业费和生均公用经费差异水平如表3-13和表3-14所示，2007~2018年西部地区义务教育生均教育事业费和生均公用经费差异水平如表3-15和表3-16所示。

一 东部区域内义务教育公平度测度

2007~2010年广东省普通小学生均教育事业费在东部地区省份中处于最低水平；2011~2018年河北省则在东部地区处于最低水平。2007年和2013~2018年7个年份河北省普通初中

生均教育事业费在东部地区省份中处于最低水平，2008年海南省在东部地区处于最低水平，2009~2012年广东省则处于最低水平。上海市分别于2007~2010年和2007~2009年在东部地区省份的普通小学与普通初中生均教育事业费中处于最高水平，而北京市分别于2011~2018年和2010~2018年在东部地区省份的普通小学与普通初中生均教育事业经费中处于最高水平。由此可以看出，北京与上海两个直辖市[①]经济发展水平较高，其普通小学与普通初中生均教育事业费处于较高水平。而广东省地区生产总值居于全国首位，经济发展水平也较高，但是其普通小学与普通初中生均教育事业费有4个年份处于东部地区最低水平，这与其经济大省的地位严重不符。

如表3-11所示，2007年东部地区普通小学与普通初中生均教育事业费最低的省份与最高的省份分别相差9445.10元和10772.30元，2018年这一差距分别扩大到23007.80元和47928.60元，后者分别是前者的2.44倍和4.45倍。2007年东部地区省份普通小学与普通初中生均教育事业费四分位数间距分别为2010.95和2491.15，2018年四分位数间距则分别增大至6989.90和11224.40，后者分别是前者的3.48倍和4.51倍。这说明，东部地区省份普通小学与普通初中生均教育事业费内部差异明显，不同省份之间存在较大差距。2007年东部地区省份普通小学与普通初中生均教育

---

① 按当年价格计算，2018年北京市、上海市人均地区生产总值分别为134982元和140211元，广东省人均地区生产总值为86412元，河北省、海南省分别为47772元和51955元，与北京市、上海市、广东省相比差距非常明显。

表 3-11 2007~2018 年东部义务教育生均教育事业费差异水平

年份	极差		四分位数间距		标准差		变异系数	
	普通小学（元）	普通初中（元）	普通小学	普通初中	普通小学	普通初中	普通小学	普通初中
2007	9445.10	10772.30	2010.95	2491.15	2765.42	3387.36	0.6684	0.6846
2008	10546.00	12433.60	2744.65	3220.45	3294.41	4045.68	0.6381	0.6453
2009	11896.20	14805.60	3858.25	4567.45	3743.10	4788.23	0.5989	0.6219
2010	12656.90	16102.00	5017.80	5844.10	4255.91	5582.63	0.5650	0.5837
2011	14260.20	20921.10	5519.55	6488.80	4858.02	6615.71	0.5423	0.5639
2012	15621.60	22705.40	5711.90	7569.95	5129.26	7093.18	0.5122	0.5215
2013	16791.10	25073.60	5883.35	8866.70	5324.74	7845.41	0.4937	0.5205
2014	18902.70	28757.80	6247.40	10194.60	5566.61	8731.76	0.4826	0.5293
2015	17004.80	30885.90	6128.10	10389.50	5389.57	9085.07	0.4280	0.4863
2016	18493.40	34983.80	5910.35	11422.35	5691.68	10038.80	0.4218	0.4851
2017	22102.60	46194.70	6145.90	11091.15	6235.52	12587.50	0.4386	0.5516
2018	23007.80	47928.60	6989.90	11224.40	6606.44	13207.43	0.4491	0.5585

事业费的标准差分别为2765.42和3387.36，2018年标准差分别为6606.44和13207.43，增幅非常明显。如果仅从标准差来判断的话，东部地区省份普通小学与普通初中生均教育事业费年度绝对差距扩大的趋势非常明显。但是考虑到不同年份东部地区生均教育事业费的平均水平存在较大差异，我们应该结合变异系数进一步深入分析。从变异系数来看，2007~2018年东部地区普通小学与普通初中生均教育事业费的变异系数逐渐减小，分别由2007年的0.6684和0.6846降至2018年的0.4491和0.5585。这说明2007年以来，东部地区不同省份之间普通小学与普通初中生均教育事业费绝对差距在扩大，但是相对差距在缩小。

如表3-12所示，东部地区省份普通小学与普通初中生均公用经费也存在类似的特点。2007~2009年山东省普通小学生均公用经费在东部地区处于最低水平，2010~2012年广东省在东部地区处于最低水平，2013~2017年河北省处于最低水平，2018年辽宁省则处于最低水平。2009年江苏省普通初中生均公用经费在东部地区处于最低水平，2007年、2008年和2014年、2015年4个年份河北省在东部地区处于最低水平，2010~2013年广东省处于最低水平，2016~2018年辽宁省则处于最低水平。可以看出，不同年份东部地区义务教育生均公用经费最低的省份分布比较分散，同时江苏、山东、广东三个省份的生均公用经费与其经济发展水平较高的实际情况不尽相符，该三个省份地区生产总值多年来一直居

表 3-12　2007~2018 年东部义务教育生均公用经费差异水平

年份	极差		四分位数间距		标准差		变异系数	
	普通小学(元)	普通初中(元)	普通小学	普通初中	普通小学	普通初中	普通小学	普通初中
2007	2580.80	4485.30	197.25	281.90	938.18	1404.74	1.0234	1.0728
2008	3766.20	5039.00	350.55	366.35	1216.19	1567.96	1.0038	0.9454
2009	4149.40	5488.20	386.10	646.85	1310.44	1708.82	0.9436	0.8783
2010	5101.10	7273.50	643.85	1023.50	1592.35	2138.25	0.8866	0.8412
2011	7745.10	10066.30	1118.00	1480.25	2274.71	2859.85	0.8859	0.8183
2012	7467.60	9629.90	1501.90	2182.80	2243.48	2816.95	0.7586	0.6870
2013	8548.20	11880.40	1840.30	2684.05	2496.33	3380.20	0.7397	0.7225
2014	8511.70	12006.50	1514.90	2261.00	2560.40	3505.68	0.7192	0.7106
2015	7982.80	13441.40	1782.20	2554.00	2401.24	3789.51	0.6532	0.7139
2016	8446.70	14019.30	1867.60	2424.60	2470.10	3939.89	0.6378	0.7064
2017	8933.00	18582.70	1491.90	1931.90	2519.16	5129.84	0.6472	0.8440
2018	9006.90	18942.40	1817.65	2812.05	2551.23	5295.50	0.6368	0.8091

于全国前五位，人均地区生产总值也居于全国前列，尤其是江苏省地区生产总值与北京市、上海市相差不大。① 2007～2018年北京市普通小学与普通初中生均公用经费在东部地区处于最高水平，结合生均教育事业费的情况来看，东部地区省份义务教育生均教育事业费和生均公用经费与省份经济发展水平之间不存在必然的关系，生均教育事业费和生均公用经费较高的省份一般经济发展水平较高，但是经济发展水平较高的省份生均教育事业费和生均公用经费不一定处于较高水平，即经济发展水平并不是义务教育生均教育事业费和生均公用经费的充分必要条件。

2007年东部地区省份中普通小学与普通初中生均公用经费最低的省份与最高的省份之间分别相差2580.80元和4485.30元，2018年这一差距分别为9006.90元和18942.40元，后者分别是前者的3.49倍和4.22倍。2007年东部地区省份的普通小学与普通初中生均公用经费四分位数间距分别为197.25和281.90，2018年四分位数间距分别增至1817.65和2812.05，后者分别是前者的9.21倍和9.98倍。2007年东部地区省份的普通小学与普通初中生均公用经费标准差分别为938.18和1404.74，2018年标准差分别为2551.23和5295.50，增幅也非常明显。从变异系数来看，2007～2018年东部地区普通小学与普通初中生均公用经费的变异系数逐

---

① 按当年价格计算，2018年江苏省、山东省人均地区生产总值分别为115168元和76267元。

渐减小，分别由 2007 年的 1.0234 和 1.0728 降至 2018 年的 0.6368 和 0.8091。这说明 2007 年以来，东部地区不同省份之间普通小学与普通初中生均公用经费也存在"绝对差距在扩大，但是相对差距在缩小"的特点。

二 中部区域内义务教育公平度测度

2007~2018 年河南省普通小学与普通初中生均教育事业费在中部地区省份中处于最低水平。2007~2009 年和 2014~2018 年黑龙江省普通小学生均教育事业费在中部地区处于最高水平，2010~2013 年吉林省则处于最高水平。2008~2009 年和 2011~2018 年河南省普通初中生均教育事业费在中部地区省份中处于最低水平，2007 年安徽省位于最低水平，2010 年江西省则处于最低水平。2007~2008 年黑龙江省普通初中生均教育事业费在中部地区处于最高水平，2009~2015 年吉林省生均教育事业费在中部地区处于最高水平，2016~2018 年湖北省则处于最高水平。河南省作为经济大省，地区生产总值多年来一直居于全国第五位，但是限于全国第一人口大省的实际，河南省人均地区生产总值处于全国中下游水平，[①] 普通小学与普通初中生均教育事业费也处于全国最低水平。

如表 3-13 所示，2007 年中部地区省份中普通小学与普通初中生均教育事业费最低的省份与最高的省份分别相差

---

① 按当年价格计算，2018 年河南省人均地区生产总值为 50152 元。

表 3-13 2007~2018 年中部地区义务教育生均教育事业费差异水平

年份	极差		四分位数间距		标准差		变异系数	
	普通小学(元)	普通初中(元)	普通小学	普通初中	普通小学	普通初中	普通小学	普通初中
2007	2155.70	1473.90	638.93	697.13	699.13	480.18	0.3258	0.2003
2008	2655.90	1833.40	1004.58	1225.80	920.05	687.18	0.3474	0.2132
2009	2967.90	2350.20	1354.28	1480.68	1043.36	818.84	0.3292	0.2061
2010	4034.50	3451.40	1530.03	1272.75	1342.94	1082.00	0.3602	0.2317
2011	4549.00	3878.50	1703.58	822.20	1426.43	1121.66	0.3095	0.1898
2012	5236.50	4753.40	1494.48	1669.10	1618.91	1392.12	0.2815	0.1824
2013	5260.50	4997.60	1468.73	1357.20	1652.42	1451.63	0.2548	0.1657
2014	6615.40	5567.90	1483.05	2544.38	1997.88	1755.19	0.2666	0.1740
2015	8364.20	8276.60	2600.95	4164.73	2546.85	2631.74	0.2907	0.2232
2016	9030.20	9460.00	2872.00	4318.40	2734.20	3057.60	0.2873	0.2339
2017	8624.40	9638.40	3269.50	4114.73	2712.93	3046.08	0.2676	0.2176
2018	7498.20	7553.60	2221.23	3362.82	2276.91	2386.45	0.2217	0.1669

2155.70 元和 1473.90 元，2018 年这一差距分别扩大至 7498.20 元和 7553.60 元，后者分别是前者的 3.47 倍和 5.12 倍。2007 年中部地区各省份普通小学与普通初中生均教育事业费四分位数间距分别为 638.93 和 697.13，2018 年四分位数间距分别为 2221.23 和 3362.83，后者分别是前者的 3.48 倍和 4.82 倍。这说明，中部地区省份普通小学与普通初中生均教育事业费内部差异明显，不同省份之间存在较大差距，但是绝对差距没有东部地区那么大。2007 年中部地区省份普通小学与普通初中生均教育事业费的标准差分别为 699.13 和 480.18，2018 年标准差分别为 2276.91 和 2386.45，标准差大小与增幅在东、中、西部地区中最小。比较之后可以发现，中部地区普通小学与普通初中生均教育事业费的极差、四分位数间距、标准差的大小与增幅在东、中、西部地区中都最小。这说明，中部地区普通小学与普通初中生均教育事业费不同省份之间的绝对差距虽然在持续扩大，但是差距在东、中、西部地区中是相对最小的。如果仅从标准差来作判断的话，中部地区省份普通小学与普通初中生均教育事业费年度绝对差距扩大的特征比较明显。但是考虑到不同年份东部地区生均教育事业费的平均水平存在较大差异，我们应该结合变异系数进一步深入分析。从变异系数来看，2007~2018 年中部地区普通小学与普通初中生均教育事业费的变异系数呈缩小趋势，分别由 2007 年的 0.3258 和 0.2003 降至 2018 年的 0.2217 和 0.1669。这说明，2007

年以来，中部地区不同省份之间普通小学与普通生均教育事业费同样存在"绝对差距在扩大，但是相对差距在缩小"的特点，但无论是绝对差距还是相对差距的变动幅度均小于东部地区。

如表 3-14 所示，中部地区省份普通小学与普通初中生均公用经费也存在着与教育事业费类似的特点。2007~2008 年与 2010 年江西省普通小学与普通初中生均公用经费在中部地区处于最低水平，2011~2014 年湖北省在中部地区处于最低水平，2009 年和 2015~2018 年则是河南省处于最低水平。2007 年中部地区普通小学与普通初中生均公用经费最低的省份与最高的省份分别相差 247.00 元和 266.20 元，2018 年这一差距分别扩大至 1470.10 元和 1982.10 元，后者分别是前者的 5.95 倍和 7.45 倍。2007 年中部地区各省份普通小学与普通初中生均公用经费四分位数间距分别为 159.65 和 140.20，2018 年四分位数间距分别为 623.63 和 900.88，但是绝对差距没有东部地区的生均教育事业费那么大。2007 年中部地区省份普通小学与普通初中生均公用经费的标准差分别为 90.36 和 91.06，2018 年标准差分别为 442.81 和 616.02。后者分别是前者的 4.90 倍和 6.77 倍。中部地区省份普通小学与普通初中生均公用经费内部差异明显，不同省份之间存在较大差距，但是低于东部地区标准差的增幅和中部地区生均教育事业费标准差的增幅。从变异系数来看，2007~2018 年中部地区普通小学与普通初中生均公用经费的

表3-14 2007~2018年中部地区义务教育生均公用经费差异水平

年份	极差		四分位数间距		标准差		变异系数	
	普通小学（元）	普通初中（元）	普通小学	普通初中	普通小学	普通初中	普通小学	普通初中
2007	247.00	266.20	159.65	140.20	90.36	91.06	0.2370	0.1806
2008	476.50	488.00	165.03	203.10	145.15	154.25	0.2480	0.1796
2009	635.40	829.00	196.63	239.08	192.53	270.28	0.2494	0.2243
2010	765.10	831.90	259.73	286.00	235.70	251.49	0.2567	0.1829
2011	933.30	1156.20	192.60	297.63	267.02	324.32	0.1966	0.1619
2012	991.50	1391.80	575.58	548.75	340.33	486.28	0.1763	0.1692
2013	1069.00	1449.20	707.75	745.60	390.23	508.48	0.1817	0.1630
2014	1146.40	1645.60	662.45	345.98	390.74	501.28	0.1719	0.1555
2015	927.10	1395.10	465.98	659.08	331.25	450.92	0.1325	0.1311
2016	1100.10	1261.70	625.95	884.80	389.49	484.71	0.1469	0.1335
2017	1311.40	1708.80	629.28	979.38	436.69	574.58	0.1581	0.1509
2018	1470.10	1982.10	623.63	900.88	442.81	616.02	0.1569	0.1574

变异系数呈缩小趋势，分别由 2007 年的 0.2370 和 0.1806 降至 2018 年的 0.1569 和 0.1574。这说明 2007 年以来，中部地区不同省份之间普通小学与普通生均公用经费同样存在"绝对差距在扩大，但是相对差距在缩小"的特点，但无论是绝对差距还是相对差距的变动幅度均小于东部地区以及中部地区的生均教育事业费。

三 西部区域内义务教育公平度测度

2007~2018 年西藏普通小学生均教育事业费，2007~2010 年和 2014~2018 年西藏普通初中生均公用经费在西部地区省份中处于最高水平，2011~2013 年则是新疆处于最高水平。2007~2011 年贵州普通小学生均教育事业费在西部地区处于最低水平，2012~2018 年广西在西部地区处于最低水平。2007~2015 年贵州普通初中生均教育事业费在西部地区处于最低水平，2016~2018 年广西则处于西部地区最低水平。西藏地广人稀，处于高海拔地区，经济发展水平在西部地区乃至全国都处于落后水平，其 2018 年人均地区生产总值[①]略高于贵州、云南、甘肃三省，但是普通小学与普通初中生均教育事业费、普通小学生均公用经费在西部地区处于最高水平。之所以出现这种现象，一方面在于西藏普通小学与普通初中学生规模较小并且居住区

---

① 按当年价格计算，2018 年西藏人均地区生产总值为 43398 元，贵州、云南、甘肃三省人均地区生产总值分别为 41244 元、37136 元和 31336 元。

域分散，生均培养成本和经费支出要高于西部人口分布稠密地区以及中部和东部地区；另一方面在于中央政府对西藏较大的政策、资金支持和扶持力度。除广西外，新疆和内蒙古两个自治区普通小学与普通初中生均教育事业费在西部地区处于较高水平，高于重庆、青海、宁夏等西部省份。

如表3-15所示，2007年西部地区普通小学与普通初中生均教育事业费最低的省份与最高的省份分别相差3181.80元和3017.20元，2018年这一差距分别扩大至18584.50元和18101.40元，后者分别是前者的5.84倍和6.00倍。2007年西部地区各省份普通小学与普通初中生均教育事业费四分位数间距分别为843.28元和966.13元，2018年四分位数间距分别为2120.65元和3574.35元，后者分别是前者的2.51倍和3.70倍。这说明，西部地区普通小学与普通生均教育事业费不同省份之间的绝对差距在加大。2007年西部地区省份普通小学与普通生均教育事业费的标准差分别为838.81元和804.96元，2018年标准差分别为4529.17元和4446.03元。所以，西部地区普通小学与普通初中生均教育事业费的极差、四分位数间距、标准差的大小与增幅均超过中部地区，但是低于东部地区。这说明西部地区尽管经济发展水平比较落后，但是普通小学与普通初中生均教育事业费不同省份之间的绝对差距要大于中部地区，但是小于东部地区。

表 3-15　2007~2018 年西部地区义务教育生均教育事业费差异水平

年份	极差		四分位数间距		标准差		变异系数	
	普通小学（元）	普通初中（元）	普通小学	普通初中	普通小学	普通初中	普通小学	普通初中
2007	3811.80	3017.20	843.28	966.13	838.81	804.96	0.3685	0.3111
2008	3209.00	3654.90	1244.93	1569.15	893.71	1021.88	0.3058	0.2805
2009	3999.70	4458.90	1478.98	2027.63	1176.54	1348.20	0.3225	0.2951
2010	5405.70	4584.50	1882.70	3032.00	1584.86	1592.75	0.3522	0.2906
2011	6963.10	6068.40	2712.75	3364.73	2102.36	1986.77	0.3752	0.2916
2012	6863.80	6619.00	3540.90	3882.10	2113.70	2118.52	0.3000	0.2540
2013	7347.80	8408.70	3572.45	3954.43	2243.73	2556.14	0.2868	0.2724
2014	11969.90	9707.00	3475.43	3868.73	3214.11	2895.59	0.3621	0.2767
2015	18688.80	15140.30	2832.88	3830.93	4814.96	4119.08	0.4450	0.3242
2016	16547.00	15098.00	3009.70	3765.25	4188.05	4005.73	0.3692	0.2905
2017	18348.90	17312.80	2361.50	3827.00	4530.92	4312.72	0.3779	0.2854
2018	18584.50	18101.40	2120.65	3574.35	4529.17	4446.03	0.3650	0.2823

此外，从变异系数来看，西部地区不同省份的普通小学与普通初中生均教育事业费相对差距比较稳定。2007～2018年西部地区普通小学生均教育事业费的变异系数多数年份稳定在0.35～0.37区间，变异系数及其变动幅度是东、中、西部地区中最小的。西部地区普通初中生均教育事业费的变异系数虽然在减小，但只是从2007年的0.3111降至2018年的0.2823，无论是变异系数的大小还是降幅均是东、中、西部地区中最小的。这说明，西部普通小学与普通初中生均教育事业费不同省份间绝对差距在加大，但是相对差距比较稳定，即不同省份生均教育事业费的增幅比较稳定。这一方面与西部地区经济发展水平相对落后有关，另一方面也与西部地区地理位置和地形地貌等自然条件的限制有密切关系，因为自然条件的限制使西部地区不少省份教育、医疗和交通等方面的建设成本相对较高，建设周期相对较长，并且规模效益不够明显。所以，未来若干年，中央政府应从政策、资金和制度等方面进一步加大对西部地区的扶持力度。

如表3-16所示，2007年、2009～2014年、2016年和2018年贵州普通小学在西部地区省份中处于最低水平，2007年、2009～2016年和2018年贵州普通初中生均公用经费在西部地区省份中处于最低水平，2008年贵州普通小学与普通初中生均公用经费在西部地区处于最低水平。2007～2008年宁夏普通初中生均公用经费在西部地区处于最高水平，2014～2018年西藏在西部地区处于最高水平。结合本章其他内容可知，贵州义务教育生均教育事业费和生均公用经费不仅在西部而且在全国也处于较低水平。

2007年西部地区普通小学与普通初中生均公用经费最低的省份与最高的省份分别相差449.10元和513.30元，2018年这一差距分别扩大至5831.10元和4503.20元，后者分别是前者的12.99倍和8.77倍。2007年西部地区各省份普通小学与普通初中生均教育事业费四分位数间距分别为188.60和234.65，2018年四分位数间距分别为780.15和1332.53，后者分别是前者的4.14倍和5.68倍。这说明，西部地区普通小学与普通生均公用经费不同省份之间的绝对差距在加大。2007年西部地区省份普通小学与普通生均公用经费的标准差分别为121.36和153.47，2018年标准差分别为1510.71和1172.69。所以，西部地区普通小学与普通初中生均公用经费的极差、四分位数间距、标准差的大小与增幅均超过中部地区，但是低于东部地区，这与西部地区生均教育事业费的情况类似。这说明西部地区尽管经济发展水平比较落后，但是普通小学与普通初中生均公用经费不同省份之间的绝对差距要大于中部地区，但是小于东部地区。

此外，从变异系数来看，西部地区不同省份之间的普通小学生均公用经费相对差距呈现"先上升、后下降、再上升、复下降"的波浪形特征，普通初中生均公用经费不同省份之间的相对差距则呈现先上升后下降的"倒V形"特征。

表 3-16　2007~2018 年西部地区义务教育生均公用经费差异水平

年份	极差		四分位数间距		标准差		变异系数	
	普通小学(元)	普通初中(元)	普通小学	普通初中	普通小学	普通初中	普通小学	普通初中
2007	449.10	513.30	188.60	234.65	121.36	153.47	0.2859	0.2616
2008	761.00	1476.80	247.50	528.88	221.18	431.00	0.3138	0.3791
2009	795.60	1859.50	522.45	760.33	281.66	551.12	0.3279	0.3831
2010	1498.70	2620.40	573.93	1115.08	454.57	770.75	0.3947	0.4438
2011	2206.10	2396.60	894.45	1274.68	644.68	804.25	0.4036	0.3464
2012	2021.80	2472.00	953.90	1612.50	664.65	869.57	0.3336	0.3054
2013	2034.50	3406.00	892.70	1510.68	665.17	961.64	0.3011	0.3095
2014	5255.20	3226.50	944.65	1900.18	1355.63	1040.86	0.5109	0.3178
2015	6979.30	3517.30	1209.73	1694.75	1815.45	1046.48	0.5967	0.2932
2016	5576.00	3481.90	1068.30	1421.10	1439.41	963.47	0.4569	0.2570
2017	5732.60	3554.40	743.93	1650.68	1493.01	1014.47	0.4577	0.2548
2018	5832.10	4503.20	780.15	1332.53	1510.71	1172.69	0.4599	0.2922

2007年西部地区普通小学生均公用经费的变异系数为0.2859，之后开始上升，2011年升至0.4036，然后又开始下降，2013年降至0.3011，2015年升至0.5967，2018年则又降至0.4599。2007年西部地区普通初中生均公用经费的变异系数为0.2616，2010年升至0.4438，然后到2018年降至0.2922。从变异系数大小来看，西部地区普通小学与普通初中生均公用经费的变异系数低于东部地区，但是略高于中部地区。这说明，2007年以来，西部地区普通小学与普通初中生均公用经费不同省份之间的相对差距波动较大，不同年份不同省份生均公用经费有高有低。

第五节 义务教育公平度测度的总体结论

综上所述，从我国义务教育生均经费支出总体来看，区域之间的绝对差距在逐渐扩大，但是相对差异在逐渐缩小，这说明我国义务教育公平度较低，但是不公平状况在持续改善。

从全国整体情况来看，31个省份普通小学、普通初中的生均教育事业费、生均公用经费支出不断增加，生均经费支出增速远远高于同期全国经济增速以及一般公共预算收入与支出的增速，生均公用经费比生均教育事业费的增速更快、增长态势更为明显；无论是生均教育事业费还是生均公用经费，最低和最高省份之间的差距都不断加大，生均教育事业费差距呈现逐渐加大的趋势，生均公用经费差距呈现"先加大后缩小"的特征。无论是生均教育事业费还是生均公用经费，各省份普通初中之间的差距都要大于普通小学。

从东、中、西三大地区情况来看，我国东、中、西部地区普通小学、普通初中的生均教育事业费、生均公用经费也存在"绝对差距在扩大，但是相对差距在缩小"的趋势。生均教育事业费与生均公用经费较低的省份主要集中在西部地区和中部地区，尤其是西部地区。东部地区生均教育事业费与生均公用经费一般高于全国平均水平，而中部地区与西部地区通常低于全国平均水平，中部地区生均经费支出最低。东部地区生均教育事业费与生均公用经费不仅高于中西部地区，而且累计增量也高于中西部地区，中西部地区与东部地区的绝对差距在拉大。鉴于近年来中西部地区义务教育生均经费的增速高于东部地区，可以预见未来中西部地区与东部地区的相对差距会逐渐缩小。

从东部地区不同省份之间、中部地区不同省份之间、西部地区不同省份之间分别来看，普通小学、普通初中的生均教育事业费、生均公用经费均存在"绝对差距在扩大，但是相对差距在缩小"的趋势。中部地区生均经费支出的极差、四分位数间距、标准差、变异系数在东、中、西部地区中都是最小的，这说明中部地区不同省份之间生均经费支出的绝对差距和相对差距在东、中、西部地区中都是相对最小的。中部地区变异系数的变动幅度是东、中、西部地区中最小的，这说明中部地区生均经费支出的差距变化比较稳定，即不同省份之间生均经费支出的增幅比较稳定（见表3-18至表3-24）。

综上所述，无论是普通小学还是普通初中，生均教育事业费和生均公用经费的区域差距都十分明显，而且普通初中比普通小学的生均经费支出区域差异更加明显，普遍存在"绝对差距在扩大，但是相对差距在缩小"的趋势，只是不同区域之间的差异程度有所不同而已。也就是说，我国的义务教育公平度整体不高，但是公平度有明显的提升趋势。追踪公平度整体不高的深层次原因，需要对相关影响因素进行深入分析。

表3-17 2007年和2018年东、中、西部地区义务教育生均教育事业费极差

单位：元

年份	东部		中部		西部	
	普通小学	普通初中	普通小学	普通初中	普通小学	普通初中
2007	9445.10	10772.30	2155.70	1473.90	3181.80	3017.20
2018	23007.80	47928.60	7498.20	7553.60	18584.50	18101.40

表3-18 2007年和2018年东、中、西部地区义务教育生均教育事业费四分位数间距

年份	东部		中部		西部	
	普通小学	普通初中	普通小学	普通初中	普通小学	普通初中
2007	2010.95	2491.15	638.93	697.13	843.28	966.13
2018	6989.90	11224.40	2221.23	3362.83	2120.65	3574.35

表3-19　2007年和2018年东、中、西部地区义务教育
生均教育事业费标准差

年份	东部		中部		西部	
	普通小学	普通初中	普通小学	普通初中	普通小学	普通初中
2007	2765.42	3387.36	699.13	480.18	838.81	804.96
2018	6606.44	13207.43	2276.91	2386.45	4519.17	4446.03

表3-20　2007年和2018年东、中、西部地区义务教育
生均教育事业费变异系数

年份	东部		中部		西部	
	普通小学	普通初中	普通小学	普通初中	普通小学	普通初中
2007	0.6684	0.6846	0.3258	0.2003	0.3685	0.3111
2018	0.4491	0.5585	0.2217	0.1669	0.3650	0.2823

表3-21　2007年和2018年东、中、西部地区义务教育
生均公用经费极差

单位：元

年份	东部		中部		西部	
	普通小学	普通初中	普通小学	普通初中	普通小学	普通初中
2007	2580.80	4485.30	247.00	266.20	449.10	513.30
2018	9006.90	18942.40	1470.10	1982.10	5832.10	4503.20

表3-22　2007年和2018年东、中、西部地区义务教育
生均公用经费四分位数间距

年份	东部		中部		西部	
	普通小学	普通初中	普通小学	普通初中	普通小学	普通初中
2007	197.25	281.90	159.65	140.20	188.60	234.65
2018	1817.65	2812.05	623.63	900.88	780.15	1332.53

表 3-23　2007 年和 2018 年东、中、西部地区义务教育
生均公用经费标准差

年份	东部		中部		西部	
	普通小学	普通初中	普通小学	普通初中	普通小学	普通初中
2007	938.18	1404.74	90.36	91.06	121.36	153.47
2018	2551.23	5295.50	442.81	616.02	1510.71	1172.69

表 3-24　2007 年和 2018 年东、中、西部地区义务教育
生均公用经费变异系数

年份	东部		中部		西部	
	普通小学	普通初中	普通小学	普通初中	普通小学	普通初中
2007	1.0234	1.0728	0.2370	0.1806	0.2859	0.2616
2018	0.6368	0.8091	0.1569	0.1574	0.4599	0.2922

第四章 影响义务教育公平的因素分析

第一节 影响义务教育公平相关因素的综合分析

根据义务教育生均经费支出的区域差异测度结果,我们清楚地看到义务教育财政支出的区域差异之大,本章主要对影响义务教育公平的相关因素进行分析。

由图4-1明显可以看出,我国义务教育的财政供给责任主要在地方政府,无论是教育一般公共预算支出还是义务教育一般公共预算支出,地方政府的一般公共预算支出均占有很高比重。[1] 尤其是对于具有强制性、公益性、普及性的义务教育,地方政府承担了义务教育一般公共预算支出的主要

---

[1] 2018年全国教育一般公共预算支出和义务教育一般公共预算支出分别为30220.97亿元和16301.87亿元,地方政府支出比重分别为93.99%和99.64%。

责任，义务教育的财政支出主要依赖地方政府的财政能力，义务教育财政支出的区域差异与地方政府的财政能力有直接的关系。

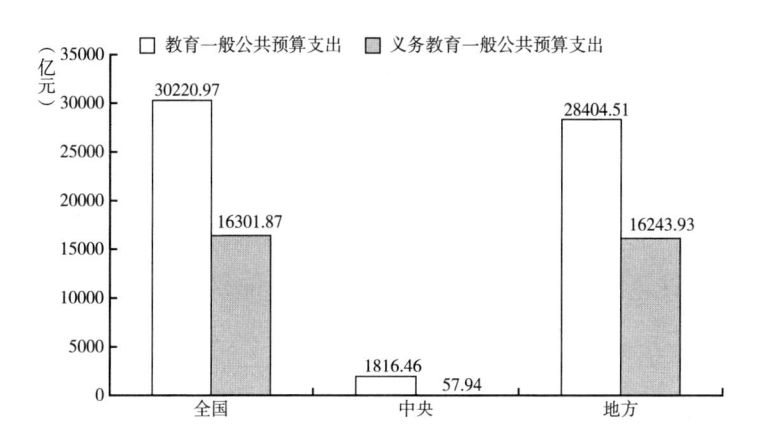

图 4-1　2018 年教育及义务教育一般公共预算支出情况

如表 4-1 所示，从近年来中央政府与地方政府的一般公共预算收入与一般公共预算支出变动情况来看，地方政府一般公共预算收入由略低于中央政府转变为略高于中央政府，而中央政府一般公共预算支出与地方政府的差距则越来越大，由 2010 年的 57894.70 亿元增加到 2018 年的 155488.51 亿元，地方政府一般公共预算支出与中央政府的比值则由 2010 年的 4.62 倍提高到 2018 年的 5.75 倍。与此同时，一般公共预算支出占一般公共预算收入的比值变化不大，处于先下降后上升的趋势，中央政府由 2010 年的 37.63% 变化到 2018 年的 38.27%，而地方政府则由 2010 年的 1.82 倍变化到 2018 年的 1.92 倍。由此可知，地方政府财政普遍存在入不敷出的状况,地方政府财政收入存在不同程度的局限,承担着义务教育重任的地方政府可支配财力严重不足。

表 4-1 2010~2018 年一般公共预算收支情况

单位:亿元

年份	一般公共预算收入		一般公共预算支出	
	中央	地方	中央	地方
2010	42488.47	40613.04	15989.73	73884.43
2011	51327.32	52547.11	16514.11	92733.68
2012	56175.23	61078.29	18764.63	107188.34
2013	60198.48	69011.16	20471.76	119740.34
2014	64493.45	75876.58	22570.07	129215.49
2015	69267.19	83002.04	25542.15	150335.62
2016	72365.62	87239.35	27403.85	160351.36
2017	81123.36	91469.41	29857.15	173228.34
2018	85456.46	97903.38	32707.81	188196.32

资料来源:2019 年《中国统计年鉴》。

以上分析表明,地方政府承担了义务教育财政支出的主要责任,承担着义务教育重任的地方政府可支配财力却严重不足,义务教育供给主体地方政府财政收支状况的重要意义可想而知,本章围绕图 4-2 地方政府财政收支关系来分析影响义务教育公平的相关因素。

地方政府财政支出状况无疑影响义务教育财政支出,地方政府财政支出项目过多或支出比例过高,都会挤占义务教育财政支出额度或支出比例。换句话说,如果政府职能范围

```
收入  |  转移支付收入  |  本级财政收入
─────────────────────────────────────
支出  |     其他财政支出项目      |■|
                                  ↓
                              义务教育财政支出
```

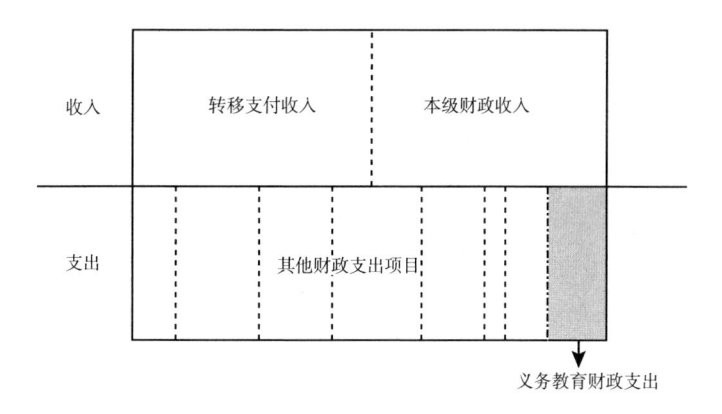

图 4-2　地方政府财政收支关系

的边界不清，政府负担了本可以由市场负责的事务，政府的支出责任加重势必挤占义务教育财政支出；从政府内部财政支出项目的分配比例来看，其他财政支出项目的额度或比例增加势必挤占义务教育财政支出；从政府内生动力或激励机制来看，地方政府缺乏积极性又没有激励机制的正面引导，地方政府义务教育财政支出难免会比较低。这些地方政府支出方面的因素，影响了义务教育的财政支出，导致义务教育财政支出区域差异的产生。

地方政府财政收入状况也影响义务教育财政支出，地方政府财政收入主要包括本级财政收入和转移支付收入，本级财政收入受地区经济发展水平的直接影响，中央政府的转移支付解决地方政府支出规模偏大的问题。也就是说，地方政府财政收入受地区经济发展水平和转移支付收入的影响，地方政府财政收入影响着义务教育财政支出，地方政府财政收入充足则义务教育财政支出相对宽松，地方政府财政收入不足则义务教育财政支出相对紧张。地区经济发展水平高则本级财政收入高，地方政府自给财力充足则义务教育财政支出相对宽松；地区经济发展水平低则本级财政收入低，地方政府自给财力不足则义务教育财政支出相对紧张。转移支付收入高则可支配财力充足，地方政府可支配财力充足则义务教育财政支出相对宽松；转移支付收入低则可支配财力不足，地方政府可支配财力不足则义务教育财政支出相对紧张。这些地方政府收入方面的因素，影响了义务教育的财政支出，导致义务教育财政支出区域差异的产生。

　　从立体思维的制度角度分析，地方政府的财政收入和财政支出均受到政府层级的影响，本级财政收入受到财权即税收在政府层级之间分配的影响，转移支付收入也受到财力即中央转移支付在政府层级之间分配的影响，地方政府财政支出也受到政府职能范围在政府层级之间分配的影响。总之，不管是横向的政府间财政关系还是纵向的政府间财政关系，即事权和事责、财权和财力的分配及匹配问题都受到政府层级的影响。当然，我们之所以追踪分析所有的相关影响因素，最终目的不过是采取有效措施使之起到积极的作用，经过实践验证的有效措施最后需要以法律制度的形式固定下来以确保长期实施。需要特别强调的一点是，生均经费支出是指义务教育财政支出与义务教育在校生数的比值，地方政府财政收入和财政支出对义务教育财政支出的影响，不过是对义务教育生均经费支出一个方面的影响，另一个方面的影响就是义务教育的在校生数，城镇化带来的大量人口流动影响了区域之间的义务教育在校生数分布，因此城镇化及人口流动是义务教育财政支出区域差异产生的动态因素。

综上所述，本研究拟从不同区域之间生均差距特征分析可能存在相关关系的因素，首先从全国31个省份来源于本级财政比重的区域差异和来源于中央补助比重的区域差异分析，指出31个省份区域之间生均差距的主要原因或者说是部分省份生均经费较低的主要原因，部分省份是因为本级财政收入较低而且中央补助收入也较低引发的可支配财力不足导致的，部分省份是因为本级政府动力不足、积极性不高引发的义务教育财政支出不足导致的，部分省份是因为政府财政支出分配不合理引发的义务教育财政支出被挤占导致的，还有部分省份是因为义务教育适龄人口过多引发的义务教育财政支出被平均导致的，生均经费支出区域差距产生原因的多样性和复杂性，说明实现义务教育公平目标任重而道远。当然，任何问题的产生原因都不是纯粹的，而是相互交织的复杂体系，本研究放弃经常使用的有因必有果的因果关系分析逻辑，努力追踪影响义务教育财政支出区域差异的各种相关因素，提出义务教育不公平主要源于财政体制问题同时也涉及政府体制问题。

区域差异与教育公平

第二节 影响义务教育公平的财政支出因素分析

一 义务教育财政支出对义务教育公平的影响

一方面，我们从义务教育财政支出占地区生产总值比重来分析义务教育财政支出对义务教育公平的影响。如表4-2所示，根据2007~2018年各省份义务教育财政支出占地区生产总值比重分析，从纵向来看，除了上海和陕西，其他省份12年来义务教育财政支出比重都有不同程度的增长；从横向来看，2018年，义务教育财政支出比重最高的西藏自治区为8.88%，是义务教育财政支出比重最低的上海市0.84%的10.57倍，而西藏自治区和上海市的生均经费支出远高于全国平均水平。[①] 生均经费支出最高的北京市和上海市，义务教育财政支出占地区生产总值比重分别为1.38%和0.84%，从全国各省份义务教育财政支出比重来看北京市和上海市都比较低。[②] 生均经费支出最低的辽宁省和贵州省，义务教育财政支出占地区生产总值比重分别为1.24%和3.83%，从全

[①] 西藏自治区普通小学和普通初中的生均教育事业费和生均公用经费全国排名分别为第2位、第4位、第2位、第3位，上海市普通小学和普通初中的生均教育事业费和生均公用经费全国排名分别为第3位、第2位、第3位、第2位。

[②] 北京市和上海市义务教育财政支出占地区生产总值比重全国排名分别为第27位、第31位。

第四章 影响义务教育公平的因素分析

表4-2 2007~2018年全国各省份义务教育财政支出占地区生产总值比重

单位：%

省份	2007年	2008年	2009年	2010年	2011年	2012年	2013年	2014年	2015年	2016年	2017年	2018年
北京	0.91	0.99	1.07	1.17	1.25	1.26	1.25	1.27	1.26	1.29	1.39	1.38
天津	0.84	0.89	1.03	1.06	1.01	1.02	0.98	1.01	1.04	1.01	1.02	1.07
河北	1.26	1.42	1.50	1.45	1.38	1.49	1.43	1.44	1.86	1.97	2.07	2.13
山西	1.67	1.85	2.26	2.05	2.00	2.02	1.99	1.95	2.39	2.39	2.14	2.04
内蒙古	1.17	1.17	1.34	1.40	1.32	1.28	1.28	1.17	1.36	1.49	1.68	1.58
辽宁	1.10	1.15	1.17	1.12	1.20	1.25	1.10	0.97	1.06	1.44	1.42	1.24
吉林	1.38	1.49	1.59	1.66	1.57	1.63	1.52	1.48	1.66	1.70	1.77	1.67
黑龙江	1.59	1.69	1.82	1.65	1.70	2.06	1.85	1.83	2.11	2.22	2.14	2.00
上海	0.87	0.89	0.95	0.94	0.93	0.98	1.00	0.93	0.94	0.91	0.82	0.84
江苏	1.00	0.94	1.07	1.12	1.08	1.12	1.15	1.15	1.21	1.22	1.21	1.11
浙江	1.06	1.11	1.24	1.20	1.16	1.18	1.17	1.23	1.35	1.38	1.38	1.40
安徽	1.96	2.08	2.05	2.04	2.18	2.24	2.13	1.92	2.13	2.17	2.11	2.14
福建	1.15	1.21	1.28	1.24	1.24	1.31	1.32	1.33	1.44	1.46	1.44	1.41
江西	1.76	1.71	1.90	1.77	2.15	2.58	2.69	2.66	2.74	2.75	2.74	2.75
山东	0.98	1.00	1.02	1.10	1.24	1.34	1.28	1.30	1.43	1.46	1.45	1.43
河南	1.55	1.54	1.69	1.60	1.75	2.04	1.96	1.77	1.73	1.77	1.87	1.93
湖北	1.45	1.47	1.58	1.35	1.28	1.36	1.25	1.35	1.55	1.68	1.73	1.53
湖南	1.49	1.55	1.68	1.49	1.47	1.80	1.77	1.78	1.85	1.94	1.95	1.89

续表

省份	2007年	2008年	2009年	2010年	2011年	2012年	2013年	2014年	2015年	2016年	2017年	2018年
广东	1.01	1.00	1.01	0.98	1.05	1.14	1.19	1.21	1.33	1.41	1.49	1.53
广西	2.15	2.35	2.39	2.41	2.37	2.58	2.52	2.43	2.73	2.83	2.97	2.84
海南	2.24	2.31	2.91	3.14	3.01	2.96	2.82	2.61	3.00	3.04	2.84	2.94
重庆	1.52	1.53	1.75	1.67	1.66	1.92	1.61	1.60	1.70	1.70	1.82	1.90
四川	1.78	1.95	2.16	2.05	1.98	2.40	2.30	2.13	2.43	2.30	2.22	2.11
贵州	3.55	3.66	4.10	4.09	4.01	4.52	4.29	3.93	4.30	4.35	3.96	3.83
云南	2.56	2.65	3.47	3.32	2.95	3.26	3.25	2.93	3.33	3.61	3.82	3.79
西藏	7.13	7.06	7.97	7.20	7.51	7.68	7.61	8.00	10.19	9.33	9.44	8.88
陕西	1.84	2.09	2.55	2.07	2.08	2.44	2.19	1.98	2.07	2.02	1.85	1.75
甘肃	2.97	3.54	3.94	3.62	3.33	3.58	3.36	3.16	3.80	4.09	4.13	3.88
青海	2.69	2.88	3.47	3.55	4.24	4.42	3.40	3.01	3.15	3.82	3.92	3.92
宁夏	2.33	2.82	2.80	2.67	2.39	2.48	2.46	2.36	2.62	2.63	2.69	2.55
新疆	2.53	3.01	3.74	3.73	3.85	3.93	4.01	3.64	4.33	4.41	4.00	3.85

资料来源：2008~2019年《中国教育经费统计年鉴》，2008~2019年《中国财政年鉴》。

国各省份义务教育财政支出比重来看贵州省的比重比较高。①由此看来,越是生均经费支出较低的省份越是重视加强义务教育财政支出。

如表4-3所示,根据2007~2018年义务教育财政支出占地区生产总值比重区域差异的水平测度分析,极差由2007年的6.29逐渐增加到2015年的9.25,四分位数间距由2007年的1.07逐渐上升到2015年的1.34,标准差由2007年的1.17逐渐上升到2015年的1.69,变异系数从2007年的0.63上升到2015年的0.71。无论是极差、四分位数间距、标准差还是变异系数,无论是全国最高与最低区域之间的差距比较还是处于中间水平区域之间的差距比较,都说明区域之间义务教育财政支出占地区生产总值比重的绝对差距有加大的趋势。然而从2015年到2018年,无论是极差、四分位数间距、标准差还是变异系数都有逐渐下降的趋势,说明近几年来区域之间义务教育财政支出占地区生产总值比重的绝对差距有下降的趋势。

表4-3　2007~2018年义务教育财政支出占地区生产总值比重区域差异的水平测度

年份	极差	四分位数间距	标准差	变异系数
2007	6.29	1.07	1.17	0.63
2008	6.17	1.17	1.20	0.61
2009	7.02	1.42	1.40	0.63
2010	6.26	1.32	1.29	0.61

---

① 辽宁省和贵州省义务教育财政支出占地区生产总值比重全国排名分别为第28位、第5位。

续表

年份	极差	四分位数间距	标准差	变异系数
2011	6.58	1.14	1.34	0.62
2012	6.70	1.29	1.38	0.60
2013	6.63	1.34	1.33	0.61
2014	7.07	1.24	1.33	0.63
2015	9.25	1.34	1.69	0.71
2016	8.42	1.33	1.58	0.65
2017	8.62	1.32	1.57	0.65
2018	8.04	1.32	1.49	0.63

另一方面，我们从义务教育财政支出占本级财政支出比重来分析义务教育财政支出对义务教育公平的影响。如表4-4所示，根据2007~2018年各省份义务教育财政支出占本级财政支出比重分析，从纵向来看，12年来各省份义务教育财政支出比重虽有波动，但是除了北京市和云南省，其他省份都有不同程度的降低；从横向来看，2018年，义务教育财政支出比重最高的贵州省为11.28%，是义务教育财政支出比重最低的上海市3.29%的3.43倍，而贵州省的生均经费支出几乎是全国最低的，[①] 上海市的生均经费支出几乎是全国最高的。[②] 生均经费支出最高的北京市和上海市，义务教育财政支出占本级财政支出比重分别为5.59%和3.29%，从全国各省份义务教育财政支出比重来看，北京市和上海市

[①] 贵州省普通小学和普通初中的生均教育事业费和生均公用经费全国排名分别为第21位、第27位、第29位、第30位。

[②] 上海市普通小学和普通初中的生均教育事业费和生均公用经费全国排名分别为第3位、第2位、第3位、第2位。

表 4-4　2007~2018 年全国各省份义务教育财政支出占本级财政支出比重

单位：%

省份	2007年	2008年	2009年	2010年	2011年	2012年	2013年	2014年	2015年	2016年	2017年	2018年
北京	5.46	5.59	5.58	6.09	6.28	6.10	5.92	6.00	5.05	5.19	5.73	5.59
天津	6.58	6.89	6.87	7.07	6.34	6.12	5.54	5.51	5.30	4.86	5.74	6.47
河北	11.37	12.04	11.01	10.49	9.57	9.73	9.23	9.06	9.86	10.44	10.61	9.91
山西	9.60	10.28	10.65	9.76	9.53	8.86	8.34	8.07	8.90	9.10	8.84	8.01
内蒙古	6.92	6.83	6.79	7.20	6.34	5.91	5.85	5.37	5.72	6.00	5.97	5.65
辽宁	6.97	7.30	6.65	6.46	6.81	6.79	5.78	5.44	6.78	6.99	6.79	5.86
吉林	8.23	8.14	7.83	8.06	7.56	7.86	7.21	7.01	7.24	7.02	7.08	6.63
黑龙江	9.49	9.11	8.33	7.58	7.65	8.90	7.94	7.99	7.91	8.07	7.34	6.98
上海	4.96	4.81	4.78	4.88	4.57	4.73	4.82	4.45	3.81	3.69	3.34	3.29
江苏	10.22	9.01	9.18	9.43	8.56	8.59	8.82	8.80	8.73	9.43	9.74	8.84
浙江	10.99	10.75	10.76	10.39	9.79	9.84	9.35	9.58	8.72	9.34	9.51	9.11
安徽	11.61	11.16	9.63	9.75	10.12	9.76	9.40	8.60	8.96	9.60	9.17	9.78
福建	11.70	11.47	11.12	10.80	9.87	9.89	9.44	9.68	9.35	9.83	9.90	10.47
江西	11.31	9.86	9.30	8.69	9.93	11.04	11.16	10.77	10.39	11.02	10.71	10.68
山东	11.20	11.46	10.56	10.44	11.21	11.35	10.56	10.80	10.91	11.34	11.35	10.86
河南	12.46	12.16	11.32	10.82	11.11	12.07	11.30	10.26	9.39	9.59	10.14	10.06
湖北	10.60	10.09	9.82	8.64	7.80	8.02	7.09	7.47	7.47	8.53	9.01	8.28
湖南	10.35	10.15	9.95	8.86	8.23	9.66	9.31	9.59	9.32	9.64	9.60	9.19

续表

省份	2007年	2008年	2009年	2010年	2011年	2012年	2013年	2014年	2015年	2016年	2017年	2018年
广东	10.16	9.72	9.23	8.31	8.34	8.81	8.85	8.95	7.53	8.50	8.88	9.45
广西	12.71	12.71	11.46	11.49	10.91	11.26	11.33	10.94	11.28	11.69	11.20	10.87
海南	11.45	9.71	9.91	11.14	9.77	9.27	8.85	8.31	8.98	8.94	8.77	8.39
重庆	9.27	8.74	8.85	7.75	6.48	7.20	6.73	6.92	7.04	7.53	8.16	8.50
四川	10.70	8.33	8.53	8.28	8.89	10.50	9.77	8.96	9.74	9.44	9.46	8.86
贵州	12.86	12.37	11.68	11.55	10.15	11.23	11.26	10.27	11.47	12.03	11.63	11.28
云南	10.77	10.27	10.96	10.49	8.96	9.40	9.39	8.47	9.62	10.65	10.94	11.16
西藏	8.84	7.32	7.48	6.64	6.00	5.95	6.12	6.21	7.57	6.76	7.36	6.65
陕西	10.03	10.68	11.29	9.47	8.86	10.59	9.69	8.84	8.51	8.93	8.39	8.08
甘肃	11.88	11.59	10.70	10.16	9.32	9.83	9.21	8.51	8.72	9.35	9.33	8.49
青海	7.61	8.06	7.72	6.45	7.32	7.22	5.87	5.15	5.03	6.44	6.72	6.81
宁夏	8.84	10.47	8.76	8.08	7.12	6.74	6.87	6.48	6.69	6.63	6.76	6.66
新疆	11.22	11.90	11.89	11.93	11.15	10.85	11.05	10.16	10.62	10.28	9.38	9.36

资料来源:2008~2019年《中国教育经费统计年鉴》,2008~2019年《中国财政年鉴》。

都比较低。① 生均经费支出最低的贵州省和河南省，义务教育财政支出占本级财政支出比重分别为 11.28% 和 10.06%，从全国各省份义务教育财政支出比重来看河南省和贵州省都比较高。② 同样可以看出，越是生均经费支出较低的省份越是重视加强义务教育财政支出。

如表 4-5 所示，根据 2007~2018 年义务教育财政支出占本级财政支出比重区域差异的水平测度分析，极差由 2007

表 4-5　2007~2018 年义务教育财政支出占本级财政支出比重区域差异的水平测度

年份	极差	四分位数间距	标准差	变异系数
2007	7.90	2.50	2.05	0.207
2008	7.90	3.07	2.01	0.208
2009	7.11	2.78	1.85	0.199
2010	7.05	2.80	1.81	0.202
2011	6.65	2.61	1.72	0.201
2012	7.35	2.99	1.91	0.216
2013	6.51	2.77	1.93	0.228
2014	6.49	2.88	1.83	0.224
2015	7.66	2.37	1.91	0.231
2016	8.34	2.73	2.03	0.236
2017	8.29	2.61	1.92	0.222
2018	7.99	3.11	1.92	0.228

① 北京市和上海市义务教育财政支出占本级财政支出比重全国排名分别为第 30 位、第 31 位。
② 贵州省和河南省义务教育财政支出占本级财政支出比重全国排名分别为第 1 位、第 7 位。

年的7.90先下降再上升到2018年的7.99，四分位数间距由2007年的2.50上升到2018年的3.11，标准差由2007年的2.05下降到2018年的1.92，变异系数则由2007年的0.207上升到2018年的0.228。除了标准差有稍微下降的趋势外，无论是极差、四分位数间距还是变异系数，无论是全国最高与最低区域之间的差距比较还是处于中间水平区域之间的差距比较，都说明区域之间义务教育财政支出占本级财政支出比重的绝对差距有增大的趋势。

二 地方政府激励对义务教育公平的影响

基于文献综述部分对义务教育公共性和外部性特征的分析，义务教育财政支出收益的外溢性问题使地方政府缺乏义务教育供给的积极性，我国目前的义务教育经费统筹责任实际上还是以县级政府为主，县级政府并不是能够解决义务教育外溢性问题的合理俱乐部规模，县级政府规模并不能将义务教育的外部性问题内部化，义务教育的经费统筹安排需要更高层级的政府来主导。在地方政府义务教育供给动力问题无法得到有效解决的情况下，我国地方政府官员的政绩考核机制也没有起到正面的引导作用，目前的政府政绩考核机制并不体现义务教育的供给激励。

我国是民主集中制国家，官员晋升是由上级政府任命的，这是分析我国财政分权的重要前提，中央对政治及人事任免的高度集中和对行政及经济调控的高度放权，这二者的紧密结合使中国的政府体制在世界上是独一无二的,我们将这种政府官员置于晋升激励下的制度称为晋升锦标赛,政治和人事任免向中央与上级政府集权是晋升锦标赛的基本条件。一方面,晋升锦标赛成为过去一段时期地方政府的主要激励机制,晋升激励使地方官员有着极强的动力发展区域经济,我国改革开放40多年以来经济的快速发展,部分可以归功于这种具有中国特色的晋升锦标赛。另一方面,晋升锦标赛作为一种强有力的地方官员仕途激励,因为晋升锦标赛的激励目标与政府职能的公共服务目标存在矛盾,主要表现为地方政府官员为了在晋升锦标赛中胜出,会忽视对地方经济增长短期内无明显促进作用的公共服务支出,而重点关注短期内促进地方经济增长明显的支出,所以晋升锦标赛导致地方官员的行政行为发生扭曲,对我国的经济社会发展也产生了一系列的扭曲后果,我国经济社会出现的许多问题可以说都源于晋升锦标赛制度。

在晋升锦标赛的地方官员考核指标中,经济增长是最主要的"硬指标",而公共服务供给只是排名靠后的"软指标"。在我国当前的投资格局下,地方政府促进经济发展可以通过提供基础设施和供给公共服务两种途径来实现,增加基础设施投资和提高公共服务水平都能够有效改善投资条件、促进经济发展。基础设施投资可以直接推动地方经济发展,预计收回投资时间快且增加财政收入可能性大;但是公共服务投资普遍回报速度慢,短期内无法快速提高地方官员政绩。由于地方政府的财政资源普遍相对稀缺，在地方财政收入极其有限的情况下，地方官员更加重视并且倾向于经济增长的硬指标，会竭尽全力提供最有利于政绩最大化的财政支出，偏向于将财力尽可能多地分配在基础设施投资方面。选择过程是按照政绩最大化而不是公共利益最大化原则进行的，地方官员追求地区生产总值增长必然使行政选择行为发生扭曲，将有限的财政资源用于追求经济增长而将公共服务供给放到次要的位置，这也正是近年来虽然经济增长指标提升快但是公共服务供给效率低的重要原因之一。随着我国经济体制改革的不断深入，政府考核及激励机制必须做出相应调整，虽然已经抛弃以经济增长为中心的单一政绩考核方式，但是还没有建立起以民生考核为主的政绩标准和激励机制。

三 政府职能范围对义务教育公平的影响

我国政府职能转变滞后，政府与市场边界不清。在社会主义市场经济条件下，政府与市场的事权事责分配随意性较强，政府与市场分工缺乏规范的制度约束。一方面，随着原来由企事业单位提供的大量福利社会化，政府需要承担更多的教育、医疗卫生、社保等方面的支出责任，政府承担的事务处于持续增加的趋势，政府的财力和精力都是有限资源，政府不堪重负必然造成效率低下；另一方面，经济长期靠政府投资拉动，政府在经济建设领域投资巨大，政府尚未从微观经济事务中完全退出，加之政府公共服务供给事权界定不清，仍直接或间接越位介入市场领域，一些本该交由市场的事务还是由政府直接投资，政府财政负担越发沉重。从总的趋势看，政府事权越来越多，支出责任越来越重。虽然政府财政收入连年高速增长，但是在经济建设和公共服务两项支出的挤压下，政府财政仍入不敷出，政府债务也同步增长。因此，转变政府职能，明确角色定位，明晰事权分配，处理好政府与市场的关系，是国家治理能力现代化的前提。

尽管地方政府具有民众偏好的信息优势，但支出责任的大量下放并没有提高公共服务的供给效率，地方政府供给公共服务的优势并没有体现出来，下级政府被动接受上级政府分配的支出责任，大量支出责任下放地方政府已经产生"倒逼机制"，造成地方政府事实上的权力主体地位，基层政府在可支配财力有限的情况下，必然首先根据自身利益进行选择，从而产生公共服务供给的"囚徒困境"。[①]政府层级间事权的分配，只是依据利益的选择而非依据制度的约束，必然造成政府层级间职能范围的界定不清，公共服务供给责任的分配不清，政府公共服务职能不能得到有效发挥。

---

① 根据奥尔森利益集团理论，当地方政府利益与中央和整个国家的利益共融时，中央政府的政策在地方政府层面易于贯彻和执行；当地方政府利益与中央和全国利益相矛盾时，地方政府首先考虑的是自身利益而非国家利益，从而造成公共利益中的"囚徒困境"。

第三节 影响义务教育公平的财政收入因素分析

一 地方政府财政收入对义务教育公平的影响

各省份地方政府财政收入状况的区域差异，也影响着区域之间义务教育的公平程度。义务教育财政支出取决于地方政府可支配财力的不同，地方政府可支配财力主要来源于两个方面：地方政府本级财政收入和转移支付收入。各省份本级财政收入主要依赖于地区经济发展水平，各省份转移支付收入主要依赖于中央转移支付的区域分配比例。

如表4-6所示，从2018年全国各省份本级财政收入占本级财政支出比重数据可以看出，生均经费支出最高的北京市和上海市这一比重分别为77.45%和85.11%，生均经费支出最低的河南省和贵州省这一比重分别为40.86%和34.33%，说明生均经费支出一定程度上受地区经济发展水平的影响，本级财政收入较多的北京市和上海市的高生均经费支出主要依赖高经济发展水平，本级财政收入较少的河南省和贵州省的低生均经费支出也受经济发展水平低的影响，河南省和贵州省地方政府已经很重视义务教育财政支出，[①] 其

[①] 贵州省和河南省义务教育财政支出占本级财政支出比重全国排名分别为第1位、第7位，贵州省和河南省义务教育财政支出占地区生产总值比重全国排名分别为第5位、第16位。

低生均经费支出说明该地区的自给财力远远不够,更需要或依赖中央转移支付来提高义务教育财政支出。生均经费支出较高的西藏自治区这一比重仅为11.69%,说明该地区的生均经费支出并没有受到经济发展水平低的影响,较高的生均经费支出主要是依赖中央转移支付收入。本级财政收入直接反映了地区经济发展水平,地区经济发展水平越高,地方政府本级财政收入越高,地方政府可支配财力越多,越有利于地方政府的义务教育财政支出。反之,地区经济发展水平越低,地方政府本级财政收入越低,地方政府可支配财力越少,越不利于地方政府的义务教育财政支出。

表4-6 2018年全国各省份本级财政收入占本级财政支出比重

单位:%,亿元

省份	本级财政收入占本级财政支出比重	本级财政收入	本级财政支出
北京	77.45	5785.92	7471.43
天津	67.88	2106.24	3103.16
河北	45.48	3513.86	7726.21
山西	53.52	2292.70	4283.91
内蒙古	38.45	1857.65	4831.46
辽宁	49.01	2616.08	5337.72
吉林	32.74	1240.89	3789.59
黑龙江	27.42	1282.60	4676.75
上海	85.11	7108.15	8351.54
江苏	74.03	8630.16	11657.35
浙江	76.46	6598.21	8629.53
安徽	46.39	3048.67	6572.15
福建	62.23	3007.41	4832.69

续表

省份	本级财政收入占本级财政支出比重	本级财政收入	本级财政支出
江西	41.87	2373.01	5667.52
山东	64.21	6485.40	10100.96
河南	40.86	3766.02	9217.73
湖北	45.56	3307.08	7258.27
湖南	38.25	2860.84	7479.61
广东	76.96	12105.26	15729.26
广西	31.66	1681.45	5310.74
海南	44.51	752.67	1691.30
重庆	49.89	2265.54	4540.95
四川	40.29	3911.01	9707.50
贵州	34.33	1726.85	5029.68
云南	32.83	1994.35	6075.03
西藏	11.69	230.35	1970.68
陕西	42.31	2243.14	5302.44
甘肃	23.09	871.05	3772.23
青海	16.57	272.89	1647.43
宁夏	30.76	436.52	1419.06
新疆	30.56	1531.42	5012.45

注：本表财政收支均为地方本级收支。
资料来源：根据2019年《中国财政年鉴》原始数据计算而得。

同样，如表4-7所示，从2018年全国各省份转移支付收入占本级财政支出比重数据可以看出，生均经费支出最高的北京市和上海市这一比重分别为12.32%和10.19%，生均经费支出最低的河南省和贵州省这一比重分别为46.64%和59.01%，说明生均经费支出一定程度上受中央转移支付的影响，转移支付收入较少的北京市和上海市的高生均经费支出主要依赖高经济发展水平,转移支付收入较多的河南省和贵州省的生均经费支出对转移支付的依赖度比较高,河南省和贵州省的低生均经费支出同时也说明该省份的转移支付收入远远不够。生均经费支出较高的西藏自治区这一比重高达86.51%,说明该省份的高生均经费支出高度依赖中央转移支付。转移支付收入直接影响地方政府的可支配财力,地方政府转移支付收入越高,说明地方政府可支配财力越多,越有利于地方政府的义务教育财政支出。但同时也反证,地方政府转移支付收入越高,说明地方政府财政缺口越大,如地方政府转移支付收入不能满足需求,将不利于地方政府的义务教育财政支出。

表4-7 2018年全国各省份转移支付收入占本级财政支出比重

单位:%,亿元

省份	中央补助收入占本级财政支出比重	中央补助收入	本级财政支出
北京	12.32	920.28	7471.43
天津	19.46	603.75	3103.16
河北	41.41	3199.75	7726.21
山西	42.12	1804.31	4283.91
内蒙古	54.38	2627.37	4831.46
辽宁	46.16	2464.04	5337.72
吉林	56.07	2124.90	3789.59
黑龙江	65.72	3073.54	4676.75
上海	10.19	851.41	8351.54
江苏	15.25	1778.14	11657.35
浙江	13.74	1185.95	8629.53
安徽	46.91	3082.80	6572.15
福建	26.99	1304.15	4832.69
江西	43.42	2460.81	5667.52

续表

省份	中央补助收入占本级财政支出比重	中央补助收入	本级财政支出
山东	28.41	2869.47	10100.96
河南	46.64	4298.76	9217.73
湖北	43.68	3170.76	7258.27
湖南	46.71	3493.43	7479.61
广东	11.21	1763.17	15729.26
广西	53.86	2860.52	5310.74
海南	49.11	830.54	1691.30
重庆	39.83	1808.65	4540.95
四川	49.61	4816.21	9707.50
贵州	59.01	2968.17	5029.68
云南	53.32	3239.39	6075.03
西藏	86.51	1704.79	1970.68
陕西	46.69	2475.70	5302.44
甘肃	66.35	2502.94	3772.23
青海	74.73	1231.12	1647.43
宁夏	60.71	861.50	1419.06
新疆	60.29	3022.01	5012.45

注：本表财政收支均为地方本级收支。

资料来源：根据2019年《中国财政年鉴》原始数据计算而得。

一般意义而言，生均经费支出总是受地方政府财政收入来源的影响，比例较高的收入来源部分对生均经费支出的影响较大。也就是说，在不考虑其他影响因素的情况下，当本级财政收入比重较高时，本级财政收入状况对生均经费支出的影响较大；当转移支付收入比重较高时，转移支付收入状况对生均经费支出的影响较大。简言之，生均经费支出的区域差异受经济发展水平区域差异和中央转移支付区域差异的影响。当然，这只是从地方政府财政收入角度的一般意义而言，在其他影响因素相互交织且某一因素的影响作用凸显时，这一影响因素的作用也会随之不那么明显。

二 本级财政收入对义务教育公平的影响

各省份本级财政收入直接受地区经济发展水平的影响，能够反映地区经济发展水平的指标主要有人均地区生产总值、人均财政收入、居民消费水平等指标我们分别从2007～2019年全国各省份人均地区生产总值、人均财政收入、居民消费水平等指标详细分析地方政府本级财政收入对义务教育公平的影响。

如表4-8所示，从2007～2018年全国各省份人均地区生产总值可以看出，2018年人均地区生产总值最高的天津、北京、上海三个直辖市分别为120711元、140211元、134982元，这三个直辖市也是生均经费支出相对最高的地区[1]；人均地区生产总值最低的贵州、甘肃、云南三个省份分别为41244元、31336元、37136元，这三个省份也是生均经费支出相对最低的地区。[2] 从各省份人均地区生产总值12年数据来看，地区经济发展水平对生均经费支出影响很大。

---

[1] 天津市普通小学和普通初中的生均教育事业费和生均公用经费全国排名分别为第4位、第3位、第5位、第4位，北京市普通小学和普通初中的生均教育事业费和生均公用经费全国排名分别为第1位、第1位、第1位、第1位，上海市普通小学和普通初中的生均教育事业费和生均公用经费全国排名分别为第3位、第2位、第3位、第2位。

[2] 贵州省普通小学和普通初中的生均教育事业费和生均公用经费全国排名分别为第21位、第27位、第29位、第30位，甘肃省普通小学和普通初中的生均教育事业费和生均公用经费全国排名分别为第17位、第25位、第21位、第29位，云南省普通小学和普通初中的生均教育事业费和生均公用经费全国排名分别为第14位、第22位、第26位、第28位。

表 4-8 2007~2018 年全国各省份人均地区生产总值

单位：元

省份	2007年	2008年	2009年	2010年	2011年	2012年	2013年	2014年	2015年	2016年	2017年	2018年
全国	20494	24100	26180	30808	36302	39874	43684	47005	50028	53680	59201	64644
北京	58204	63029	70452	75943	81658	87475	93213	99995	106497	118198	128994	140211
天津	46122	55473	62574	72994	85213	93173	99607	105231	107960	115053	118944	120711
河北	19877	23239	24581	28668	33969	36584	38716	39984	40255	43062	45387	47772
山西	16945	20398	21522	26283	31357	33628	34813	35070	34919	35532	42060	45328
内蒙古	25393	32214	40282	47347	57974	63886	67498	71046	71101	72064	63764	68302
辽宁	25729	31259	35239	42355	50760	56649	61686	65201	65354	50791	53527	58008
吉林	19383	23514	26595	31599	38460	43415	47191	50160	51086	53868	54838	55611
黑龙江	18478	21727	22447	27076	32819	35711	37509	39226	39462	40432	41916	43274
上海	66367	73124	78989	76074	82560	85373	90092	97370	103796	116562	126634	134982
江苏	33928	39622	44744	52840	62290	68347	74607	81874	87995	96887	107150	115168
浙江	37411	42214	44641	51711	59249	63374	68462	73002	77644	84916	92057	98643
安徽	12045	14485	16408	20888	25659	28792	31684	34425	35997	39561	43401	47712
福建	25908	30123	33840	40025	47377	52763	57856	63472	67966	74707	82677	91197
江西	12633	14781	17335	21253	26150	28800	31771	34674	36724	40400	43424	47434
山东	27807	33083	35894	41106	47335	51768	56323	60879	64168	68733	72087	76267
河南	16012	19593	20597	24446	28661	31499	34174	37072	39123	42575	46674	50152
湖北	16206	19860	22677	27906	34197	38572	42613	47145	50654	55665	60199	66616

续表

省份	2007年	2008年	2009年	2010年	2011年	2012年	2013年	2014年	2015年	2016年	2017年	2018年
湖南	14492	17521	20428	24719	29880	33480	36763	40271	42754	46382	49558	52949
广东	33151	37589	41166	44736	50807	54095	58540	63469	67503	74016	80932	86412
广西	12555	14966	16045	20219	25326	27952	30588	33090	35190	38027	38102	41489
海南	14555	17175	19254	23831	28898	32377	35317	38924	40818	44347	48430	51955
重庆	14660	18025	22920	27596	34500	38914	42795	47850	52321	58502	63442	65933
四川	12893	15378	17339	21182	26133	29608	32454	35128	36775	40003	44651	48883
贵州	6915	8824	10309	13119	16413	19710	22922	26437	29847	33246	37956	41244
云南	10540	12587	13539	15752	19265	22195	25083	27264	28806	31093	34221	37136
西藏	12109	13861	15295	17319	20077	22936	26068	29252	31999	35184	39267	43398
陕西	14607	18246	21688	27133	33464	38564	42692	46929	47626	51015	57266	63477
甘肃	10346	12110	12872	16113	19595	21978	24296	26433	26165	27643	28497	31336
青海	14257	17389	19454	24115	29522	33181	36510	39671	41252	43531	44047	47689
宁夏	14649	17892	21777	26860	33043	36394	39420	41834	43805	47194	50765	54094
新疆	16999	19893	19942	25034	30087	33796	37181	40648	40036	40564	44941	49475

资料来源：2008~2019年《中国财政年鉴》。

如表 4-9 所示，从 2007~2018 年人均地区生产总值区域差异的水平测度分析，极差由 2007 年的 59452 元增加到 2018 年的 108875 元，四分位数间距由 2007 年的 12243.50 上升到 2018 年的 24723.00，标准差由 2007 年的 13759.62 上升到 2018 年的 28648.01，变异系数则由 2007 年的 0.626 下降到 2018 年的 0.439。无论是极差、四分位数间距、标准差还是变异系数，都说明区域之间人均地区生产总值的绝对差距在增大、相对差距在缩小。

表 4-9　2007~2018 年人均地区生产总值区域差异的水平测度

年份	极差（元）	四分位数间距	标准差	变异系数
2007	59452	12243.50	13759.62	0.626
2008	64300	15460.00	15108.54	0.586
2009	68680	17270.00	16630.43	0.579
2010	62955	19188.50	17030.49	0.509
2011	68800	21663.00	18491.12	0.469
2012	73463	22875.50	19418.51	0.448
2013	76685	24884.00	20438.87	0.434
2014	78798	28371.50	21721.50	0.428
2015	81795	29679.00	22929.47	0.432
2016	90555	30197.00	25302.99	0.446
2017	100497	24513.00	27115.14	0.446
2018	108875	24723.00	28648.01	0.439

如表 4-10 所示，从 2007~2018 年全国各省份人均财政收入可以看出，2018 年，人均财政收入最高的北京、上海、天津三个直辖市分别为 26756 元、29360 元、13515 元，这三

表 4-10 2007～2018 年全国各省份人均财政收入

单位：元

省份	2007年	2008年	2009年	2010年	2011年	2012年	2013年	2014年	2015年	2016年	2017年	2018年
北京	9288	11042	11750	12668	15103	16218	17500	18876	21857	23394	25004	26756
天津	4936	5898	6839	8476	10966	12717	14411	15994	17410	17520	14815	13515
河北	1140	1360	1522	1873	2408	2869	3140	3325	3578	3827	4315	4662
山西	1767	2199	2357	2771	3386	4210	4700	5003	4492	4239	5057	6180
内蒙古	2051	2700	3519	4374	5477	6246	6901	7370	7833	8016	6747	7338
辽宁	2527	3149	3686	4612	6036	7080	7618	7272	4850	5024	5471	5995
吉林	1176	1548	1780	2196	3094	3787	4206	4374	4466	4607	4444	4578
黑龙江	1152	1512	1677	1974	2602	3034	3331	3394	3050	3018	3277	3392
上海	11296	12593	13338	13609	14752	15840	17139	18945	22802	26499	27459	29360
江苏	2949	3570	4193	5234	6531	7410	8283	9099	10076	10167	10197	10734
浙江	3286	3798	4160	4911	5776	6291	6919	7490	8708	9528	10322	11582
安徽	889	1183	1409	1903	2455	2999	3453	3663	4015	4332	4518	4847
福建	1960	2320	2579	3148	4051	4757	5635	6233	6656	6884	7217	7660
江西	895	1115	1316	1751	2354	3052	3592	4152	4756	4699	4877	5120
山东	1794	2084	2328	2887	3595	4202	4697	5150	5632	5921	6113	6468
河南	921	1074	1191	1463	1832	2171	2567	2907	3189	3317	3569	3930
湖北	1036	1246	1426	1767	2659	3160	3785	4420	5152	5286	5512	5596
湖南	955	1135	1326	1667	2305	2693	3047	3370	3721	3966	4031	4159

续表

省份	2007年	2008年	2009年	2010年	2011年	2012年	2013年	2014年	2015年	2016年	2017年	2018年
广东	2971	3486	3805	4502	5266	5905	6669	7549	8684	9511	10213	10753
广西	883	1082	1284	1632	2048	2500	2803	3003	3173	3231	3322	3428
海南	1288	1705	2075	3131	3896	4642	5399	6177	6921	6975	7315	8093
重庆	1574	2043	2300	3315	5129	5810	5725	6449	7174	7347	7357	7335
四川	1044	1281	1439	1925	2541	3003	3441	3768	4106	4116	4320	4700
贵州	758	921	1097	1468	2225	2917	3454	3899	4272	4407	4524	4810
云南	1082	1356	1532	1901	2407	2881	3448	3613	3824	3810	3941	4142
西藏	713	872	1043	1242	1813	2834	3067	3945	4272	4763	5564	6765
陕西	1270	1575	1952	2554	4012	4271	4652	5015	5444	4822	5248	5827
甘肃	731	1010	1089	1362	1757	2024	2354	2601	2866	3021	3116	3310
青海	1031	1294	1579	1969	2685	3268	3890	4336	4561	4039	4134	4544
宁夏	1318	1547	1795	2447	3459	4105	4739	5165	5616	5773	6155	6373
新疆	1379	1709	1813	2307	3279	4093	5019	5622	5715	5460	6056	6210

资料来源：2008~2019年《中国财政年鉴》。

个直辖市也是生均经费支出相对最高的地区[①];人均财政收入最低的甘肃、黑龙江、广西三个省份分别为3310元、3392元、3428元,甘肃省和广西壮族自治区也是生均经费支出相对较低的地区[②]。从各省份人均财政收入12年数据来看,地区经济发展水平对生均经费支出影响很大。

如表4-11所示,从2007~2018年人均财政收入区域差异的水平测度分析,极差由2007年的10583元增加到2018年的26050元,四分位数间距由2007年的1012.50上升到2018年的2879.00,标准差由2007年的2342.44上升到2018年的5892.07,变异系数则由2007年的1.099下降到2018年的0.767。无论是极差、四分位数间距、标准差还是变异系数,都说明区域之间人均财政收入的绝对差距在增大、相对差距在缩小。

表4-11　2007~2018年人均财政收入区域差异的水平测度

年份	极差(元)	四分位数间距	标准差	变异系数
2007	10583	1012.50	2342.44	1.099
2008	11721	1295.50	2663.86	1.040
2009	12295	1631.50	2829.65	0.983

---

① 北京市普通小学和普通初中的生均教育事业费和生均公用经费全国排名分别为第1位、第1位、第1位、第1位,上海市普通小学和普通初中的生均教育事业费和生均公用经费全国排名分别为第3位、第2位、第3位、第2位,天津市普通小学和普通初中的生均教育事业费和生均公用经费全国排名分别为第4位、第3位、第5位、第4位。

② 甘肃省普通小学和普通初中的生均教育事业费和生均公用经费全国排名分别为第17位、第25位、第21位、第29位,黑龙江普通小学和普通初中的生均教育事业费和生均公用经费全国排名分别为第7位、第16位、第16位、第20位,广西壮族自治区普通小学和普通初中的生均教育事业费和生均公用经费全国排名分别为第30位、第30位、第22位、第25位。

续表

年份	极差	四分位数间距	标准差	变异系数
2010	12367	2024.50	2956.86	0.856
2011	13346	2790.00	3340.46	0.762
2012	14194	2899.50	3552.41	0.701
2013	15146	2752.50	3827.60	0.676
2014	16344	3145.00	4176.02	0.674
2015	19936	2987.00	4947.81	0.734
2016	23481	3083.50	5517.24	0.786
2017	24343	2948.50	5588.68	0.773
2018	26050	2879.00	5892.07	0.767

如表4-12所示，从2007~2017年全国各省份居民消费水平可以看出，2018年，居民消费水平最高的上海、北京两个直辖市和江苏省分别为53617元、52912元、39796元，这上海、北京两个直辖市和江苏省也是生均经费支出相对最高的地区[①]；居民消费水平最低的西藏、吉林、甘肃三个省份分别为10900元、15083元、14203元，除了西藏自治区人口较少情况特殊外，其他两个省份也是生均经费支出相对最低的地区[②]。从各省份居民消费水平11年数据来看，地区经济发展水平对生均经费支出影响很大。

---

① 上海市普通小学和普通初中的生均教育事业费和生均公用经费全国排名分别为第3位、第3位、第3位、第2位，北京市普通小学和普通初中的生均教育事业费和生均公用经费全国排名分别为第1位、第1位、第1位、第1位，江苏省普通小学和普通初中的生均教育事业费和生均公用经费全国排名分别为第10位、第5位、第16位、第10位。

② 西藏自治区普通小学和普通初中的生均教育事业费和生均公用经费全国排名分别为第2位、第4位、第2位、第3位，吉林省普通小学和普通初中的生均教育事业费和生均公用经费全国排名分别为第7位、第9位、第9位、第14位，甘肃省普通小学和普通初中的生均教育事业费和生均公用经费全国排名分别为第16位、第26位、第22位、第30位。

表 4-12 2007~2017 年全国各省份居民消费水平

单位：元

省份	2007年	2008年	2009年	2010年	2011年	2012年	2013年	2014年	2015年	2016年	2017年
全国	7572	8707	9514	10919	13134	14699	16190	17806	19397	21228	22935
北京	18911	20346	22154	25015	27760	30350	33337	36057	39200	48883	52912
天津	11957	14000	15149	17784	20624	22984	26261	28492	32595	36257	38975
河北	5674	6570	7193	8057	9551	10749	11557	12171	12829	14328	15893
山西	5525	6187	6854	8159	9746	10829	12078	12622	14364	15065	18132
内蒙古	7062	8108	9668	11080	13264	15196	17168	19827	20835	22293	23909
辽宁	7965	9625	10848	12934	15635	17999	20156	22260	23693	23670	24866
吉林	6675	7591	8410	9141	10811	12276	13676	13663	14630	13786	15083
黑龙江	5986	7039	7737	8906	10634	11601	12978	15215	16443	17393	18859
上海	24260	27343	29572	32271	35439	36893	39223	43007	45816	49617	53617
江苏	9659	11013	11993	14035	17167	19452	23585	28316	31682	35875	39796
浙江	12569	13893	15790	18097	21346	22845	24771	26885	28712	30743	33851
安徽	5278	6377	6829	8237	10055	10978	11618	12944	13941	15466	17141
福建	8772	10361	10950	12871	14958	16144	17115	19099	20828	23355	25969
江西	4702	5753	6229	7972	9523	10573	11910	12000	14489	16040	17290
山东	8075	9573	10494	11611	13565	15095	16728	19184	20684	25860	28353
河南	5141	5877	6607	2837	9171	10380	11782	13078	14507	16043	17842
湖北	6513	7406	7791	8977	10873	12283	13912	15762	17429	19391	21642

续表

省份	2007年	2008年	2009年	2010年	2011年	2012年	2013年	2014年	2015年	2016年	2017年
湖南	6240	7145	7929	8922	10547	11740	12920	14384	16289	17490	19418
广东	12663	14390	15291	17218	19578	21823	23739	24582	26365	28495	30762
广西	4987	6103	6893	7732	9181	10520	11710	12944	13857	15013	16064
海南	5552	6550	6695	7553	9238	10635	11712	12915	17019	18431	20939
重庆	6545	9835	8308	9723	11832	13655	15270	17262	18860	21032	22927
四川	5259	6072	6863	8182	9903	11280	12485	13755	14774	16013	17920
贵州	4057	4426	5044	5879	7389	8372	9541	11362	12876	14666	16349
云南	4553	4553	5926	6724	8278	9782	11224	12235	13401	14534	15831
西藏	3215	3504	4060	4513	4730	5340	6275	7205	8756	9743	10990
陕西	5272	6290	7069	8273	10054	11852	13206	14812	15363	16657	18485
甘肃	4274	4869	5284	6035	7493	8542	9616	10678	11868	13086	14203
青海	4978	5830	6495	7234	8744	10289	12070	13534	15167	16751	18020
宁夏	5816	7193	7858	8992	10492	12120	13537	15193	17210	18570	21058
新疆	4890	5542	5990	7276	8895	10675	11401	12435	13684	15247	16736

资料来源：2008~2018年《中国统计年鉴》。

如表4-13所示,从2007~2017年居民消费水平区域差异的水平测度分析,极差由2007年的21045元增加到2017年的42627元,四分位数间距由2007年的2956.00上升到2017年的8479.00,标准差由2007年的4427.76上升到2017年的10366.33,变异系数则由2007年的0.589下降到2017年的0.444。无论是极差、四分位数间距、标准差还是变异系数,都说明区域之间居民消费水平的绝对差距在增大、相对差距在缩小。

表4-13 2007~2017年居民消费水平区域差异的水平测度

年份	极差(元)	四分位数间距	标准差	变异系数
2007	21045	2956.00	4427.76	0.589
2008	23839	3755.50	4901.19	0.564
2009	25512	4020.00	5268.18	0.556
2010	29434	4598.50	5950.34	0.555
2011	30709	5052.00	6325.93	0.495
2012	31553	5066.00	6602.31	0.462
2013	32948	5430.50	7131.89	0.449
2014	35802	6737.00	7803.14	0.445
2015	37060	6679.00	8315.69	0.431
2016	39874	8356.50	9657.06	0.454
2017	42627	8479.00	10366.33	0.444

综上所述,财政分权使义务教育财政支出主要由地方政府承担,区域之间经济发展水平的差异造成了区域之间义务教育财政支出的不均衡,以上根据2007~2018年全国各省份人均地区生产总值、人均财政收入,以及2007~2017年全国各省

份居民消费水平的区域差异分析，说明我国区域之间的经济发展水平差距相当大，但同时也显示出区域差距相对缩小的趋势，这种相对缩小的趋势对义务教育公平目标有着积极意义。

三　转移支付收入对义务教育公平的影响

如表4-14所示，从2007~2018年全国各省份人均中央补助收入可以看出，2018年，人均中央补助收入最高的西藏、青海、宁夏三个省份分别为49558元、20417元、12522元，三个省份的生均经费支出状况并不相似，西藏自治区的生均经费支出较高，青海省的生均经费支出相对较高，宁夏回族自治区的生均经费支出相对较低[①]；人均中央补助收入最低的广东、浙江、江苏三个省份分别为1554元、2067元、2209元，三个省份的生均经费支出状况也不相似，广东省的生均经费支出相对较低，浙江省的生均经费支出相对较高，江苏省的生均教育事业费相对较高、生均公用经费相对较低[②]。从各省份人均中央补助收入12年数据来看，地区人均转移支付收入对生均经费支出的影响比较复杂。

---

① 西藏自治区普通小学和普通初中的生均教育事业费和生均公用经费全国排名分别为第2位、第4位、第2位、第3位，青海省普通小学和普通初中的生均教育事业费和生均公用经费全国排名分别为第6位、第8位、第10位、第18位，宁夏回族自治区普通小学和普通初中的生均教育事业费和生均公用经费全国排名分别为第23位、第24位、第9位、第9位。

② 广东省普通小学和普通初中的生均教育事业费和生均公用经费全国排名分别为第13位、第10位、第19位、第19位，江苏省普通小学和普通初中的生均教育事业费和生均公用经费全国排名分别为第10位、第6位、第20位、第13位，浙江省普通小学和普通初中的生均教育事业费和生均公用经费全国排名分别为第5位、第5位、第8位、第7位。

第四章 影响义务教育公平的因素分析

表4-14 2007~2018年全国各省份人均中央补助收入

单位：元

省份	2007年	2008年	2009年	2010年	2011年	2012年	2013年	2014年	2015年	2016年	2017年	2018年
北京	1485	1556	1977	2475	2506	2747	2490	2481	2426	3399	4239	4708
天津	1822	1977	2293	2628	3123	2960	2889	2919	3070	3432	3805	3870
河北	1123	1363	1796	1958	2532	2825	2888	3115	3351	3621	3848	4235
山西	1521	1817	2379	2594	3184	3496	3450	3556	3875	4402	4544	4853
内蒙古	2706	3213	4163	4674	6323	7023	7126	7502	8505	9429	9977	10368
辽宁	1710	2011	2529	2842	3435	3768	3832	4057	4393	4854	5310	5653
吉林	2262	2769	3470	3910	4764	5365	5410	5822	6305	6970	7602	7858
黑龙江	2110	2611	3237	3701	4862	5326	5576	5870	6547	7405	7936	8146
上海	1903	1938	2234	2425	2618	2538	2548	2573	2695	2851	3233	3512
江苏	694	828	1126	1261	1545	1681	1679	1683	1783	2019	2184	2209
浙江	752	875	1191	1347	1658	1787	1792	1805	1964	1853	1994	2067
安徽	1173	1491	1940	2355	3041	3499	3573	3808	4045	4213	4670	4875
福建	791	996	1395	1638	2199	2387	2482	2574	2887	3069	3282	3309
江西	1315	1709	2192	2515	3312	3668	3808	4002	4278	4673	5037	5294
山东	727	892	1205	1382	1783	2007	2030	2065	2243	2442	2631	2856
河南	1125	1389	1841	2087	2673	3028	3203	3389	3660	3930	4194	4476
湖北	1401	1782	2280	2611	3342	3654	3768	4119	4564	4842	5040	5359
湖南	1340	1701	2145	2449	3136	3597	3798	3925	4321	4595	4797	5064

续表

省份	2007年	2008年	2009年	2010年	2011年	2012年	2013年	2014年	2015年	2016年	2017年	2018年
广东	609	683	896	1078	1252	1337	1411	1338	1466	1447	1550	1554
广西	1304	1642	2050	2527	3434	3816	3864	4092	4602	5022	5405	5807
海南	1703	2526	3146	3668	4738	5006	5193	5452	5899	7043	7577	8892
重庆	1460	1812	2342	2841	3899	4335	4035	4184	4478	5038	5594	5831
四川	1283	2400	3018	3232	3310	3620	4077	4314	4607	4891	5232	5774
贵州	1557	2020	2603	3039	4408	4827	5256	6108	6649	7262	7678	8245
云南	1528	1868	2511	2803	3743	4409	4613	5245	5346	5645	6276	6707
西藏	9930	12255	15910	17700	23587	26115	28926	32543	41085	41367	44830	49558
陕西	1712	2208	2759	3050	4261	4469	4569	5011	5537	5559	5885	6407
甘肃	2011	2906	3462	4032	5073	5838	6373	6979	7527	7848	8298	9492
青海	4260	5627	7203	10580	14306	14654	14869	15955	16461	18222	18682	20417
宁夏	3263	3943	5131	5694	7402	8333	8511	9374	10337	11011	11994	12522
新疆	2633	3217	4297	5151	6800	7702	8181	8734	10037	10489	10687	12151

资料来源：2008～2019年《中国财政年鉴》。

如表 4-15 所示，从 2007~2018 年人均中央补助收入区域差异的水平测度分析，极差由 2007 年的 9321 元增加到 2018 年的 48004 元，四分位数间距由 2007 年的 729.00 上升到 2018 年的 3840.00，标准差由 2007 年的 1651.78 上升到 2018 年的 8475.17，变异系数则由 2007 年的 0.865 上升到 2018 年的 1.085。无论是极差、四分位数间距、标准差还是变异系数，都说明区域之间人均中央补助收入的绝对差距在增大、相对差距也在增大。

表 4-15 2007~2018 年人均中央补助收入区域差异的水平测度

年份	极差（元）	四分位数间距	标准差	变异系数
2007	9321	729.00	1651.78	0.865
2008	11572	1045.00	2055.16	0.861
2009	15014	1233.00	2662.07	0.871
2010	16622	1294.50	3109.29	0.874
2011	22335	2105.50	4203.18	0.916
2012	24778	2273.50	4589.34	0.913
2013	27515	2444.50	5032.28	0.962
2014	31205	2829.00	5661.24	1.005
2015	39619	3215.50	7028.00	1.118
2016	39920	3626.00	7123.82	1.057
2017	43280	3619.00	7649.76	1.059
2018	48004	3840.00	8475.17	1.085

综上所述，从 2007~2018 年全国各省份人均中央补助收入的区域差异来看，全国区域之间人均中央补助收入的绝对差距在增大并且这种差距存在逐渐扩大的趋势。人均中央补助收入区域差距逐渐扩大的趋势说明转移支付的财力均衡作

用在逐渐凸显,这对均衡地方政府财力、均衡财政资源分配、实现义务教育公平存在积极作用。

(一) 转移支付的规模对义务教育公平的影响

从1994年分税制改革前后来看我国的转移支付规模。1990年中央本级支出和补助地方支出分别为1004.47亿元和585.28亿元,中央本级支出和补助地方支出比重分别为63.18%和36.82%。到分税制改革前夕的1993年中央本级支出和补助地方支出分别为1312.06亿元和544.63亿元,中央本级支出和补助地方支出比重分别为70.67%和29.33%。1994年分税制改革前几年状况相似,中央政府补助地方支出的比例并不高。1994年分税制改革之后,中央政府和地方政府的收支状况发生了颠覆性的变化,中央政府补助地方支出的规模和比重迅速上升。

如表4-16所示,从1990~2018年中央本级支出与补助地方支出比例可以看出,1994年分税制改革是个明显的分水岭,之后除了在2000年前后有较小波动外,中央政府对地方政府的转移支付基本呈现不断上升趋势。转移支付绝对值由1994年的2389.09亿元增加到2018年的69680.66亿元,25年增长了约28倍;中央政府对地方转移支付比重由1994年的57.66%增加到2018年68.06%,转移支付支出占中央支出的绝大部分。2018年我国中央政府和地方政府财政收入比重分别为46.6%和53.4%,中央政府和地方政府财政支出比重分别为14.8%和85.2%。中央到地方转移支付涉及的巨额资金收支，不仅增加了管理的成本，而且成为腐败的源头，特别是专项转移支付分散在不同的管理部门，缺乏管理的统一性和政策的协同性，财政转移支付制度的运行缺陷，削弱了转移支付的财力均衡作用，难以实现财政资源的公平分配。

表4-16 1990~2018年中央本级支出与补助地方支出情况

单位：亿元，%

年份	中央支出合计	中央本级支出		补助地方支出	
		指标值	比重	指标值	比重
1990	1589.75	1004.47	63.18	585.28	36.82
1991	1645.56	1090.81	66.29	554.75	33.71
1992	1766.94	1170.44	66.24	596.50	33.76
1993	1856.69	1312.06	70.67	544.63	29.33
1994	4143.52	1754.43	42.34	2389.09	57.66
1995	4529.45	1995.39	44.05	2534.06	55.95
1996	4873.79	2151.27	44.14	2722.52	55.86
1997	5389.17	2532.50	46.99	2856.67	53.01
1998	6447.14	3125.60	48.48	3321.54	51.52
1999	8238.94	4152.33	50.40	4086.61	49.60
2000	10185.16	5519.85	54.20	4665.31	45.80
2001	11769.97	5768.02	49.01	6001.95	50.99
2002	14123.47	6771.70	47.95	7351.77	52.05
2003	15681.51	7420.10	47.32	8261.41	52.68
2004	18302.04	7894.08	43.13	10407.96	56.87
2005	20259.99	8775.97	43.32	11484.02	56.68
2006	23492.85	9991.40	42.53	13501.45	57.47
2007	29579.95	11442.06	38.68	18137.89	61.32
2008	36334.93	13344.17	36.73	22990.76	63.27
2009	43819.58	15255.79	34.82	28563.79	65.18
2010	48330.82	15989.73	33.08	32341.09	66.92
2011	56435.32	16514.11	29.26	39921.21	70.74
2012	64126.31	18764.63	29.26	45361.68	70.74
2013	68491.68	20471.76	29.89	48019.92	70.11

续表

年份	中央支出合计	中央本级支出		补助地方支出	
		指标值	比重	指标值	比重
2014	74161.11	22570.07	30.43	51591.04	69.57
2015	80639.66	25542.15	31.67	59400.70	73.66
2016	86804.55	27403.85	31.57	59400.70	68.43
2017	94908.93	29857.15	31.46	65051.78	68.54
2018	102388.47	32707.81	31.94	69680.66	68.06

资料来源：2019年《中国财政年鉴》。

如图4-3所示，从1990~2018年中央和地方财政收入比例可以更清晰地看到，1994年财税体制改革是个明显的分水岭，1993年中央和地方财政收入比重分别为22.0%和78.0%，中央政府财政收入比重与上年相比明显下降，中央政府财政陷入了严重危机。改革开放之初的系列改革措施导致财政支出快速增长，使原本就很脆弱的财政收支平衡更加脆弱，1979年出现135.41亿元的巨额赤字，1981年财政赤字高达68.90亿元，中央政府财政已经不堪重负，1981~1983年中央政府曾三次向地方政府借钱，但依然没能阻止之后连年财政赤字的出现，中央政府面临前所未有的弱中央形势。正是财政危机事件的频频爆发，让党中央痛下决心推进财税体制改革。分税制改革之后的1994年中央和地方政府财政收入比重分别为55.7%和44.3%，1994年相比1993年中央财政收入增加了30.2%，换句话说中央从地方拿走财政收入的30.2%。财税体制改革建立了强大的中央财政，中央政府宏观调控能力得到了加强。

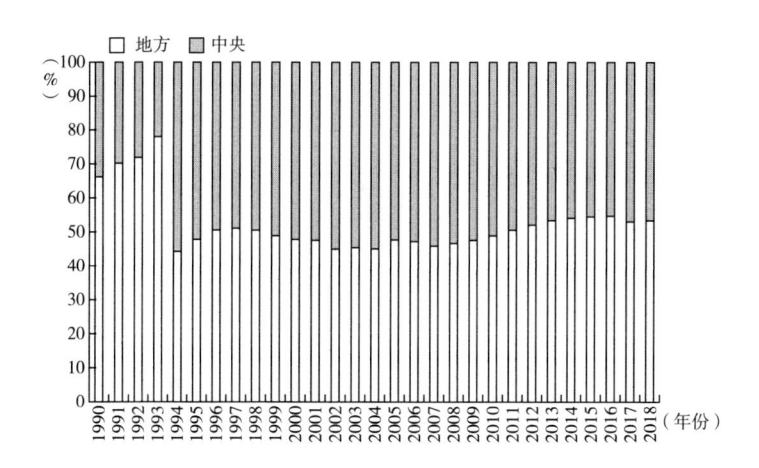

图 4-3　1990~2018 年中央和地方财政收入比例

如图 4-4 所示，财税体制改革的同时，中央和地方政府的财政支出比重并无明显变化，1993 年中央和地方政府财政支出比重分别为 28.3% 和 71.7%，1994 年中央和地方政府财政支出比重分别为 30.3% 和 69.7%，1994~2016 年地方政府一直承担着大部分支出责任，而且地方政府的支出责任一直在增加。从图 4-3 可以看到，1994~2018 年中央和地方政府的财政收入几乎可以说是平分秋色，2018 年中央政府的财政收入比重为 46.6%，而 2018 年中央政府的支出责任仅为 14.8%；2018 年地方政府的财政收入比重为 53.4%，而 2018 年地方政府的支出责任占到了 85.2%。地方政府的资金缺口完全依赖中央政府的转移支付补贴，中央政府集中的财政资金同样依靠转移支付补贴给地方政府，如图 4-5 所示，随着中央政府转移支付规模和比重的快速增长和扩大，不仅地方政府可以自由支配财力的规模和比重急剧缩小,而且地方政府财政支出越来越大的份额依赖中央政府的转移支付。

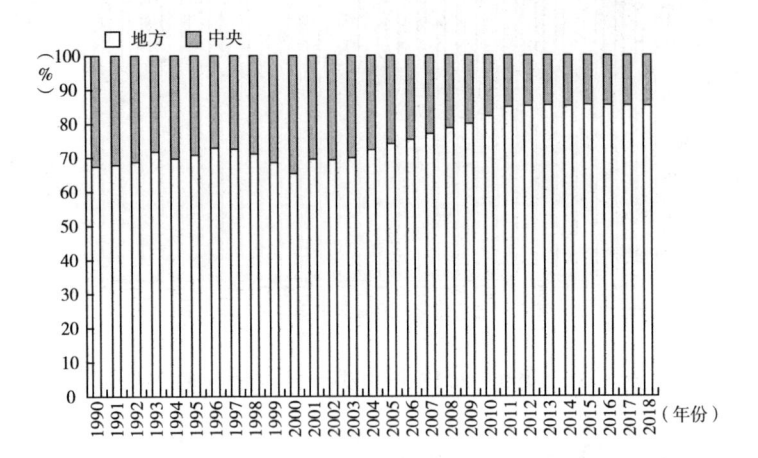

图 4-4　1990~2018 年中央和地方财政支出比例

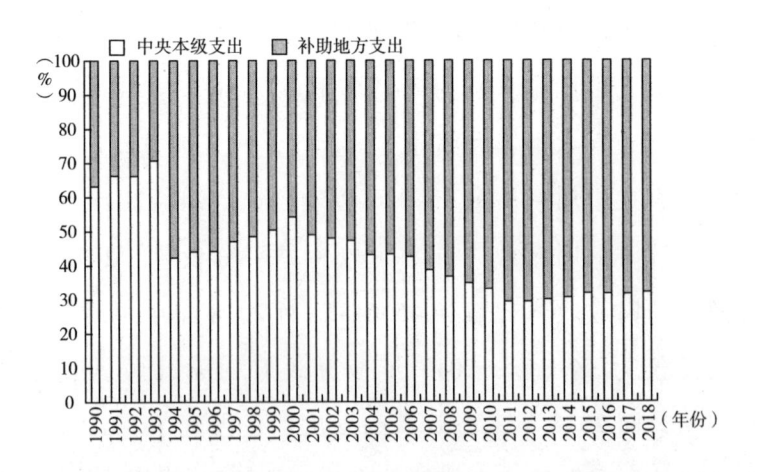

图 4-5　1990~2018 年中央本级支出与补助地方支出比例

(二) 转移支付的结构对义务教育公平的影响

自 1994 年实行财税体制改革之后,由于中央和地方政府间财政关系发生了变化，中央转移支付规模和比例不断上升的同时，转移支付的结构和比例也一直处于调整状态。我国历史上曾经存在五种财政转移支付形式：一是中央政府对地方政府的一般性转移支付，二是中央政府对地方政府的专项转移支付，三是中央政府对地方政府的税收返还，四是包干财政体制的体制补助和体制上解，五是中央财政对地方财政年终结算补助。目前资金规模较大的转移支付形式主要是：一般性转移支付、专项转移支付、税收返还。一般性转移支付用以平衡财政资源，弥补财力薄弱地区的资金缺口；专项转移支付主要是为了实现某一特定目标，中央政府给予地方政府的财政资金补助或奖励，专项转移支付的资金补助具有指定用途；税收返还主要是增值税和消费税两税返还和所得税基数返还。

如表4-17所示，从1995~2018年中央补助地方支出明细可以看出，1994年财税体制改革后的转移支付资金结构比例发生了一些变化。24年间一般性转移支付增长了132.24倍、专项转移支付增长了60.19倍、税收返还增长了3.28倍。特别是从2001年开始，中央政府开始大幅增加转移支付力度，2001~2018年一般性转移支付年均增长20.60%、专项转移支付年均增长14.77%、税收返还年均增长7.57%。为了满足地方政府日益增长的财政支出需求，中央政府的转移支付资金额度不断增加，三大转移支付的结构比例也在不断调整。

表 4-17 1995~2018 年中央补助地方支出明细

单位：亿元，%

年份	中央补助地方支出	一般性转移支付		专项转移支付		税收返还	
		指标值	比重	指标值	比重	指标值	比重
1995	2532.9	290.9	11.5	374.7	14.8	1867.3	73.7
1996	2672.3	234.9	8.8	488.8	18.3	1948.6	72.9
1997	2800.9	273.4	9.8	515.9	18.4	2011.6	71.8
1998	3285.3	313.1	9.5	889.5	27.1	2082.7	63.4
1999	3992.3	511.4	12.8	1360.3	34.1	2120.6	53.1
2000	4747.6	893.4	18.8	1647.7	34.7	2206.5	46.5
2001	6117.2	1604.8	26.2	2203.5	36.0	2308.9	37.7
2002	7352.7	1944.1	26.4	2401.8	32.7	3006.8	40.9
2003	8058.2	2241.2	27.8	2391.7	29.7	3425.3	42.5
2004	10222.4	3375.2	33.0	3237.7	31.7	3609.5	35.3
2005	11120.1	3715.8	33.4	3647.0	32.8	3757.3	33.8
2006	13589.4	5024.9	37.0	4634.3	34.1	3930.2	28.9
2007	18112.5	7092.9	39.2	7188.1	39.7	3831.5	21.2
2008	22945.6	8696.5	37.9	9966.9	43.4	4282.2	18.7
2009	28563.8	11317.2	39.6	12359.9	43.3	4886.7	17.1

续表

年份	中央补助地方支出	一般性转移支付		专项转移支付		税收返还	
		指标值	比重	指标值	比重	指标值	比重
2010	32341.1	13235.7	40.9	14112.1	43.6	4993.4	15.4
2011	39921.2	18311.3	45.9	16570.0	41.5	5039.9	12.6
2012	45383.5	21471.2	47.3	18791.5	41.4	5120.8	11.3
2013	48857.0	24538.4	50.2	19265.9	39.4	5052.8	10.3
2014	51604.5	27567.4	53.4	18940.7	36.7	5096.4	9.9
2015	55181.0	28475.4	51.6	21623.6	39.2	5082.0	9.2
2016	59486.4	32017.8	53.8	20923.6	35.2	5088.6	8.6
2017	65218.1	35167.9	53.9	21886.6	33.6	8163.6	12.5
2018	69674.0	38759.0	55.6	22927.1	32.9	7987.9	11.5

资料来源：1995~2018 年财政部中央与地方政府预算执行情况。

如图4-6所示,1995~2018年中央对地方补助资金结构显示,财税体制改革刚刚推行的前几年,税收返还为中央补助地方支出的主要部分,1995~1997年税收返还比重变化并不明显,1997年税收返还占中央补助地方支出的71.8%,之后税收返还比重明显大幅下降,到2018年税收返还已成为比重最低的转移支付形式。专项转移支付自1999年达到34.1%之后,占中央补助地方支出的比重一直保持在30%~40%。一般性转移支付在2000~2018年一直保持增长趋势,2018年一般性转移支付比重已经占到55.6%。目前,一般性转移支付和专项转移支付两项比重已经达到88.5%,成为资金规模最大的两种转移支付形式,其中一般性转移支付比重呈明显增长的趋势,专项转移支付比重呈逐渐下降的趋势,两种转移支付形式迅速挤占了税收返还的比重,税收返还比重呈现明显缩小的趋势。但是,与国际上多数经济发达国家一般性转移支付、专项转移支付、其他转移支付60:35:5的比例相比,我国一般性转移支付比重仍然较小,财力均衡的作用和能力仍然偏弱,一般性转移支付比重偏低制约了财政均衡目标的实现,财政均衡状况直接影响着义务教育公平目标的实现。

对中美两国的转移支付体系进行比较,虽然专项转移支付比重都比较突出,但并不能由此证明中国转移支付资金结构的合理性,原因在于中国和美国两国的国情大不相同。美国的总体经济发展水平相对发达、区域经济发展水平相对均

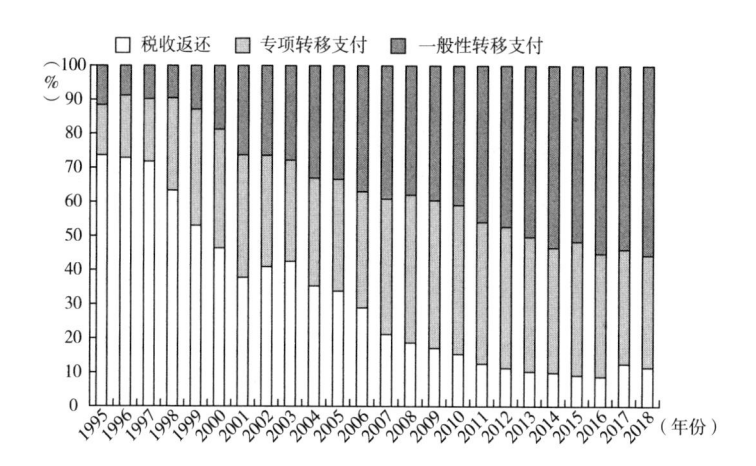

图 4-6　1995~2018 年中央对地方补助资金结构

衡，这决定了美国可以大量进行专项转移支付，美国转移支付制度的意义已经超出了矫正财政不均衡问题的范畴，美国政府更关注城市化进程中地方公共服务的溢出效应，例如美国城市中心有大规模的贫困人口聚集，这些地方人均收入低、失业率和犯罪率高，美国特有的城市内部问题只有凭借专项转移支付才能有效解决。而中国的经济发展水平与美国尚有较大差距，中国区域之间的财力不均衡问题突出，非均衡性质的专项转移支付比重过大，不利于财政资源均衡分配目标的实现。

从 2009 年起，中央政府将部分具有一定财力性质、数额相对固定的专项转移支付归并到一般转移支付项下，如教育转移支付、社会保障转移支付等，现有的一般性转移支付项目中还有部分项目是由专项转移支付归并而来，这种情况说明我国实际的一般性转移支付规模和比重可能比数据显示的更低，实际的非均衡性质的专项转移支付比重与合理比重相比而言依然偏高。专项转移支付比重过高，弱化了地方政府可自由支配财力的保障作用，影响了地方政府提供公共服务的积极性。一些专项转移支付时常要求地方政府配套资金，地方政府财政支出能力本来就很有限，配套资金无疑给欠发达地区财政带来沉重负担。转移支付制度最基本的保运转功能还比较突出，更高要求的保均衡功能还没有得到充分发挥，地方政府可自由支配财力不均衡状况尚未得到有效解决。目前，我国的转移支付资金结构还需要进一步调整，应该尽快取消非均衡性质的税收返还，重点压缩专项转移支付比重，持续增加均衡性质的一般性转移支付比重。

（三）转移支付的分配方法对义务教育公平的影响

我国的转移支付制度除了存在规模和结构问题之外，转移支付的资金分配方法也欠缺科学性，分配方法和计算公式并没有体现补助性和均衡性的特征，转移支付制度设计的目标选择没有考虑公共服务的供给目标和需求差异，税收返还、专项转移支付、一般性转移支付存在的诸多问题，已经严重影响了转移支付制度财力均衡作用的发挥。

使用基数法计算转移支付金额的税收返还，计算公式遵循"存量不动，增量调整"的原则，虽然在一定程度上维持了财政预算的稳定性，但它没有考虑经济发展水平、人口密度等相关因素，没能打破遵循原有历史的资金分配格局，反而固化了历史遗留的不公平状况，不仅无法矫正区域之间的财力不均衡，反而扩大了区域之间的财力差距，背离了转移支付制度财力均衡的功能目标。税收返还制度设计的初衷，是保证地方政府的既得利益，减少财税体制改革带来的阻力。而实际情况是，发达地区经济发展水平高、税收规模大，因为税收收入多因此得到的税收返还也多，而欠发达地区由于税收收入少所以得到的税收返还也少，发达地区所得的税收返还远远高于欠发达地区，这进一步加大了贫富地区之间的财力差距，不利于解决区域之间的财力不均衡问题。

专项转移支付的资金分配科学性严重不足。我国三大主要转移支付形式中，专项转移支付是最不规范的一种。专项转移支付的资金分配没有统一的计算公式，是由中央与地方讨价还价决定，资金分配的随意性比较大。专项转移支付的项目种类过于繁杂，项目之间交叉重合，政策目标相互冲突；专项转移支付的重点不明确，小额项目数量过多，资金用途过于宽泛，资金碎片化状况严重；专项转移支付项目要由中央部门审批，行政管理的运行成本过高；专项转移支付缺乏刚性约束，资金支付之后脱离了监控，经常出现被挪用或被截流的现象，专款难以保证专用，基层政府的资金需求无法得到满足。

一般性转移支付资金分配的科学性也有待提高。一般性转移支付资金由标准财政缺口与转移支付系数相乘所得，标准财政缺口越大的省份应得的一般性转移支付金额越高。标准财政缺口即标准财政支出减去标准财政收入，地方本级的标准财政收入由税基和税率计算得出，标准财政支出由地方政府规模和平均支出等要素计算得出。实际上，地方政府规模和平均支出由标准财政供养人口决定，即机构维持正常运转和保障工资正常发放所需资金，因为财力较强的地区财政供养人口占总人口的比重较高，这种计算方法会造成转移支付向一些财力较强的地区倾斜，一些地方政府为了获得更多的一般性转移支付资金，采取增加财政供养人口的手段，这无疑背离了转移支付制度设计的本意，使转移支付制度的运行发生扭曲变形。

转移支付的目标选择与公共服务供给要求的资源配置均衡目标不符。现行转移支付制度的主要着力点还是缩小区域之间的财力差距，① 通过转移支付弥补欠发达地区的财政缺口，从而实现区域之间地方政府的财力均衡，这与公共服务供给目标相距甚远。另外，标准支出计算时所列的教育、医疗等12项转移支付项目均是政府收支分类中的科目，我国现有的转移支付项目依然是按照政府的行政管理体系设计的。可以说，转移支付制度的设计意图或逻辑起点，是为了最大限度地满足地方政府行政管理的需要，也就是满足行政管理对资金的需求，而并不是从地方政府公共服务供给的角度进行设计，这与公共服务供给要求的资源配置均衡目标不符。

现行的转移支付制度没有考虑公共服务需求的区域差

---

① 《2010年中央对地方均衡性转移支付办法》明确提出，"均衡性转移支付的总目标是：缩小地区间财力差距，推进基本公共服务能力均等化，加快形成统一、规范、透明的均衡性转移支付制度"。

异,只是简单地以支出成本差异系数替代公共服务供给的资源配置需求差异。支出成本差异系数只能反映资源供给成本的差异,没有从资源配置需求的角度寻求产生差异的本源,简单地以成本差异替代并不能全面反映不同地区对资源配置需求的差异性。同时,在进行标准支出计算时,采取的都是先计算全国平均水平再乘以该省的实际人口,也就是说人口因素已经被考虑进去了,而且是标准支出计算公式中唯一的因素。然而在计算差异系数时,人口又被重复计算并且占到85%的权重。这种不考虑需求差异的简单替代和重复计算,无疑强化了公共服务供给资源配置的不均衡状态。

(四)转移支付的监督考核对义务教育公平的影响

在制度运行方面,我国转移支付制度的运行过程缺乏监督考核的刚性约束,相关政府部门既是运动员又是裁判员,行政管理机构与监督机构一体化,主管部门重分配轻管理。事前环节的前置管理不到位,转移支付资金没有纳入地方政府的财政预算,没有在事前接受预算约束和人大监督;事中环节的跟踪监督不完善,转移支付人为干扰因素较多,资金传输渠道常常渗水,资金审批和划拨程序的透明度低;事后环节的评估考核不重视,地方政府是否合理有效地安排转移支付资金用途,缺乏有力的监督考核问责机制。为了解决转移支付资金管理"最后一公里"问题,应该加大政府转移支付信息公开力度,公布转移支付的计算标准、分配原则和分配比例等详细信息，主动接受地方政府和社会舆论的监督。

在法律法规方面，我国转移支付的相关指导性法律法规，主要是以部门规章制度的形式出现，法律权威性的缺乏难免出现有法不依的情况。我国《预算法》中关于授权立法的规定，并没有明确转移支付授权立法的具体部门，财政部门成为实际的转移支付立法组织，财政部门既是资金分配的主体又是资金监管的主体。由于缺乏对执法主体权利和义务的界定，也没有防范失范行为具体操作程序的规定，集运动员和裁判员于一身的财政部门，执法不严、违法不究情况时有发生。规范和管理转移支付的专门组织机构缺位，地方预算草案批准后中央转移支付资金的使用分配不再需要地方人大批准，导致转移支付资金规避了地方人大的监督，转移支付资金使用的随意性和盲目性较大，不仅浪费了财政资源也为腐败的滋生创造了条件。

（五）转移支付的均衡效力对义务教育公平的影响

转移支付是我国实现财政均衡的重要手段。按照联合国人文发展这一综合指标来衡量，我国是目前世界上区域差距较大的少数几个国家之一，31个省份之间人均财政收入差距在8倍以上，[①] 31个省份之间人均地区生产总值差距在4倍以上，[②] 我国区域之间的经济发展水平差异巨大，地方政府之间的财政能力、公共服务水平也相应存在明显差异。转移

[①] 2018年人均财政收入，最高的上海市为29360元，最低的黑龙江省为3310元。
[②] 2018年人均地区生产总值，最高的北京市为140211元，最低的甘肃省为31336元。

支付最主要的作用就在于补贴地方政府财政，中央政府需要增加对欠发达地区的财政支持，通过转移支付方式补贴欠发达地区政府财政，以缓解区域之间的公共服务供给水平差距，其实也是财政资源合理再分配的过程。转移支付最重要的作用是均衡区域之间的财力差距，区域之间的财力差距来自区域之间经济发展水平的差距，也来自基于财政分权改革等系列改革的不良后果，转移支付的目的就在于均衡区域之间的财力差距、化解财政分权产生的消极作用。

政府间财政关系严重影响转移支付的均衡效力。中央不断对地方政府下放事权和事责，却没有赋予地方政府相应的财权和财力，导致在当前的财政管理体制运行格局中，存在着中央财政收支和地方财政收支的双失衡问题。在中央政府层面，虽然财政收入规模很大，但本级支出仅占30%左右，70%左右的支出责任转移到了地方政府。在地方政府层面，虽然财政支出规模很大，但本级收入来源仅占55%左右，45%左右的财政支出依赖中央的转移支付，有的地区转移支付收入甚至高达80%左右。2018年中央对地方政府的转移支付高达69680.66亿元，即使是发达的东部沿海地区，自给财力也仅在80%左右，仍然需要中央政府的转移支付；而欠发达的中西部地区，自给财力均在40%以下。我国转移支付总量过于庞大，虽然有利于增强中央政府的宏观调控，但不利于调动地方政府的积极性。

转移支付的支出分配与事权分配是紧密相连的，由于政府间财政关系不够清晰，各级政府权责尚未明确划分，部分项目支出责任难以清晰界定。各级政府权责不对等，财政收支缺口越来越大，转移支付规模也越来越大，转移支付过程效率低下，存在大量的交易成本损失。转移支付缺乏明确的总体目标，各种转移支付形式之间缺乏协调机制，无法形成相互补充相互配合的局面，使转移支付的实际效果与理想目标相差甚远，削弱了其应有的财力均衡功能，偏离了其本来的高效运行轨迹。从转移支付的收支两端来看，转移支付的运行状况令人担忧。从中央政府角度来看，转移支付对中央政府造成了沉重的负担，中央政府对地方政府的转移支付远远超过本级支出；从地方政府角度来看，地方政府严重依赖转移支付，部分地方政府的转移支付收入甚至超过本级财政收入，而且转移支付资金分配与区域实际需求、经济发展状况存在偏差。

中央政府已经明确提出增加一般性转移支付的规模和比例，逐步将一般性转移支付比重提高到60%以上。[①] 逐步减少竞争性领域的专项转移支付投入，利用市场竞争能够有效调节的事务，原则上不新设专项转移支付项目。这样仅仅依靠转移支付制度的改革努力，依然难以缓解地方财政资金不足的现状。我国区域之间的经济发展水平不均衡问题严重，

[①] 2015年2月2日国务院出台《关于改革和完善中央对地方转移支付制度的意见》，提出了改革和完善中央对地方转移支付制度的必要性，要求妥善处理政府与市场的关系，使市场在资源配置中起决定性作用，维护公平竞争的市场环境。

可以说目前完全依赖转移支付来缓解这种不均衡状况，转移支付已经成为我国相当重要的财政制度。但转移支付只能是财政制度的适度补救措施而不能是核心，更不能是处理财政收支矛盾的主要办法。而现实中，转移支付的资金规模越来越大，占财政支出的比重也越来越大，转移支付的方向却越来越单一，基本上是纵向的资金转移。这说明转移支付运行已经超负荷了，本来财政关系可以自主协调解决的问题，现在却需要利用转移支付手段被动强制解决，说明政府间的财政关系需要改革和调整了。只有规范合理的政府间财政关系，才能使统一的财政管理政策目标得以更快实现，才能使中央集权和地方分权的矛盾得到更好处理。反之，政府间财政关系的匹配错位，将会严重影响财政资源再分配的公平，无法实现转移支付制度的财力均衡作用。

第四节 影响义务教育公平的制度因素分析

一 政府层级设置对义务教育公平的影响

我国实行五级政府和五级财政体制，现行的政府间财政关系主要解决了中央政府与省级政府之间的税收分配问题，对省以下各级政府的税收权限及税种划分并没有明确规定，由市、县、乡各级政府按照分税制原则在本级和下级政府之间进行税收划分。现有地方政府层级间的税收分配模式并没有统一的规范和标准，各级政府只不过是被动接受上级政府的税收分享规则，对本级政府的预算收入特别是税收收入基本没有调节能力，导致政府财力层层向上级政府集中，归县、乡两级政府的税种通常是税源分散、征收难度大、征收成本高的小税种，与省、市级政府共享税种的共享比例也是省、市级政府占大头，县、乡级政府所得税收很少，造成的结果就是基层政府自有财力严重不足。加之上级政府对县、乡级政府的转移支付大多难以足额到位，并且上级政府对县、乡级政府的财政补贴大多采用专项转移支付的方式，不但指定用途，而且有的还要求提供配套资金，造成县、乡级政府可支配财力十分有限。

我国是世界上政府层级最多的国家，五级政府运行使不同层级政府间的职能划分高度雷同，结果造成几乎大部分事权由多级政府共担，反映在财政上就是各级财政权责混淆，从中央政府到地方政府、从行政部门到地方官员，都普遍存在争财权推事权、重财权轻事权的现象。财权和事权在各级政府之间集中和分散的过程，经过多层级政府的转移，权力层层上移到中央，责任层层下移到基层，财力分配过于集中在中央政府，支出责任却层层转移到基层政府。权力的两极分化在我国多层级政府体制中表现更为明显，这种情况下，基层政府提供公共服务的积极性很难调动，近几年的教育、医疗、污染等方面的问题，都是政府层级设置问题在各领域的不同反映。

分权的后果使基层政府的可支配财力相当薄弱,而义务教育的供给责任主要在县级为主的基层政府,地方政府的义务教育财政支出主要依赖上级政府的转移支付。经济发展水平较高地区的省级政府自给财力相对充足一些,这些地区省级政府向下级政府转移支付的额度相对也会高一些;而经济发展水平较低地区的省级政府自给财力本身就不充足还要依靠中央政府的转移支付补贴,这些地区省级政府向下级政府转移支付的额度相对也会低一些。不论是经济发展水平较高还是较低,不论是转移支付的额度较高还是较低,从中央政府经省级政府、市级政府到县级政府甚至乡级政府,大量的转移支付资金在五级政府之间层层下移,政府层级越多资金损耗越多、资金效率越低,我国政府多层级问题不仅对义务教育均衡供给产生负面影响,同时也是我国政府公共服务供给和国家治理存在诸多问题的根源。

二 政府间财政关系对义务教育公平的影响

政府间财政关系主要是在制度上规定中央和地方政府的财政收入和财政支出以及转移支付均衡的相应管理职责。从中央和地方财政收支的政府间财政关系维度看,现代的政府间财政关系一般可以分为四个模式,第一种是"收入集权、支出集权"模式,第二种是"收入集权、支出分权"模式,第三种是"收入分权、支出集权"模式,第四种是"收入分权、支出分权"模式。新中国成立后的政府间财政关系经历了从"收入集权、支出集权"的双集权模式过渡到"收入分权、支出分权"的双分权模式，1994年分税制改革后又调整为"收入集权、支出分权"模式，财政关系演变进程中的三次分权过程说明，我国目前集权与分权的模式选择是历史发展的必然。"收入集权、支出分权"模式是市场经济国家财政关系的通用模式，但是不同国家的集权和分权程度各不相同，各级政府间财政关系划分也存在较大差异。

中央与地方事权事责和财权财力的划分，在世界各国都是一个博弈的过程。英国自工业革命开始就一直在尝试分权的合理模式，早在19世纪中叶就意识到高度集中和过度强调地方自治都不可行。美国是从分权改革起家的，其200多年的发展历程却是向中间慢慢移动，这也是各国趋同的历史证明。纵观我国历朝历代的政府管理制度和新中国成立以来的三次分权改革，无不是在集权与分权之间徘徊，积极尝试在两极之间寻找平衡点。从理论角度来看中国式分权的演变逻辑，与财政联邦制国家的分权截然不同，中国式分权强调分权的财政体制和集权的政治体制的紧密联系。可以说，财政分权和政治集权的完美结合形成了具有中国特色的政府间财政关系。我国财政权力的调整主要由国务院和财政部决定，决策权、任命权等在上级政府手里，大量财力调节基于非制度性博弈，既缺乏规范政府间财政关系的法律法规，又缺乏相应的诉讼请求和争议协调机制，"跑部钱进"等成为滋生腐败的温床，加剧了区域之间资源配置的不均衡。因此，寻

第四章 影响义务教育公平的因素分析

找集权与分权的结合点,建立财政关系动态调整机制,就成为处理中央与地方关系的焦点。

世界各国改革的历史经验证明,政府间财政关系不是固定不变的,但也不是能够轻易改变的。政府间财政关系是一个庞大复杂的制度体系,有必要从中区分出核心问题并适时调整。本书认为地方政府间财政关系的核心问题是:界定事权、事责、财权、财力的概念,在明确优先厘清事权的基本原则下,分析其关系、因果、层次并作调整。

我国政府间财政关系的概念演化经历了三次改革变迁,第一次是1994年分税制改革时提出的"财权与事权相匹配",第二次是2007年党的十七大报告中提出的"财力与事权相匹配",第三次是2013年十八届三中全会提出的"事权和支出责任相适应"。1994年我国分税制财政体制改革的灵魂,或者说是分税制财政体制的设计原则,就在于"财权与事权相匹配",然而在财权迟迟未能清晰界定的情况下,2007年中央又做了一个绝对属于颠覆性的调整,将财权的"权"字改为"力"字,"财权与事权相匹配"调整为"财力与事权相匹配",虽然仅是一字之差却相去甚远,财权和财力分别属于"权"和"钱"两个不同的范畴,就像两个不同楼层的人隔空喊话,财力与事权基本不具有可匹配性。[①]在事权也迟迟不能清晰界定的情况下,2013年中央又用支出

[①] 高培勇主编《1994年的财税改革:20年进程评估与未来10年展望》,中国财政经济出版社,2014,第8页。

责任替代财力，"财力与事权相匹配"演化成了"事权和支出责任相适应"，第三次提出的支出责任其实就是事责，只有把支出责任理解为事责，这样的适应关系才能勉强说得通，事权和事责只能相适应不能相匹配，这只是财政关系事权和事责方面的内容，并没有提及财权和财力方面的内容。事权和财权是目标概念，事责和财力是手段概念，财力是指可以支配的钱，事责是指需要支配的钱，从两"权"层面的匹配到两"钱"层面的匹配趋势，可以说是迫于财政体制现实的无奈选择。

1994年财税体制改革以来一直以"分税制财政体制"冠名，原初意义上的分税制财政体制至少包含"分事、分税、分管"三层含义，财权与事权相匹配原则目标明确。所谓分事，就是在明确政府职能边界的前提下，划分各级政府之间的事权范围和财权范围。所谓分税，就是在划分事权和事责的基础上，按照财权与事权相匹配的原则，在中央和地方政府之间划分征收税种，将税种划分为中央税、地方税、中央和地方共享税，以划分中央和地方的财政收入来源。所谓分管，就是在分事和分税的基础上，实行分级财政管理，一级政府一级预算，各级预算相对独立。然而经过20多年的发展演变，分税改革之后再无分事改革，简单说就是税分了事没分，改革不彻底造成管理难题，改革并未实现初始目标，现在虽然还称分税制财政体制，但已同原初意义上的分税制本义更远了。[①]

---

① 高培勇主编《1994年的财税改革：20年进程评估与未来10年展望》，中国财政经济出版社，2014，第7页。

如图 4-7 所示，从中央政府和地方政府的事财平衡关系可以看出，事权与事责、财权与财力是重叠关系，事责与财力、事权与财权是匹配关系。根据现有的事权、财权和财力的研究基础，本研究在此对事责的概念加以明确说明，事责并非简单意义上的支出责任，事责是政府提供公共事务的资金统筹责任，或由本级事权产生的资金统筹责任，或由转移财力带来的资金统筹责任，或由上级政府指派的资金统筹责任。基于事责的概念进一步阐述事权、事责、财权、财力的相互关系。

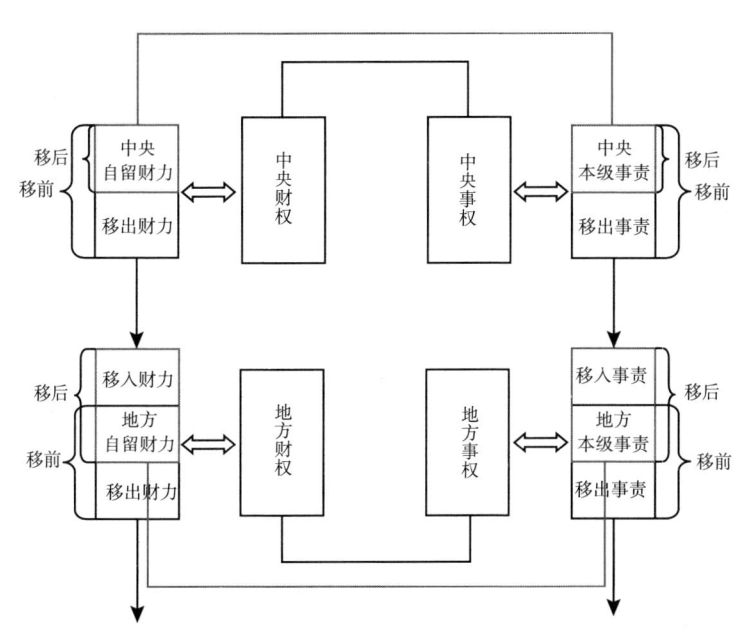

图 4-7 中央政府和地方政府事财平衡关系

首先，事权与事责不重叠或者说重叠度低。事权与事责相比较而言，事权上移事责下移，地方政府不堪重负。由于官员晋升考核的约束，经济增长成为地方政府的最优选择，而关乎民生的公共服务成为地方政府的次优选择。本级政府出于自身利益最大化考虑，都会模仿上级政府将事责转移给下一级政府。就事权与事责的重叠度而言，事权与事责可以说是分裂的，造成事实上的上级请客下级买单，事权与事责的不重叠必然挫伤基层政府的积极性。

其次，财权与财力不重叠或者说重叠度低。所谓财权通常指税收权，包括征收和支配两层含义，即哪些税种由哪级政府来征收并支配征收的税款。对于中央政府而言，财权上移相对集中在中央，中央政府财力相对充足，中央承担的事责却相对较少；同时地方政府自给财力不足，高度依赖中央政府的转移支付，中央政府需要把部分财力转移给承担事责较多的地方政府。对于地方政府而言，通过税收途径获得的收入是自给财力，通过转移支付途径获得的收入是转移财力，自给财力和转移财力可以自由支配，共同构成地方政府的可支配财力，由于地方政府自给财力远远不够，加上转移财力后的可支配财力也不能满足需求，经常出现地方政府财政紧张的困顿局面。

再次，事责与财力不匹配或者说匹配度低，现实中的不匹配多发生在事责与财力之间，中央政府拥有较多的税收权和支配权，超出了所承担的事责对财力的需要。地方政府拥有较少的税收权和支配权，自给财力无法满足所承担的事责，需要通过转移支付补充可支配财力，转移支付用以改善政府之间的财力不均衡状况，使承担事责较多的层级获得与承担事责相称的可支配财力。其间出现中央政府转移支付不够、中间层级截流转移支付、具体事务转嫁基层政府等现象，结果是政府事责未尽、基层政府不满、转移支付效率低下。

最后，事权与财权不匹配或者说匹配度低。由于事权事责和财权财力的重叠度低，巨大的资金缺口需要转移支付来填补，以实现事责和财力的匹配目标，事权与财权的匹配是终极目标，能够实现双匹配只是理想状态。事实上，事权与财权之间无法完全匹配，事权的分配依据是事务的属性，事务的公共性程度影响事权的分配；财权的分配依据是税种的属性，税种的外溢性程度影响税权的分配。事务的属性与税种的属性本质就不同，事权与财权不匹配当然也属于正常现象，只是我们要追求的是匹配度尽量高，这是一个帕累托改进的过程。我国财政关系的问题在于，事权财权相对上移，事责财力相对下移，地方政府承担了过多事责却没有获得对称的财力，我们的制度设计要尽量提高事责与财力的匹配度，帕累托最优状态的事权与财权相匹配无疑是财政关系的终极目标。

（一）事权和事责的归属对义务教育公平的影响

现有的财政关系解释没有区分事权与事责，无论是与财权、财力相匹配，还是与支出责任相匹配，事权都只有一个概念解释出现。所谓事权未必是一家独享、他家不可染指之权，准确地说应是定事之权；所谓事责也未必是一家独担、他家逍遥自在之责，准确地说应是行事之责。然而理论与现实有时相去甚远，应该怎样是一回事，恰当与否或是否可行却是另一回事。某些事务应该由某级政府来承担，但由于种种原因造成现实的扭曲，实际却由另一级政府去承担，或者低层级有责但高层级掌权，这时，事权与事责之间就会出现分裂，就有必要严格区分事权与事责之别。

中央政府，事权事责相对容易界定，事权事责重叠度相对较高。中央政府承担包括国防、外交、宏观经济稳定、区域之间调控等全国性公共服务供给，这在大多数国家已经成为共识，研究文献相关记载颇为丰富。从中央政府现实情况来看，也存在事权事责的分裂。一方面，地方承担了部分本应由中央承担的外溢性较强的事责。根据公共物品的外部性特征，对跨区域外溢性较强的事责应由中央负担。例如，跨流域江湖治理、跨地区污染防治，涉及多个省份、成本外溢明显，应由中央承担更多的责任，实际上却由地方承担较多，地方受财力限制或缺乏积极性，投入不足造成环境恶化。另一方面，中央承担了部分本应由地方承担的信息复杂的事责。地方比中央更具有信息优势，依据联邦财政理论的支出原则，信息越复杂的事责越应交由地方来承担，实际上中央政府却不同程度地介入。由于中央不能全面掌握当地信息，对地方管理事务的介入，增加了行政管理的成本，也造成了事权事责的重叠。

地方政府，事权事责相对不容易界定，事权事责重叠度相对较低。地方政府直接服务于公民，提供地方性公共服务和公共物品，地方性公共服务和公共物品外溢性小，所以在理论上，地方政府的事责非常清楚。如果地方政府应该做什么，可以由本级政府自主决定，不受上级政府指令约束，其事权与事责就是重叠的，否则二者之间就会出现分裂。处在中央和基层之间的中间层级的事权事责，在一定程度上不那么容易界定，上级政府的错位（拥有本不该有的事权），下级政府的缺位（未负本就该负的事责），使中间层级的市县级政府不堪重负。从地方政府支出占总支出比重的数据可以看出，近30年来，发展中国家这一比重维持在13%～14%，OECD国家地方政府支出比重在30%左右，而我国地方政府支出比重一直呈上升趋势，2018年我国地方政府支出比重为85.2%，与世界各国相比几乎是最高的。但从我国教育财政支出的情况来看，我国教育财政支出的90%左右是由地方政府承担，并且70%左右的教育财政支出发生在县级政府，由此可见我国地方政府的事责之重。

中央和地方的事权事责归属不明确，事权事责目标不能有效统一，以致缺位越位情况严重。中央政府从宏观层面，通过调控手段实现国家安全、经济增长及收入再分配职能，地方政府主要承担区域内的公共物品供给和社会公共事务等职责。而现实中，中央和地方的目标和利益取向却难以完全一致。一是中央的政策安排没有充分考虑资源禀赋的区域差异，二是地方急需的支出得不到中央有效的财力支持，三是地方统筹能力过低增加了转移支付的监管成本。从某种意义上说，使政府间财政关系复杂的核心问题，就是政府之间的事权事责模糊不明确。我国中央和地方政府的事权划分仅有原则性的规定，缺乏操作性比较强的细则。在事权归属不清的情况下，事责清晰更无从谈起，对事权和事责的调整随意而且多变。事权乱则责任无从追究，事责混则责任落实不力。事权到位，有助于界定政府间责任归属，降低事责缺位；权责吻合，有利于厘清政府间责任界限，避免推诿扯皮。明确事权事责并使二者尽量重叠，其目标在于建立政府间的责任体系，这无疑是一项复杂庞大的系统工程，这项工程更不可能在短期内完成。在目前事权归属不清的情况下，我们不妨换个角度思考问题，可先从分析事责的分配情况入手，查找目前事责分配的问题所在，倒推寻找事权分配的问题出路。

（二）财权和财力的分配对义务教育公平的影响

1994年的财税体制改革确定了中央税、地方税、中央地方共享税，设置了国家税务局和地方税务局两套征管机构。1994年改革前已经发展为32个税种的复杂税制体系，1994年改革后建立了以增值税、营业税、消费税、企业所得税、个人所得税五大税种为主体共18个税种的税制体系。1994年改革前我国财政收入占GDP比重迅速下降，中央财政收入占整个财政收入比重迅速下降,两个比重迅速下降背景下启动的 1994 年改革,目的在于提高两个比重特别是中央政府的财政能力,1994 年改革将主要注意力放在了中央税和中央地方共享税的建设上,此后的调整非但没有适时实现向地方税建设的转移,反而仍在加强中央税和中央地方共享税建设上反复操作。

  随后的改革做了一些调整,一方面,2002 年以所得税分享改革为契机进一步增加了中央地方共享税占全部税收的比重,另一方面,2012 年开始的营业税改征增值税改革,将本属于地方税、甚至属于地方唯一主体税种的营业税,纳入了中央地方共享税增值税的框架中。同时,调整了证券交易印花税的中央与地方分享比例,分税制建立之初央地按 5∶5 分享,1997 年调整为 8∶2 分享,后又调整为 8.8∶1.2 分享,2000 年再度调整为 9.7∶0.3 分享;调整了所得税中央与地方分享比例,2002 年央地按 5∶5 分享,2003 年调整为 6∶4 分享;调整了出口退税中央与地方负担比例,2003 年央地按 7.5∶2.5 分担,2005 年调整为 9.25∶0.75 分担。尽管如此调整有其必要性,但无论如何都不可回避的结果是,税收收入进一步向中央集中,地方税体系被进一步弱化,地方税收比重进一步下降。可以说,省以下政府没有真正实施分税制,地方缺乏具有稳定收入来源的主体税种,严重依赖转移支付、土地出让等收入来源,基层财政困难势必影响义务教育供给。

（三）事责与财力的匹配对义务教育公平的影响

事权与事责重叠度低，财权与财力重叠度低，造成权责重心不对称，政府间财政关系匹配错位。事权和财权都上移，权力相对集中在中央，权力重心偏上；事责和财力都下移，责任相对集中在地方，责任重心偏下。如果能这样，也能处于相对平衡状态，但现实情况是，事责下移了而且下移得很彻底，然而财力虽说是下移了，但是下移得不充足而且下移得不彻底，地方政府尤其是县级政府事责过重而财力薄弱，转移支付制度的效力和效果又达不到设计之初的预期。权力的重心和责任的重心不在一个水平线上，权力和责任的重心没能找到一个相对平衡点，势必会带来权责归属不明确的现实问题。

现有的政府间财政关系造成的结果是，地方政府事权事责总体过大、财权财力相对不足，结果必然是地方政府负担过重、地方义务教育无法获得充足的财力保障，最终形成地方政府严重依赖转移支付的被动局面。随着地方政府承担的事务不断增多，地方政府必须增加财政支出，地方财政支出比重逐步升高，但是，地方政府自给财力远远不能满足需求，中央政府通过转移支付弥补地方政府财力缺口。虽然分税制改革明确划分了中央与省级政府之间的税收关系，但是省级以下政府的税收权限及税种并没有明确划分，现有的税收划分导致财力层层集中，越到基层政府财力越薄弱。同时，地方税收体系一直未能得以完善，基层政府通常是税源分散不稳定、征收难度大、征收成本高的小税种，省级政府占共享税种的共享比例也较大，基层政府税收收入十分有限，因此更加依赖上级政府的转移支付。加之上级政府对基层政府的转移支付大部分难以足额及时到位，造成基层政府实际可支配财力十分匮乏。地方政府深陷高度依赖转移支付的被动局面，是地方政府未能形成稳定的自给财力的必然结果，地方政府对上级政府转移支付的高度依赖，也不利于调动地方政府义务教育供给的积极性。

与之相对应的情况是，中央政府事权事责总体偏小、财权财力过度集中，结果必然是中央政府财力盈余，最终形成中央政府疲于向地方政府进行转移支付的局面。1994年分税制改革前的中央政府财政收支严重失衡，分税制改革使中央政府的财政收入远高于财政支出。分税制改革与之前任何一次财政体制改革一样，改革实质都是重新调整、再次分配政府之间的权力、资源、利益。分税制改革只是重新分配了政府之间的财政收入，在向中央政府集中财力的同时，并没能改变中央和地方的事权划分格局，更没能从根本上调整政府层级之间的支出责任，改革的结果只是对财政收入进行了重新分配，提高了中央政府的财政收入，降低了地方政府的财政收入，同时，中央政府的支出责任相对减少，地方政府的支出责任相对增加。收入与支出的巨大差距带来的是巨额资金的转移支付，中央政府从财政资金的高度集中，再到财政资金的转移支付，不但耗费了大量的精力，还造成财政资金的损耗，中央政府疲于对地方政府的转移支付，难免忽略中央本级的公共服务供给，造成中央政府公共服务职能的缺位。

（四）事权与财权的匹配对义务教育公平的影响

随着财税体制改革的逐步深入和实践经验的逐渐增加，人们越来越清楚地认识到厘清事权不是件容易的事。1994年财税体制改革的实施，财权的分配基本有了一个大的框架，而事权分配的改革却迟迟没有启动。没有明确界定事权，就很难做到财力与事责的匹配，更难做到财权与事权的匹配，事权的界定是厘清财政关系的前提条件。要厘清各级政府的事权，的确不是件容易的事，即使厘清了，现实中能否实施，还是另外一回事。那些同时归属于中央和地方的事权，要分清中央和地方的责任确实不易。中央和地方共同的事权不易区分还能理解，更严重的现实情况是，地方承担了部分明确归属于中央的事权，中央也承担了部分明确归属于地方的事权，而有些事务中央和地方互相推诿，造成政府公共服务职能的缺失。这种各级政府事权的相互交叉，不利于政府间财政关系的规范，只会导致财力与事责的匹配流于形式，财权与事权的匹配难以实现。厘清事权可能需要很长的时间，但权责匹配的实现无法长期等待。

厘清事权不仅涉及政府财政方面的问题，也涉及政府职能转变和职能定位的问题，政府职能转变的滞后更增加了解决问题的难度。事权划分首先需要明确政府职能定位，政府职能转变滞后增加了事权划分的难度。政府职能转变是一个老生常谈的问题，政府机构改革也是高难度的改革，转变政府职能是机构改革的核心，历史上多次政府机构改革，都是自发的自我变革，这要求改革者具有巨大的勇气和高超的智慧。但是，如果政府职能不转变，改革就是换汤不换药，只有从根本上转变政府职能，遵循市场经济运行规律，政府机构改革才可能取得真正成功。党的十九大提出要加快政府职能转变，形成责权明确、依法行政的政府治理体系，处理好政府和市场之间的关系。转变职能就是优化公共服务供给，由正处于转型期的社会现实所决定，市场在资源配置中起决定性作用，同时也要更好地发挥政府作用，规范政府与市场的关系仍需假以时日，政府与社会的关系也是一个尚待解决的问题，政府职能滞后直接导致层级政府之间事权划分的困难。

综上所述，政府间财政关系的匹配错位不但表现在概念混淆、关系不清的直观感受上，也体现在事权和事责归属不明确、财权和财力分配不合理的单向关系上，更体现在事责与财力匹配任重道远、事权与财权匹配难以实现的双向关系上。政府间财政关系匹配错位反映的是政府体制的问题，政府职能不清、政府层级过多等直接或间接影响政府间财政关系，财政体制问题和政府体制问题是公共服务供给问题的根源。

三　法律制度建设对义务教育公平的影响

实现义务教育公平需要法律制度作为保障，法律制度建设体现了国家的治理能力。现代化国家治理体系是一个职能边界清晰的政府治理体系，是一个严格遵循依法治国原则的法制治理体系，是一个能够实现公民参与和社会自治的民主治理体系。国家治理能力的良性互动需要法律监督问责的保障，凸显了权力约束制度化的重要性，必须建立有效的法律监督制度，使权力的运行有规矩不越界，如果越规越界行使权力，就应该受到法律追究。我国当前的问题是，对于法律制度建设仍然重视不够，尽管已经有了一些法律监督规则，由于这些规则缺乏可操作性而缺少权威，就与其他法律规则一样被视为可有可无而受到忽视。从全面推进依法治国的目标看，法律监督是非常重要的一环，是公权力运行的有力保障。没有监督问责的约束，有责不究有法不依，法律就会成为一纸空文，缺乏法律保障的任何改革都无从谈起。

我国宪法很早就明确赋予了公民平等的受教育权利，由于缺乏行之有效的政策措施和制度保障，实现义务教育公平的目标还未得到严格落实。1986年出台的《义务教育法》及1995年颁布的《教育法》不断将保障教育公平权进行细化，2006年新修订的《义务教育法》中规定，"国务院和县级以上地方人民政府应当合理配置教育资源，促进义务教育均衡发展"，将促进义务教育均衡发展明确为各级政府的法定义务。我国的义务教育立法速度远远落后于公民对教育公平的需求，义务教育的立法质量、执行效力、操作效度等方面存在许多不足，有法不依和有法难依的情况时有发生。近年来，我国相继出台了一系列的政策措施来保障义务教育经费投入充足，但是这些政策并未以法律形式固定下来，在激励机制的正面引导缺失时，对于义务教育公平的监督问责，缺乏刚性的制度约束效果甚微。

我国对义务教育立法层面的重视远远不够，难以用法律的强制性保障义务教育的经费投入，现实的义务教育资金监管存在诸多问题，这也是义务教育不公平的重要因素。一方面，义务教育法律体系尚未形成。我国1986年颁布实施的《义务教育法》，是处于义务教育探索阶段制定的法律，必然在许多方面还不够科学和完善，虽然2006年新修订的《义务教育法》进行了一系列调整，但是义务教育仍未形成相关法律法规的完整体系。目前我国的义务教育经费支出更多依赖规范性文件的指导，如公用经费管理办法、专项资金支付管理办法、校舍维修基金管理办法等，这些大量的政策只是原则性、纲领性的文件，并没有细化到具体的操作环节，只是起到了补充法律保障不足的作用，难以形成普遍认同的行为规范和行为准则。另一方面，义务教育经费管理缺乏有效监督。义务教育专项经费大部分是临时性的项目拨款，由于涉及的管理部门较多、项目较为复杂，拨款过程管理又缺乏规范化、法制化，义务教育经费的拨付和使用缺乏有效监督。在义务教育经费的使用上，很多地区并没有严格执行预算制度，义务教育经费有时很难拨付到位，义务教育经费使用具有一定的随意性，挪用、截留义务教育经费现象时有发生，缺乏有效监督的义务教育经费管理，使义务教育公平目标难以实现。

第五节 影响义务教育公平的人口因素分析

除了分析影响义务教育财政支出的相关因素外，还有一个重要的因素不得不加以说明，简单地说，以上分析的财政支出因素、财政收入因素、制度因素都只是对生均经费支出指标分子的影响，在此分析的人口因素是对生均经费支出指标分母的影响。城镇化人口流动带来了制度设计的偏差，制度设计的静态思维与人口流动的动态现实产生冲突，人口流动带来的义务教育适龄人口地区分布变化直接影响生均经费支出的区域差异。现行的政府间财政关系没有充分考虑到人口流动，新型城镇化建设使社会自由流动基本实现，但是现行的政府间财政关系基本是以静态思维来设计的，没有充分考虑区域之间人口流动、年龄分布的变化，忽视了公共服务供给的区域动态调整，政府间的收入、支出的划分以及转移支付制度的设计都是基于人口不流动的假设，因此公共服务供给不能随人口流动。新型城镇化是人的城镇化，是人口在城乡、区域之间的空间重组，必然出现城乡、区域之间利益的不平衡，给地方政府的公共服务供给带来了新难题，如流入地超负荷人口的公共服务供给，义务教育、医疗卫生等问题尤为突出，公共服务供给不能跟着人走，公共服务供给缺乏动态协调机制，导致大量公共资源配置存在偏差，政府间财政关系不调整就很难从根本上解决问题。因此需要国家在制度设计层面上统筹调节，新型城镇化建设所带来的人口流动，要求构建新的财政关系调整义务教育资源配置。

人口流动会引发公共服务供给的财政外部性，财政外部性增加了制度设计的难度。公共服务供给的财政外部性分为溢出和溢入两个方面，溢出效应是指某一地方政府供给的某些公共服务会随着人口流动而外溢，损害了该地方政府利益而另一地方政府受益；溢入效应就是某一地方政府因为人口流入而受益于另一地方政府提供的公共服务却不用支付成本。因此，在外部性较强的经济体中，公共服务供给财政收益与财政成本的不对称，可能会扭曲地方政府公共服务的供给激励。对于人口流出地而言，当流出地的地方政府意识到其边际成本大于边际收益时，就会减少公共服务供给；对于人口流入地而言，当流入地的地方政府享受了外部收益却无须承担相应成本时，可能导致流入地的地方政府过度消费财政资源，从而更加弱化流入地的供给激励作用。虽然流入地的地方政府享受到人口流入带来的外部收益，但人口流动的持续性和不确定性使流入地的公共服务供给也会出现溢出效应。当人口流入过度集中使流入地的人口规模超过其最优人口规模时，地方政府提供公共服务供给的拥挤成本将会快速上升，此时流入地的公共服务供给效率会受到负面影响。可见，人口流动背景下公共服务供给的财政外部性也为实现义务教育公平增加了难度。

第五章 国外义务教育公平的实践与经验总结

第一节 发达国家义务教育公平的实践经验

一 英国义务教育公平的实践经验

（一）英国义务教育发展历程

英国的教育社会学家惠迪指出："教育制度具有特殊的结构，体现着扎根于他们所处的时代和地方的特殊理念。"英国是最早实行义务教育的国家之一，英国关于教育公平的改革经历了教育起点公平到教育结果公平，最后追求教育过程公平。教育改革初期，英国的教育只是贵族阶级的特权，教育机会很大程度上取决于学生家庭的地位，国家重视教育起点公平并作出了相关努力。英国早在 1918 年就颁布了《费舍法案》，这是真正开始普及义务教育的标志，随后出台了 1944 年《教育法》、1959 年《关于儿童与他们的小学报告》、1973年《教育法》、1977年教育和科学部绿皮书《学校——一份协商的文件》、2011年《打开门,打破壁垒:社会阶层流动的策略》等政策,致力于消除教育机会不平等的现象,实现"人人接受中等教育"的目标。1981年《学校课程》、1985年《把学校办得更好》、1987年《国家课程(5~16岁)——一份协商的文件》、1988年《教育改革法》、1992年《选择与多样化——学校的新框架》、1997年《追求卓越的学校教育》等政策相继颁布,英国这一阶段的教育改革方向是教育结果公平,强调每个学生的课程计划都应该是高质量的,鼓励学校自主发展创新、追求卓越,同时,也为家长提供自由选择学校的权利。教育起点公平和教育结果公平都强调了公平对待每一个学生,但是忽略了教育过程中学生的个体化差异,教育过程公平则可以有效满足学生的个体化发展需要。2002年《教育法》、2004年《为儿童和学习者的五年战略》、2009年《你的孩子,你的学校,我们的未来:建设一个21世纪的学校制度》、2011年《科学的重要性:学校白皮书》等政策相继出台,为学生的个性化发展、优秀教师队伍建设以及学校发展等提供政策保障,推动教育公平目标的实现。

教育改革离不开教育财政政策的支持。英国的教育财政政策主要分为两类:一是受政府资助学校的财政政策,二是独立学校的财政政策。受政府资助学校的财政政策是指,学校教育经费主要是由中央政府直接或间接提供,主要途径是从中央分配给地方政府，再由地方政府具体分配给学校。独立学校的财政政策是指，学校教育经费主要来自学费、赠款和长期慈善捐款。英国的独立学校分为公立学校和私立学校，从2006年开始，独立学校可以向政府提交申请，成为公立学校的一部分，仍然需要教育部的监督。英国的儿童和青少年可以免费接受义务教育，提供免费义务教育的学校包括特许学校、社区学校、托管学校等，英国免费义务教育经费的构成主要有学校专门拨款、学校标准分配、学校资本支出拨款、学校发展拨款、中小学贫困生补贴、部分学校的直接拨款等。英国义务教育财政支出起步较早，已经建立了相对成熟的投资管理机制，其改革措施和实践经验对我国具有重要的参考价值。

（二）英国义务教育公平改革措施

加强中央政府的教育管理。英国的教育职能部门主要有三个——教育部、国家指导办公室和地方教育局。教育部负责全国范围的宏观调控，为实现教育公平设置最低门槛，通过制定政策法规等手段引导国民教育，支持各种教育和学术研究，制定教师认证规则，负责教师培训和分配，调解教育领域的各种纠纷。1992年成立的英国国家指导办公室属于非政府部门，由议会直接管理，以保护儿童和青少年教育为目的，根据各个年龄段开展不同的教育和技术服务，其中包括对义务教育的监督和指导，并将监督结果在互联网上向社会公布，该结果是衡量学校教学质量的重要指标，也是家庭和学生择校的重要指标。地方教育局通过教育服务提供指导，以确保地方义务教育能够顺利实施，地方教育局也设有督学，负责辖区学校的视察及辅导，大多数公立学校由地方教育局管理和监督，有效平衡了各地区义务教育的发展，使不同地区教育发展的差异不太明显，从而保证了义务教育的公平。

英国义务教育经费的主要来源是政府财政。英国财政体制，特别是中央财政主导的教育投资体制，具有两大特色，一是确保教育资源的稳定性和充分性，二是提高教育投资的均衡性。英国的义务教育经费由两部分组成，其一是中央划拨给地方政府的教育经费，其二是地方政府自己要承担的教育经费，总的趋势是地方政府的自主权在逐渐缩小。英国还规定，划拨给学校的专项经费一定要作为教育用途，不能挪作他用，这项规定加强了教育投入的目的性，使教育经费尽可能物尽其用，专用于学校教育。英国的经济发展也存在不平衡，经济发展较快的地方教育投资力度也较大，经济发展较慢的地方教育投入相对较少。中央财政对欠发达地区的教育投入起到了重要作用，投入占到了义务教育经费的75%以上。英国采用以中央政府为主的教育投资方式，使经济发展不平衡带来的教育投入差异大大减小。

鼓励学校自主发展创新，准许家长自由选择学校。1988年《教育改革法》颁布实施，采用了公开招生的办法，大大增加了父母为子女择校的机会。20世纪90年代，这种择校机会进一步增加，充分体现在1991年的《家长宪章》中。

1992年英国政府发布《教育白皮书》，其中重要的主题之一就是"家长的选择"，其内容显示对扩大家长选择学校的权利高度重视。20世纪90年代以后，英国义务教育的教育形式多样化，充分站在家长为孩子择校角度考虑，为家长的多样化选择提供了机会和条件。

（三）英国义务教育公平实践经验

从中国的实际情况来看，中国的人口规模和城市分布比英国要复杂得多，但英国义务教育的均衡发展理念值得我们学习和借鉴。在择校制度方面，从分布在不同学校的学生情况来看，中产阶级家庭出来的孩子不仅可以在质量较好的独立学校就读，还可以占领优质的公立学校资源，这种不平衡状况愈演愈烈，这和国家实施义务教育公平追求的初衷大相径庭，反映了英国义务教育不公平的地方，对我国来说既是经验也是教训。在课程设置方面，我国也设置了各种各样的课程来满足社会和学生的需求，尽管学生选择的机会有所增加，但是范围还是比较有限，没有像英国学校那样自由度高，也导致很多学生的潜能没有发挥出来。我国在大力推进义务教育公平的道路上，要多多学习借鉴英国的义务教育经验，根据当地的具体条件因地制宜进行实践。

二 美国义务教育公平的实践经验

（一）美国义务教育发展历程

美国的义务教育一直处于领先地位，教育水平有着独特的竞争优势，美国的义务教育改革概括来说，大致经历了教育机会人人平等、教育资源合理分配和义务教育公平发展三个历史阶段。不同发展阶段重视的问题不同，从创造教育起点公平的教育机会，到努力使教育过程中的教育资源合理分配，再到对教育结果的公平进行标准化评估问责，三个发展阶段为美国义务教育公平奠定了基础。

健全义务教育相关法律法规。美国的义务教育法律制度比较完善，经常可以看到运用立法程序将有关教育的政策和措施等以法律文书形式固定下来的案例，美国的义务教育公平集中体现在这些法律制度上。美国历届政府都为促进教育公平制定相应的发展规划和政策措施，艾森豪威尔总统提出了学校和国防教育计划，肯尼迪总统提出了"新边疆"计划，还有里根总统的"新联邦主义"以及奥巴马总统的"力争上游"，同时，美国政府在立法、行政和司法三权分立的情况下，通过权力相互制衡为监督和制约教育改革发展提供法律和制度保障。作为国家教育改革的主要执行机构，美国联邦政府总是试图消除多党的政治观点，平衡各阶级的利益，要求对于稀缺资源的分配要民主和科学，通过法律和行政手段来保证政策的顺利实施。而且还提出了义务教育的改革方向，明确了教育责任的合理分配，从经费投入监督等方面提供了全面的保障，虽然具体内容和具体措施有所不同，但是内在价值和本质目标是一致的，即消除地区或群体之间的教育差距，实现优质教育资源的公平分配。

促进义务教育公平合理发展。1964年约翰逊总统提出"向贫困作战"的口号，1965年颁布《初等和中等教育法案》，向经济条件不好家庭的孩子及经济落后学区提供补贴与补偿等，以促进美国义务教育公平合理发展，1983年提出《国家处在危险中：教育改革势在必行》，1985年出台《普及科学——美国2061计划》，1991年老布什总统签署《美国2000年教育战略》，1994年克林顿总统签署《美国教育改革法》，2002年布什总统推出《不让一个孩子掉队法案》，主题始终都放在义务教育公平战略上。《不让一个孩子掉队法案》中标准化问责政策的实施，是美国义务教育改革进入高质量教育公平发展阶段的标志，自此美国义务教育迈进了一个新的发展阶段。2015年奥巴马总统签署《每一个学生成功法案》，更加明确了教育改革的目标，教育标准比以往有所提高，教育问责和评价更加优化，教育资源配置更加合理，促进义务教育更加公平。美国教育改革文件的各项改革措施卓有成效，教育财政转移支付政策不断完善，特许学校和教育券相组合的择校制度、奖惩公开透明的教育问责制度以及弱势群体补贴政策，这都助力义务教育进入良性均衡发展轨道。美国义务教育走过了追求机会平等、提高教育质量的时期，已经进入了追求优质教育平等的时期，为了能够在平等的基础上兼顾效率，美国启动了以市场竞争和公众参与为导向的政策性教育改革运动，通过市场竞争机制实现教育质量和效率的提升，政府、学校和学生三者之间形成了一种教育均衡关系，即政府负责保障充足的教育经费、学校接受标准化学业监督问责、家长和学生进行市场化择校，由此建立和完善了财政分配制度、问责制度和择校制度（见图 5-1）。

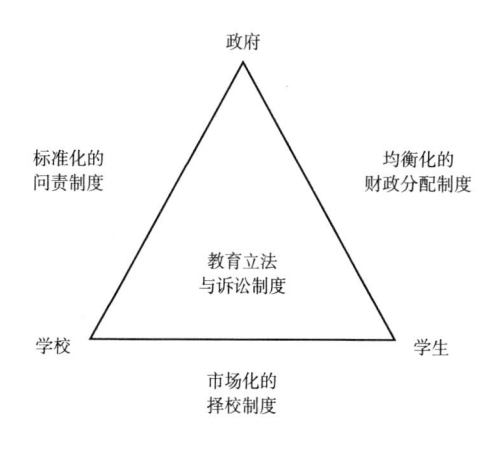

```
              政府
              /\
             /  \
   标准化的  /    \  均衡化的
   问责制度 /      \ 财政分配制度
          /        \
         /  教育立法  \
        /  与诉讼制度  \
       /_____\
     学校    市场化的    学生
            择校制度
```

图 5-1 教育均衡关系

（二）美国义务教育公平改革举措

合理的财政转移支付制度。教育经费的长效投入及合理分配为教育均衡发展提供强有力的保障，教育经费的来源、投入和使用受到政府财政教育支出的影响，这三个方面主要涉及公平、效率和充分原则。美国联邦、州和地方政府都始终坚持"法律至上"的原则，以"立法"和"法律诉讼"的形式严格规范教育经费的分配与管理。美国的义务教育经费主要来源于联邦、州和地方政府三级政府的拨款，联邦政府在公平原则的基础上负责对贫穷地区、特殊群体等进行补贴，州和地方政府以当地公民的个人所得税、消费税、财产税等税收收入承担义务教育的主要经费。由于州和地方政府的教育财政过度依赖当地税收收入，需要通过不断完善地方税收政策、修订教育财政补助公式等方式调控和保障学区间教育经费平衡。联邦政府提供小额度的义务教育拨款，鼓励引导州和地方政府积极承担大部分的教育费用，联邦政府更重要的责任是协调各州教育经费投入差距，联邦和州政府通过转移支付制度向地方政府划拨教育经费，保障了地方政府为社区和学校提供最基本公共服务的效率，同时督促地方政府制定促进教育公平的政策措施，建立弱势群体教育经费补贴和资源补偿制度，确保所有学区的教育都能达到国家统一标准，保障每一位学生都能享受到高质量的教育。

充分发挥择校制度的工具价值与市场作用。在教育水平、教育质量和教育效率都极度低迷的背景下，美国于20世纪60年代开始了择校运动，20世纪80年代后进入繁荣发展期，同时也是美国历史上第三次教育改革高潮，随后美国社会开始盛行以市场为导向的价值取向。其基本逻辑是将义务教育视为市场上的商品，以自由、公平、公开的竞争机制为基本原则，减少政府对学校干预导致的官僚主义与低效能，择校制度的核心在于让政府充分发挥宏观调控作用，学校参与教育市场竞争并给学生和家长充分的自由选择权利。美国教育市场化改革通过赋予教育消费者自由选择权，鼓励公立和私立等各类学校之间通过市场选择进行教育竞争，从而提升学校的办学效率和服务质量。择校制度被普遍认为是引入市场调节机制对教育进行改革最有力的制度，同时也是帮助教育质量得到提升的最高效途径，从而实现国家和个人的共同发展。

完善的教育督导与问责制度。问责制度是"根据州政府或学区的学术标准，使用考试和评价方法来描述或判断相关的对象（学校、老师和学生等），并将这类判断的最终结果和对象的教育情况进行公开处理。"① 2002年美国政府制定了《不让一个孩子掉队法案》，由此问责制度被作为教育改革的新举措，该法案设定了两个重要的教育政策目标，一是2014年每个学生的课程成绩都要达到每个州订立的学术水平标准，使学生与学生之间的学业成绩差距缩小；二是高度重视在学习条件、学习成就和外语掌握等方面处于不利地位的学生。美国的教育问责制度对教育资源的投资效益和学生的成就两方面进行奖惩，问责是对学生长期的综合评价，评价过程注重延续性和公开性，评价结果得到及时准确的公开，促使各州制定完善的学业水平标准，并且每年都会对学校和学区是否达标进行监督和追责，保障教育公平与教育质量的整体发展。

（三）美国义务教育公平实践经验

从美国义务教育实践经验来看，值得我国借鉴的有以下几点。一是择校制度，择校制度是针对不同人群的多样化设

---

① The U. S. Department of Education, "Public School Choice and Accountability in Public Education", http：//www. ed. gov/updates/PresEDPlan/art. html.

计，合理地满足不同阶层的教育需求，择校制度较好关注到教育公平、种族融合、教育质量等多方面的需求和影响，对于家长和学生来说，都能给予充分的选择自由，可以充分发挥学生的潜能。在我国，大部分地区在选择学校方面都有很多限制因素，很多地区都是根据地域划分好固定的学校，如果跨区上学就会存在一定的择校费用，这对于很多家庭来说都是沉重的负担，某种程度上会影响学生的发展。二是问责制度，美国在义务教育中推行的标准化学业问责制度，在具体实施过程中划分为标准的考试系统，包括形成性评价和终结性评价体系，全面开放的报告制度和责任分担的奖惩措施，对于教育过程中出现的问题，有明确的文件来确定责任主体，使各主体都积极行动起来，共同推进义务教育的发展。美国历届总统都认为教育是国家之重，并始终坚定落实教育公平理念，美国教育公平的思想观念和政策实施值得借鉴。

三　日本义务教育公平的实践经验

（一）日本义务教育发展历程

1868年日本开始明治维新，把普及教育作为首要任务，认为教育是立国之本。1872年日本近代史上第一部教育法规《学制》颁布实施，《学制》是一个庞大的国民教育计划和教育改革试验，《学制》的颁布意味着日本义务教育立法的开始。1879年废除《学制》颁布《教育令》，《教育令》是日本第二次国民教育制度改革的尝试，其特点是中央政府把教育管理权下放给地方,《教育令》颁布后的第二年就作了修改,中央政府再次加强了对公共教育的控制。日本自1886年开始实行初等义务教育,到1920年适龄儿童入学率达到99.03%,完成初等义务教育用了35年时间。教育决定了国家的未来,日本高度重视教育发展,在经济十分困难的情况下,日本政府和人民节衣缩食投资教育,不但普及了小学初中九年义务教育,也基本普及了高中教育,90%的初中生完成了高中教育,为国家经济发展储备人力资本。

日本经济发展起来以后,采取了很多措施来解决教育存在的问题,并进行了很多有益的革新和探索,主要依靠"教育立法"和"高效行政"手段,两者的有机结合保障了日本义务教育平衡发展,同时也保证了义务教育学校的行政执行力。日本义务教育的发展可以分为三个阶段——教育普及、形式均衡发展和实质均衡发展,这与世界各国义务教育发展的历程基本一致,也存在和我国义务教育发展相似的问题,但是毕竟国家政策、国家制度有所不同,在具体实施方面也有所差别,所以从实际问题来看,各自国家的问题还具有特殊性。日本对义务教育的重视程度,对义务教育进行的改革和探索,其实践经验值得我们学习和借鉴。

(二)日本义务教育公平改革措施

制定法律法规保证义务教育经费的均衡。日本明治维新以前,政府设立了专项"教育基金"供给义务教育支出。1899年颁布了《教育基金特别会计法》和《教育基金法》,

明确义务教育经费由市政府和国库支付。1900年制定了《市町村立小学教育费国库补助法》，规定国家负责拨付义务教育相关款项，自此日本开始推行免费的义务教育，但市町村的教育资金也随着免费义务教育的推行出现严重匮乏的现象。1918年颁布《市町村义务教育经费国库负担法》，规定市町村小学教师的薪资由国库承担，通过这个举措来降低地方政府的财政压力。1952年颁布的《义务教育经费国库负担法》明确规定，国库承担一半的义务教育学校教学人员薪酬和教学材料费用。1958年又颁布《义务教育诸学校设施费国库负担法》，建立了地方政府的交付税制度，义务教育经费通过交付税制度的平衡得到保障，由此日本建立了比较完整的义务教育财政体系，现代日本义务教育经费主要是国家资助、捐赠和转移支付给地方政府的地方教育经费补助。但是20世纪80年代尤其是90年代以来，学校教育被当作私有财产的趋势愈演愈烈。1995年《地方分权推进法》的颁布标志着财政政策的重新确立，日本长期以来的集权公共行政模式被改变，开始探索国家和地方公共职能分担模式，推进地方分权改革。随着日本的权力下放，日本改变了国家主导的集权制财政体制，并对现行的国家和地方财政制度进行了相应调整，对地方政府实行国家补贴的制度被取消，革新地方补助税制度和税源转移方法。

采取多项措施实现义务教育区域之间的均衡发展。日本政府考虑到偏远地区的经济落后，教育水平也会相对比较落后，为了保障所有地区的教育水平齐头并进，日本制定政策扶持偏远地区的义务教育，通过立法使各级政府责任更加明确，1954年颁布实施《偏僻地区教育振兴法》，并制定《偏僻地区教育振兴法实施令》《偏僻地区教育振兴法实施细则》，确保法律在实施过程中的可操作性，保障穷苦落后地区的义务教育均衡发展。日本《教育基本法》规定教育机会均等，应该一视同仁，不应该因为种族信仰等受到区别对待，实行同和教育使种族之间的义务教育平衡发展。1961年和1963年分别成立了同和政策审议会、同和教育中心，20世纪70年代制定了《同和政策事业特别措施法》，90年代制定了《地区改善对策特别措施法》《地区改善对策特定事业国家财政特别措施相关法律》，21世纪初组织建立了财团法人同和教育振兴会。日本在普及义务教育的同时，大力发展师范教育，重视师资队伍的培养，从1872年颁布《学制令》以来，就开始在府和县设立师范学校，到1878年师范学校已经发展到100所，平均每个县两所以上，师范学校一律公办，师范生享受公费待遇和免除兵役等，《学制令》的颁布为日本义务教育的发展储备了充足的师资力量。日本的公立大学和私立大学都可设立教师培训机构，因此日本九年制义务教育学校的绝大部分教师是大学毕业出身，不但人数多而且教学素养高。日本教师并非固定在一所学校，需要定期进行循环流动，主要在市町村之间或跨县级行政区域之间流动，教师的定期循环流动平衡了学校之间的教学质量。日本实施

"偏远地区优先的人事行政制度"，呼吁要以平等尊重的态度对待偏远地区，制定相对优厚的补助政策，优化偏远地区学校的教师待遇，鼓励优秀教师到偏远地区任教，带动那里的教育水平，使学生接受良好教育，为国家培养优秀人才。这些都是日本为实现义务教育公平所做的种种努力，值得我国学习借鉴。

（三）日本义务教育公平实践经验

日本的义务教育发展程度较高，目前快要普及高中义务教育，而我国现在距离高中义务教育普及还有一段路要走。教育决定了国家的未来，日本高度重视教育发展，重视高质量人才的培养，并投入了大量人力物力，为国家经济发展储备了充足的人力资本，日本能够步入世界经济强国与教育改革密切相关，其教育经验值得学习和借鉴。一方面，日本注重教师的流动性，尤其是义务教育阶段的教师流动比例更大，通过教师流动协调学校之间的教学质量，以实现教育资源的校际平衡。对于到偏远地区工作的教师，制定相对优厚的补助政策，条件极其恶劣的地区和未婚的单身教师还有额外的福利，鼓励优秀教师到偏远地区任教，带动偏远地区的义务教育水平，使每个学生都可以享受到高质量教育。另一方面，日本重视教师的个人技能提升，提供各种机会让教师参加教学研讨会和职业培训，以此提升教师队伍的整体教学水平和综合素养，只有高素质的教师队伍才能把教育公平落到实处，我国虽然在教师的招聘门槛方面要求严格，但是对于落后地区教师的水平提升以及教师的技能培训方面还有待加强。日本为提高落后地区教育水平和教师队伍建设所做的种种鼓励举措，非常值得我国学习借鉴。

四 新加坡义务教育公平的实践经验

（一）新加坡义务教育发展历程

新加坡一直倡导教育制度的发展必须符合社会、政治和经济需要的原则，其经济高速增长、人均收入较高、治安环境良好等都得益于新加坡的人才培养和人才引进战略。新加坡的基础教育在普及度以及教育质量上都取得了巨大成就，研究新加坡义务教育公平实践对于完善我国政策具有很大借鉴意义。新加坡教育制度的演变大致可分为四个阶段：1959～1978年"以生存为主导"推动改革阶段、1979～1996年"以效益为主导"推动改革阶段、1997～2004"以能力为主导"推动改革阶段、2004年至今的少教多学阶段。

生存导向阶段。1956年《各党派华文教育报告书》中提出了新的教育制度，主张传播民族语言和文化。自1959年新加坡实现自治以来，通过推出统一课程和出版本土教科书树立国家认同感和关注社会凝聚力，实现义务教育学校之间的一致性。1965年新加坡成为一个独立主权国家，1966年实行双语教育，补充完善了教育制度。随着理工学院的大专、技术教育和职业教育的发展，新加坡对技术教育的重视程度不断提高，技术教育的目的是把学生培养成为拥有多项技能的社会需要的人才，也就是同时具备技术能力和语言能力的劳动人才。为了塑造社会凝聚力和社会认同感，为早期独立的新加坡和工业化提供训练有素的员工，这个阶段的义务教育重点是公益教育、双语教育和普及教育。

效益导向阶段。这个时期主要是减少教育资源浪费，提高教育体系效益，制定教育分流政策。根据学生的学习潜质和能力水平，让学生学习不同的课程，对不同的人才实行因材施教，按不同类型进行定向培养，达到人尽其才、物尽其用的目的。大体进行四次分流，分为五个层次，即小学四年级分流、小学六年级分流、中学毕业分流和 A 级考试分流。分流制度既为每个学生提供了与其能力相适应的教育，又最大限度地减少了教育资源的浪费，取得了显著的社会效益。但同时也有非议，2008 年之后取消了小学分流，原因是较早增加了学业竞争。新加坡的职业教育在此时得到了较好发展，同届学生中超过 40% 通过理工学院接受高等职业教育，超过 20% 通过工艺教育学院接受中等职业教育，只有 20% 的学生接受大学教育。

能力导向阶段。1998 年的亚洲金融危机使新加坡经济受到重创，新加坡政府开始认识到，原有的教育体制已经无法应对全球化和知识经济带来的严峻挑战，人民的学习能力、科学技术和创新能力对于提高国家综合实力、增强国家竞争力具有重要意义，迫切需要进行教育改革。在 1997 年的第七届国际思想会议上，吴作栋先生率先提出了"重思考的学校，好学习的公民"思想，这一思想成为 1997 年以后新加坡教育改革的核心理念，这个阶段的教育改革被称为"以能力为主导"推动的改革，即能力导向阶段。新加坡实行多样化教育，使学生对科目的选择有更多的自主空间，如开设直通车课程，学生可以不局限于学业成绩，在他们感兴趣的领域如数学、艺术或体育方面发展，学生也可以直接参加英国剑桥的 A 级考试；政府在办学方面有更大的自主权，增加自主办学学校比例，如制订直接招生计划；进行课程改革，增设跨学科的科目，培养学生的批判性思维，增强学生的创新能力；改变学校评价模式，实行奖励制度和优秀学校制度等。

少教多学阶段。2004 年，新加坡第三任总理在一次演讲中提出："我们必须少教一点，让学生多学一点。成绩固然重要，但成绩并不是生活中唯一重要的大事。在学校里，有许多生活上的东西值得学习。"2005 年，新加坡教育部成立了"少教多学委员会"，"少教多学"的教学理念是将"以学生为主体的多学"替换"以教学为主体的多教"，以学生的学习为中心，引导学生进行深入思考，激发学生参与的兴趣，创造小组合作的情境，创造学习环境的氛围，注重教学方法、学习内容、学习经验和评价。近几年来，新加坡一直鼓励学生养成独立思考的习惯，激发学生的好奇心，增强学生的求知欲，培养终身学习的理念。

(二) 新加坡义务教育公平改革措施

"托底"政策。李显龙总理在国庆群众大会上宣布：我们要给每一个新加坡孩子进入自己选择小学的机会。从 2014 年起新加坡小学为经济困难家庭的学生预留名额，所有小学每学年都要为家庭条件困难的学生预留至少 40 个名额。为经济困难家庭的学生制定资助政策，包括子女成长储蓄计划和补助金计划，这主要是针对经济困难家庭学前儿童实行的教育资助。配备教育协作人员，是新加坡为提高落后学生或经济困难家庭学生学习成绩而提出的创新措施，教育协作人员的主要职责是辅助学校其他教师完成教学计划，帮助有特别需要的学生更好地完成学习目标并充分发掘落后学生的潜力，新加坡政府于 2008 年实现了每所小学配备不少于一名教育协作人员的战略目标，还设立了"学生关爱中心""学生培育小组""家长服务区""互助项目"等帮扶项目，这给发展靠后学生或家境困难学生带来显著的正向影响，这些举措的实施使大部分学生的学习成绩明显提高。

重视经费投入与经费的高效利用。新加坡教育公共投入占比长期维持在 20% 以上，仅次于对国防的投入，远高于欧盟 21 国平均水平、OECD 国家平均水平以及大多数发达国家。此外，新加坡采取各种措施减少浪费，提高教育经费的利用率，这些措施包括为评估政府节省开支而实施的程序，例如定期评估中小学工程，拆除不良建筑，确保出口、楼梯和门道都符合建筑原理，实现设计最优化；为实现规模经济，将若干在建基础设施项目打包，实现效率最大化。可以看出，新加坡政府对教育经费投入的重视及对教育经费的高效利用,为将更多资源向发展靠后学生或家境困难学生倾斜提供了重要的经费保障。

教育储备金制度。1993年新加坡开始设立教育储备金以保障学校教育资金充足,初期主要用于政府举办的公立普通学校、政府资助建成的私立普通学校及政府资助建成的特殊学校等,从2014年开始教育储备金惠及的学校以及儿童年龄范围不断增大,尽管教育储备金仅占生均教育经费支出的2%左右,但仍为经济困难家庭孩子提供了一定的保障。新加坡特别重视公民接受教育的机会,无论是孩子的教育还是成人教育,新加坡对教育的投入力度都很大,特别是进入21世纪以来,针对贫困与低收入家庭的员工及其子女教育进行财政支持,实行买房与教育扶贫计划、幼儿园经济援助计划和再就业援助计划等多项援助措施。

完善的师资队伍培养体系。新加坡教育质量的提高与整体发展,特别是针对发展靠后学生补差教育的质量,离不开其完善的师资队伍培养体系。新加坡建立了师范生助学金制度、重视教师的待遇、高工资高奖金等政策,吸引和鼓励更多的年轻人选择从事教师职业;严格的入职标准、重视在职教师的职业发展规划、科学的教师评价体系等都对教育从业者提出高标准高要求,这保障了教育的质量,有助于国家教育事业的高质量稳健发展。

(三) 新加坡义务教育公平实践经验

新加坡关于教育理念与学校管理制度的改革值得借鉴。

新加坡近年来教育理念改革的重要举措是"少教多学",这为学校人才培养及学生个体发展指明了方向,不再将学业成绩作为个体发展及评价的主要指标,积极适应不同学生的特点和特长,培养学生的人格、品德、社交能力、解决问题的能力等,有利于实现真正的教育公平。新加坡在"少教多学"的教育理念指导下,开展以"卓越学校"模式为主的基于学校评价的学校管理制度改革,"卓越学校"模式可以充分发挥教师和学校管理者的重要作用,提高学校的办学质量,也给学校留下更多的空间和时间创新人才培养模式,更好地培养学生的综合能力和素养,有利于创建极具特色的卓越学校。

第二节 发展中国家义务教育公平的实践经验

一 俄罗斯义务教育公平的实践经验

(一)俄罗斯义务教育发展历程

21世纪以来,俄罗斯整体发展日益稳定,更加注重教育的发展,把教育放在国家和社会优先发展的战略地位,在普通教育阶段的改革取得了显著效果。俄罗斯实行11年制义务教育,分为普通初级(1~4年级)、普通基础(5~9年级)、普通中等(10~11年级)三个阶段,这相当于我国的义务教育阶段。俄罗斯政府在苏联时期就非常重视国家教育事业,叶利钦总统在任时颁布的"第1号总统令"《关于俄罗斯苏维埃社会主义联邦共和国教育发展的经济措施》，制定了"教育领域优先发展地位"的战略方针。21世纪以来，普京总统任职期间大力推进教育现代化，2001年颁布的《2010年前俄罗斯教育现代化构想》，将教育放在保证民族安全、国家富强、公民幸福的重要战略地位，着力推进完善普通教育、提高教育质量、保障受教育权利、增加教育财政预算等方面的改革任务。2008年之后进入梅普组合时代，普京教育时代的方针政策完全被延续，颁布中长期教育发展纲要《2020年前的俄罗斯教育——服务于知识经济的教育模式》，继续加快推进教育现代化。长期以来，俄罗斯在推动教育事业的发展过程中，形成了自己的特色，了解和学习俄罗斯的教育事业发展历程，对促进我国教育公平有着重要的借鉴意义。

俄罗斯在均衡推进义务教育的过程中，也非常注重多方面的教育平等，有针对性地实施了系列改革措施。充分保障城镇与乡村的学生拥有平等的受教育机会，主要体现在均等的生均经费支出、相当的师资力量配备和基础设施建设，以及统一的课程规划设置等。同时，也十分重视提高义务教育的质量，力求义务教育均衡与品质的同步发展，保障每个儿童都有接受优质教育的机会，只有高质量的教育均衡才是真正的教育均衡。注重教育公平补偿原则，这是指在教育资源的配置过程中，对处于不利地位的群体给予政策上的倾斜与补偿，从而保证他们在受教育方面能够享受到最大利益。在教育公平补偿原则的指导下，俄罗斯政府采取系列措施从各方面来扶持乡村学生与弱势群体学生，使他们能够和城镇学生一样享受平等的义务教育。普通教育是教育体系的支柱，梳理总结俄罗斯教育改革过程中的重要举措，有助于我国实现义务教育公平。

（二）俄罗斯义务教育公平改革措施

打破传统模式，提供多元化教育。补充教育即校外教育，是俄罗斯教育的一大特色，与基础教育共同构成一个完整的教育空间，整合全社会力量为国家发展提供人才支持。1992年俄联邦《教育法》明确指出，补充教育的主要目的是开发人在智力、精神、身体等方面的潜力，其教学大纲与教育服务应该满足国家、社会、公民的教育需求。一些普通学校由于存在师资力量弱、经验欠缺等情况，可以选择与一个或者多个补充教育机构展开合作，为学生提供补充教育服务，更好地培养学生的学习能力，为国家储备更多的优秀人才。俄罗斯突破办学主体单一的传统模式，国家机关、社团组织、公民等都可以成为办学主体，如创办社区学校。社区学校是俄罗斯立足于基础教育学校的创新，是一种旨在有效解决学校教育和社区社会问题的新型学校发展模式。该模式不仅为学生提供教育服务，也将社区发展作为学校的发展目标，吸引家长和社区居民合作解决学校和社会问题。社区学校不仅可以促进基础教育事业的发展，还可以成为社区文化和社会资源中心。截至2017年，已经有46个联邦地区700多家学校开展社区学校的建设，形成俄罗斯教育体系的特色教育模式，对俄罗斯教育事业发展具有重大意义。

采取专项措施，支持农村地区。俄罗斯地广人稀，农村学校的数量与在校生人数占了很大比重，而且在农村，学校可以说是文化信息的唯一聚集地，因此，农村地区的教育质量能够在很大程度上反映国民教育体系的优劣。俄罗斯义务教育不均衡的显著表现就是城乡差异，所以如何均衡推进乡村教育对于整个国民教育体系的稳固与发展来说非常重要。俄罗斯采取了一系列推进义务教育公平发展的政策，如提高农村义务教育经费、提供免费午餐计划等，保证了受教育者最基本的平等接受教育的机会；对农村学校网络化和信息化的推进，改善了农村封闭落后的教学状况，在一定程度上缩小了城乡学生之间受教育条件的差异；针对农村的小型学校，俄罗斯专门规划设计课程大纲，从而使农村每个受教育者都能获得最大限度的发展；制定统一的公立学校教学标准，并制定一系列办学规范来保障教学秩序；2007年出台新的教师薪酬制度等政策，不断完善农村教师的社会保障制度，提高教师地位。这些政策措施对于改善农村义务教育不公平状况起到了非常大的促进作用。

制定法律政策，保障儿童权益。俄罗斯为促进教育事业发展、保障儿童合法权益，先后颁布了很多法律法规和政策，如《联邦教育法》《2010年前俄罗斯教育现代化构想》

《国家教育优先发展方案》等，旨在推动教育发展现代化，进而保障教育的优先发展地位。2001年《俄罗斯教育系统培养纲要》、2004年《俄罗斯联邦儿童培养国家纲要》等政策的出台，其重要目标在于保障不同地区的儿童都能平等享受义务教育的权利，调动俄罗斯各方资源共同关注儿童的成长与发展。

（三）俄罗斯义务教育公平实践经验

俄罗斯长期重视教育发展，并且优先发展教育。随着社会的进步与创新，俄罗斯的教育也出现了瓶颈，各种各样的教育问题愈加突出。面对教育领域各种各样的困扰，俄罗斯政府采取了一系列措施来积极应对。俄罗斯政府不仅致力于发展本国的经济，力求使国内生产总值跻身世界强国行列，在增强自身经济实力的基础上，也进一步提升国内教育行业的水平。提出构建符合当前社会发展需要的全体公民都可以享受的优质教育体系，不因居住区域、社会地位、财产及健康状况而区别享受教育权利。俄罗斯积极创新国家教育发展模式，创造性提出补充教育和社区教育，不仅满足了个人发展的需要，更重要的是满足了社会发展的需要，促使学生在社会中实现自身价值，这些教育发展模式非常值得我们学习和借鉴。

二 印度义务教育公平的实践经验

（一）印度义务教育发展历程

印度与中国一样都是人口大国。印度自1947年独立之后，就将教育作为国家重点发展战略，政府将教育公平作为教育事业发展的目标，但是有段相当长的时间，印度更注重高等教育的发展，而忽视基础教育的发展。1968年制定的《国家教育政策》，规定了国家教育制度，普及基础教育，提高教育质量，实现教育均衡发展。在印度教育事业发展历程中，首先以法律的形式明确了教育发展的准绳，将教育平等目标写入《宪法》这个基本大法，通过法律对管理主体、教育经费、弱势群体教育等相关内容做出规定。印度现行的是中央、邦和地方三级教育规划管理体制，明确划分三级管理主体之间的教育权责，中央主要负责制定教育计划等相关教育政策，邦教育行政部门承担具体的教育管理，地方教育行政主体由县教育委员会和县学校委员会负责，直接参与学校管理，充分调动了地方政府普及义务教育的积极性，提高了地方教育委员会和学校委员会的办学积极性。印度的教育经费来源主要有国家财政和社会资金两部分，从经费分配上来看，大部分教育经费被用于中等教育和高等教育，义务教育经费占教育经费总额的比重不稳定，印度的义务教育经费严重不足。国家将资金重点投资于公立学校，有利于保障每一位儿童平等的受教育权利，私立学校资金主要来自各种基金会、宗教机构、社团等社会赞助的资金以及学生缴纳的学费。印度义务教育也存在发展不均衡的问题，主要体现在区域之间和学校之间发展的不均衡，印度许多地区之间经济发展水平和各项政策制度差异明显，城乡之间的义务教育发展不均衡表现尤为显著；从学校之间义务教育发展不均衡的情况来看，对于处于底层的公立学校或缺乏有效管理的学校来说，想让本校的学生接受优质的义务教育难度很大，政府在这方面还有很长的路要走。

（二）印度义务教育公平改革措施

以法律保障教育发展。印度持续完善基本法，对新宪法进行上百次修订，修订关于教育的诸项内容，包括教育地方分权、联邦教育经费划分、免费义务教育、女性教育等。除中央政府修订的法律外，各邦依据宪法的要求也制定相关的法律法规，以法律保障普及义务教育目标的实现。

制定非正规教育方案。印度的非正规教育是指落后地区和弱势群体9~14岁儿童的教育问题，非正规教育是与正规学校教育同步的教育体系，保障贫困地区和弱势群体儿童享受均等的义务教育机会，也是促进义务教育均衡发展的重要举措。对于偏远地区和经济落后地区的适龄儿童来说，他们可能由于家庭或其他原因无法享受正规的全日制教育，他们需要的是一种适合他们的、有灵活学习时间的教学安排，印度政府推出的非正规教育方案很好地解决了上述问题，成为扩大招生和巩固就学的加速替代方案，同时对义务教育的均衡发展也起到了很大的促进作用。

加强师资队伍建设。落后地区普遍存在教师基数不足、师资力量薄弱的问题，为了解决偏远地区的师资问题尤其是女教师短缺的问题，印度出台了一系列优惠政策和鼓励措施，提升教师的社会地位，增加教师的经济收入，主要从提高教师福利、提高工资待遇、就近选拔教师、增加代课教师、进行职业培训等几个方面，调动教师的工作积极性，扩大教师队伍，增强师资力量，促进教育公平发展。

午餐计划。对于印度的贫困儿童来说，饥饿和教育是两个紧密联系的问题，只有解决了最基本的饥饿问题，他们才有接受教育的可能性。为了防止弱势群体在学校里挨饿，促进儿童的健康成长，进而提高小学生的入学率、保持率和出勤率，印度政府推出午餐计划，每天为儿童提供免费的营养午餐，给在校的学生补充必需的营养。午餐计划在很大程度上激励了贫困儿童去上学，并使他们将注意力集中在自己的学业上，同时还有助于打破学校对于弱势群体的偏见，提高女童的入学率，进而促进性别平等。

（三）印度义务教育公平实践经验

印度在保证普及义务教育顺利进行的情况下，对义务教育均衡发展采取了一系列措施。例如区域均衡保障机制、增强师资力量、午餐计划、办学权力下放和实施非正规教育项目等。印度教育与其独特的社会文化和传统力量交织在一起，如果不解决外部的非教育问题，就很难彻底解决教育本身的问题，印度政府有针对性地消除了教育的弊端。印度的成功之处在于三个方面。一是实施非正规教育项目。鉴于经济发展和人文环境的特点，尤其是在贫困的农村地区，很多孩子要付出巨大的代价来关注教育，非正规教育考虑劳动和生活的实际情况，补充了学校教育的不足，助力义务教育均衡发展，对于解决义务教育普及与学生家庭困难之间的矛盾起到了积极的作用。二是充分发挥地方教育积极性。像印度这样的大国教育需要制订自己的计划，以便更好地管理各级地方教育，印度政府把办学权力下放，采取分散的方式、灵活的办法来发展教育。三是重视发展女性教育。现代印度教育的主要特点是女童教育的发展，印度采取女童入学奖学金、女童免费午餐等措施，积极鼓励女孩接受义务教育和初等教育，印度对女性教育的重视，不仅促进了义务教育的发展，而且促进了女性地位的提升和整个社会的进步。

三 巴西义务教育公平的实践经验

（一）巴西义务教育发展历程

巴西是拉丁美洲面积最大、人口最多的国家，与中国有很多相似之处，同为发展中大国，创造过经济发展奇迹，教育发展也取得了引人注目的成就，巴西的教育发展经验非常值得我们学习借鉴。1934年巴西将"教育是每一个公民的权利"写入宪法，1937年宪法明确规定初等教育免费，但直至"二战"时期巴西仍未普及义务教育。1961年《国家教育方针和基础法》颁布，这是巴西第一部教育法，明确规定了教育目标、教育权利和义务教育免费等。20世纪60年代以来，巴西政府大力普及初等教育，增加对初等教育的财力支持，增建教育机构，扩大适龄儿童的受教育机会。1971 年对基础教育进行改革，规定 7~14 岁的孩子必须接受八年义务教育。1985 年提出"全民教育计划"，提高初等教育的质量，扩大适龄儿童的入学机会，推动初等义务教育的普及，但受巴西经济动荡影响，该计划的实施受到限制。1988 年新宪法扩大了教育普及对象，涵盖适龄期未受教育的任何人。1993 年实施"全民教育十年计划"，进一步推动了义务教育的普及。1996 年颁布新的《国家教育方针和基础法》，这是当前巴西教育发展适用的教育法。

巴西非常重视教育事业的发展，是世界上首个将教育经费问题写入宪法的国家，依靠立法保障教育经费，教育财政支出占国内生产总值的比重逐年增加。巴西的教育经费来源于公立和私立两部分，公立教育经费由联邦、州和市政府承担，私立教育经费由个人、家庭、教育机构等提供。巴西的初等教育经费由州和地方政府承担，州和地方政府的经济实力差距会导致教育发展水平差距，这时联邦政府对州和市政府的资金转移起着非常重要的作用。联邦政府的教育经费主要来源于税收，负责对各州政府的初等教育普及拨款，还将体育彩票的部分收入用于教育事业发展；州政府的教育经费来源于税收、拨款，还能获得预算外的社会教育资金，法律规定州政府税收中的 25% 必须用于教育支出；市政府的教育经费由州政府间接拨款，这里州政府只是起到中间传递的作用，实际上是联邦政府对市政府的教育经费转移。巴西在普及初等教育方面做出了很大努力并取得了一些成绩,但是仍存在教育经费分配不均、教育经费浪费、教师水平较低等情况,巴西政府针对这些问题出台了相应的措施,如降低教师工资差异、实施教育资助计划等,这些有助于推动巴西教育事业稳步快速发展,为我国实现教育公平提供了宝贵的经验。

(二) 巴西义务教育公平改革措施

合理分配教育经费。巴西将教育经费问题写入了宪法,根据宪法的规定,联邦政府税收用于教育的支出不得低于18%,这些资金主要用于维持和发展公共教育事业,包括小学教育、中学教育、高等教育和扫盲教育等。巴西对工商企业征收联邦工资所得税,这种税收被称为教育工资税,纳入联邦政府管理的国家教育发展基金。巴西宪法规定了教育经费的比例,州和市政府税收用于"教育事业的基本运行和发展"的支出不得低于25%,州和市政府获得的联邦政府转移资金的25%必须用于教育,为教育事业发展提供了充足的资金。同时通过立法形式建立了教育基础发展基金会,基金会的资金都来源于各州和市政府,基金会的主要职责是确保最低生均经费,确保州和地方政府财政收入的15%用于基础教育(1~8年级),设立只用于基础教育的专门账户,资金用途限制在支付教师工资和与金融机构、民政部门的合作上。巴西对教育资源的高效配置,弥补了地方政府教育体制的不足,缩小了义务教育的区域差异,促进了义务教育的均衡发展。

加强师资队伍建设。巴西教育工作者存在社会地位低、薪酬低和学历低的情况,义务教育工作者的情况尤为突出,这加剧了义务教育的不均衡发展,落后地区的学生更难公平享受良好的义务教育,对于落后地区的学生来说是极其不公平的事情。《第11号法案》等法律规定了公立学校教师的工资标准,巴西政府设立工资"直接到位补贴经费",在提高教师工资待遇的同时加强对教师的再培训,要求到2007年基础教育工作者必须接受高等教育。《全国教育方针和基础法》也规定,早期儿童教育教师和初等教育教师必须接受大学或高等教育机构提供的课程培训,该规定的宗旨是提高巴西教师的总体教育水平,特别是对于落后地区的教师大有裨益,提高工资待遇和教育水平是为了防止教师流失,实现师资力量的区域均衡和城乡均衡。这些举措提高了教师的工资待遇和教育水平,同时也提高了教学水平和教育质量,促进了教育事业的发展。

完善教育资助,扶持弱势群体。对于经济落后的地区和贫困的家庭来说,适龄儿童很难平等享受优质的义务教育,这种由背景差异造成的义务教育不均衡,需要各级政府从多方面予以扶持,以实现弱势群体求学的愿望。巴西政府推出了多项教育资助计划,为基础教育阶段的学生提供平等的受教育机会,比如通过增加财政投入,为偏远地区的儿童提供校车服务,提高偏远地区学生的出勤率,保障学生顺利完成学业。免费午餐计划确保所有的在校学生饮食均衡,教科书计划为困难学生提供免费的教科书，补助金计划为贫困学生提供补助金缓解家庭压力。巴西对于弱势群体的扶持政策，促进了义务教育的均衡发展，使不同经济水平的地区和不同家庭背景的孩子都有机会享受同等优质的义务教育。

（三）巴西义务教育公平实践经验

为了促进义务教育的均衡发展，巴西政府推出了一系列政策措施，在一定程度上打破了弱势群体受教育的局限，但是由于教育基础薄弱且两极分化严重，巴西作为发展中的人口大国，在实现教育公平的道路上障碍重重，但是巴西政府充分认识到，普及义务教育是促进教育公平的首要任务，是巴西全社会的共同责任，巴西最早将教育公平问题写入宪法，积极主动拓展社会资源，发动社会力量，创新办学模式，鼓励群众参与教育事业，将促进教育公平、提高教育质量作为一项全民事业进行建设。我国和巴西面临许多相似的问题，如教育经费分配不均、教育资源浪费严重、区域之间教育差距过大等，立足我国的具体情况，借鉴巴西义务教育均衡发展的经验，对于更快更好地推进我国义务教育均衡发展具有非常重要的意义。

四　南非义务教育公平的实践经验

（一）南非义务教育发展历程

南非国土面积大、人口多，拥有非常丰富的矿产资源，是非洲经济最发达的国家,近20年一直保持着快速稳定的发展势头。南非经济的发展与教育的发展息息相关,经济的发展依靠教育的进步,教育的进步也依赖经济的发展。南非的高等教育水平享誉全球,拥有非洲最发达的高等教育体系,然而,南非的基础教育水平却相对落后,无法与其高等教育声誉相匹配。南非政府对教育的投入比例居世界前列,每年教育投资约占其国内生产总值的5%,教育经费占财政预算的20%左右。但是在1948~1991年,种族隔离政策使南非的教育成为隔离且分裂的体系,早期南非黑人几乎被完全剥夺了受教育的权利。1994年新南非的诞生使种族教育成为历史,新政府着力构建一种独立的、公平的、高质量的教育体制,保障所有南非人能够平等享有受教育的机会。基于当时的义务教育发展状况,南非政府首先从法律层面保障公民的义务教育权,如1996年《国家教育政策法》规定了中央和省政府之间的关系,确立了合作治理的原则;1996年《南非学校法》旨在保证所有儿童都能享受到高质量的义务教育,对学校实行民主管理;1998年《教育工作者就业法》明确了教育工作者的义务和责任,为高质量的师资队伍建设奠定了良好基础。南非也实行九年制义务教育,教育经费主要来自政府,在国家发展初期,学校数量激增,教育基础设施紧缺,国家财力不足,政府预算紧缩,教育经费十分困难,限制了教育事业的发展,南非政府采取一系列措施优化教育资源分配,为教育事业的发展奠定了基础。

（二）南非义务教育公平改革措施

实行免费学校教育。南非政府通过"均衡分配公式""学校拨款国家规范和标准"等制度，使政府收入在各省之间和各省内部公平分配，前者关注省与省之间的政府收入均衡，后者侧重各省内部的经费支出均衡，这两种制度在促进义务教育经费均衡分配方面发挥着不容忽视的重要作用。"均衡分配公式"是依据各省的资金需求量、公立学校学生入学人数、学龄人口规模等变量在各省之间进行资源配置，从而使教育经费的分配在各省之间达到一个均衡状态，也在一定程度上保障了每个学生受教育的平等地位。"学校拨款国家规范和标准"着眼于省级教育财政非人事支出，力求对教育财政的非人员经费进行公平分配，使非人员经费能够分配给最需要的人群，使各省内部的经费支出能够实现相对均衡，该制度为非人员经费的分配提供了很好的执行方案。教育部门按照学校对于非人员经常性开支的需要程度以及根据统计资料整理的学校贫困程度，对所有学校进行评分并划分等级，把各省内全部公立学校分为五个等级，从最贫穷到最不贫穷依次排序，需求较大和规模较大的学校将获得优先资助，这促使省内教育经费非人事支出的校际分配更加均衡，在一定程度上保障了校际教育公平。

实施"行动规划"。为了加快学校教学改革，提高学生就学率和升学率，促进教育质量的全面提升，南非基础教育部2010年颁布的《2014行动规划：面向2025学校教育》，明确提出了南非基础教育发展的关键举措，2015年颁布的《2019行动规划：面向2030学校教育》勾画了南非基础教育发展的新蓝图，意味着南非全民享受优质教育历程的开始。《2019行动规划》是《2014行动规划》的更新，规划内容扩展得更加全面，包括学习目标和技能掌握，更加重视教育质量，明确了教育改革方向，更好地服务于国家教育事业。行动规划旨在保障所有人获得免费和高质量的基础教育机会，特别是为南非所有贫困人口建立免费的优质教育体系，确保每位公民享受基础教育的权利都能被维护，有效保障义务教育的全面普及与均衡发展，实现国家基础教育发展目标。

贫困优先战略。为了避免贫困家庭的子女因为饥饿问题而失去受教育的机会，南非实施"全国学校营养计划"，由卫生部和教育部负责在所有小学进行普及，为贫困家庭的儿童每天提供一顿免费午餐。为了增加"全国学校营养计划"的辐射面，不在该计划之内的学校可以通过申请资金来为学生提供营养午餐，争取使南非所有贫困儿童都能吃到营养午餐，保证义务教育的普及率和公平性。南非制定了关于学校教师岗位的国家标准，为贫穷地区学校招募更多的教师，有利于教师资源的均衡分配。政府通过拨款或筹集捐款、引导捐赠为贫困儿童提供学习物资，通过提供校服、学生课本和交通补助等救济政策，消除这些必需的费用给贫困儿童上学带来的阻力，确保贫困家庭子女接受义务教育的机会。政府尤其为女童教育扫除障碍，改善女童接受教育的外部环境与内部因素，帮助辍学女童重返校园。政府还划拨资金改善学校基础设施、绿化校园环境、提供计算机信息网络等，进一步提升学校的硬件和软件教育设施规格。南非政府针对弱势群体实施的系列举措，对提高义务教育质量发挥了非常重要的作用。

（三）南非义务教育公平实践经验

为了实现义务教育的均衡发展，南非政府采取了一系列措施，实行免费教育、开展行动规划、推行营养计划、解决性别歧视问题、资助校服课本交通等，总体来看这些措施的核心可以概括为弱势群体优先策略。南非政府为所有学校制定了共同的目标标准，全国的学校依据这个目标标准被划入不同的类别，公共教育资源对于不同类别的学校有着不同侧重的分配。部分学校离目标标准还有很大差距，说明这些学校对教育资源的需求更大，政府将对这类学校给予更多的政策倾斜，尤其对贫困家庭、弱势群体、欠发达地区给予更多的资源投入与政策倾斜，这样所有的学校都会逐渐向目标标准靠近。义务教育要想实现持续均衡发展，必须注重公共教育资源的合理配置，南非的政策设计对中国义务教育发展具有一定的启示意义。我国义务教育的均衡发展可以参考南非的弱势群体优先策略，也可以为义务教育阶段的学校建立"目标标准"，依照这一客观标准来分析和统计当前学校适龄儿童入学率、师生比、教育资源配置情况等，中央政府根据不同地区内学校与"目标标准"的差距，对各项教育资源进行再分配，对于差距较大的地区，中央政府协调国家教育资源向其倾斜；对那些社会资源动员能力比较强，目前各项条件较好、资源丰富的地区，中央政府适当减少教育投入资金，使之充分发挥自身的优势，最终让国家的教育资源分配更加公平化、合理化，从而促进义务教育的均衡发展。

第三节 实现义务教育公平的经验总结

一 实现义务教育公平的主要举措

通过对四个发达国家英国、美国、日本、新加坡以及四个发展中国家俄罗斯、印度、巴西、南非义务教育公平实践经验的总结，各个国家根据本国的实际情况，因地制宜地采取了很多措施，其中有很多共同之处，一方面说明这些措施在义务教育发展中比较重要，另一方面说明这些措施对于大多数国家可以通用，主要有以下几个方面的举措。

（一）健全法律法规体系

美国提出了义务教育的改革方向，明确了教育责任的合理分配，从经费投入到监督提供全面的保障，内在价值和本质目标是消除地区与群体之间的差距，实现优质教育的公平性。英国不论是实行全国统一考试、全国统一课程，还是推行新的监督指导系统，都使国家的基础教育管理体制发生了翻天覆地的变化，基础教育的管理和中央政府的控制得到增强。同样的还有日本、俄罗斯等国家。教育政策是一项重要的国家政策，制定教育政策是政府不可推卸的责任，不仅可以促进国家发展，还可以为人民谋福利。从根本上来说，健全教育法律法规体系，从法律意义上给予义务教育全力保障，才是实现义务教育公平的第一步，也是最重要最关键的一步，其他所有举措都要依据法律的规定，要加大法律对义务教育的约束力度，加大中央政府对教育管理的监控力度，从而为实现义务教育公平奠定良好的基础。

（二）保证充足的财政投入

教育法律法规体系健全之后，要给予教育足够的财政投入，用经费来确保义务教育政策的实施，有了经费才能为政策的实施做好保障，充足的义务教育经费投入，不但能够保证学校办学的正常运转，缩小贫困地区与经济发达地区的教育差距，而且能够使弱势群体学生得到良好的教育，所有学生都有条件充分发挥自己的优势和潜能。通过建立有效的弱势群体教育资源补偿制度，保障义务教育的均衡发展。世界各国的教育经费来源尤其是义务教育经费主要来自国家投入，如果没有国家财政支持，教育很难维持，更谈不上均衡发展了。美国坚持奉行"法律至上"的原则，以立法与法律诉讼形式对教育财政进行配置与管理，合理设置公平与充分的教育财政转移支付制度。英国坚持"均衡发展、经费先行"的教育经费投入理念，教育经费的长效投入和合理分配为义务教育的均衡发展提供了强有力的保障。南非利用"均衡分配公式"关注省际经费支出的均衡,利用"学校拨款国家规范和标准"侧重各省内部经费支出的均衡,使政府收入在各省之间和各省内部进行公平分配。

(三) 加强师资队伍建设

义务教育的主体是教师和学生,而教师肩负培养学生的重任,是传授学生知识的直接主体,教师在各个地区的分布是否均衡,整体素质水平如何对于学生来说尤为重要。不少国家提高了偏远地区教师的薪资待遇,使其能够留在当地为义务教育发展做贡献,在提高他们的工资水平的同时,也在不断提升他们的福利待遇。除了给农村教师提供免费住房的政策外,有些国家还制定了很多生活条件与公共服务方面的优惠措施,并以更实际的资金补贴方式给予保障。有些政府为了提升教师的社会地位,增加教师的经济收入,进而调动他们的工作积极性,出台了一系列优惠政策和鼓励措施,包括教师职业培训、代课教师计划以及提高教师待遇等,尤其重视改善农村地区师资不足的现象。保障师资力量的均衡分布,提升教师的社会地位,改善其薪酬和福利待遇,有助于提升农村义务教育质量,有助于缩小义务教育城乡差距,对义务教育的均衡发展起到非常重要的作用。

(四) 优化课程教学环境

由于经济和社会原因,巴西不同地区之间在教学条件方面存在很大差距，北部和东北部地区经济十分落后，明显不如发达的南部和东南部地区，前者的教学环境也明显不如后者，这就造成了区域之间义务教育质量的不均衡，优化教学环境在很大程度上有助于义务教育均衡的实现，有利于促进教育的公平化。近年来，巴西政府通过绿化校园环境、优化餐厅校舍等后勤服务、提供计算机信息网络、改善教师办公条件等来进一步提升学校的硬件和软件设施，在缩减义务教育区域之间不公平方面更是不遗余力。俄罗斯在一些落后的农村学校大量配备了有益于学生身心发展的基础设施，力求使农村地区最大限度地追赶城镇地区的教育条件。例如，除了最基础的教室之外，农村学校还相应配备藏书丰富的图书馆、多种娱乐设施的体育馆、举办重要会议的学校礼堂、健康卫生的现代化餐厅以及供学生随时就医的校医院等，这一系列举措都旨在为农村学生提供一个舒适的校园环境。此外，为了支持教学设备完善及提升教学环境的信息化，俄罗斯还注重发展农村学校的信息化来改善教育软环境。

除了改善学生的学习环境，国外的课程更重视学生的自主能力，能够在课堂上轻松自由地学习。比如英国并没有规定所有的学生必须在校学习完全相同的课程，除了必备的核心课程之外，全体学生都可以在现有学校提供的所有课程类型中自由选择。比如一年级的学生可以选择排球课、游泳课、羽毛球课、第二语言课等各类可以培养学生综合素质的科目。学生可以结合自身兴趣和掌握的知识技能,选择更多课程丰富自己的知识储备。学生在参加毕业考试时,所要通过的课程,除必修的学习科目外,还可以根据自身兴趣选择,发挥专业优势。美国将与学生过去生活经历以及文化背景相关联的知识内容融入补偿课程中,注重参与式、对话式的教学方式,鼓励学生通过思考提供完成任务的多种途径。通过多样化教学形式和多元化课程内容,培养各个群体学生具备多元文化的意识和实践能力,从而消除偏见、促进平等、传承文化、维护社会稳定和谐。师资充足、教学环境优化加之课程的灵活多样,这些客观因素在义务教育发展过程中是不可缺少的环节,对于教育的发展具有举足轻重的作用,这几个方面如能得到改善,一定程度上可以促进义务教育公平的实现。

二 实现义务教育公平的实践经验

目前,中国与发达国家,如美国、英国、日本和新加坡相比,教育发展程度还存在一定的差距,一方面是因为经费投入力度不及这些国家,另一方面是由于教育理念和教学环境的差异,目前国内教育环境的开放程度还不够。这两方面的原因是我国的义务教育发展相对落后的主要原因。但是我国目前也一直在不断发展、不断进步,教育是培养人才的关键,我们可以从以上国家的义务教育历程、实施措施中有所借鉴,结合国内的实际情况实施一定的改革,以此实现我国的义务教育公平。

从各个国家实行的措施来看，政府一直是促进教育公平的主导力量，为了尽量减少由于体制原因导致的教育政策和教育资源分配的不公平，中国需要相对公平的政策支持。向弱势群体及贫困地区倾斜是教育公平的基本要求，稳定的经费保障机制是促进教育公平的前提条件，师资的均衡配置是促进教育公平的有力法宝，灵活多变的课程是培养学生兴趣的引路明灯。在我国，政府在教育方面的投入明显增多，尽力平衡各个地区的教师资源，同样我们国家的义务教育也设置了各种各样的课程来满足社会及学生的需求，但是在落实到具体的行动过程中出现了很多困难，比如学生们在众多课程中，尽管选择的机会也有所增加，但是范围很小，因为没有尽可能地多开设课程，这也导致很多学生的潜能没有发挥出来，应该做到因地制宜。

与此同时，我们也应该认识到，义务教育的普及是促进教育公平的首要任务，也是全社会的共同责任。我国应在政府主导的基础上，主动拓展社会资源，发动社会力量，丰富兴教办学的形式，鼓励群众参与教育事业，将促进教育公平、提高教育质量作为一项全民事业进行建设。

第六章　中国义务教育公平面临的机遇与挑战

第一节　经济社会发展对义务教育公平的影响

一　全球化对义务教育公平的影响

"全球化"的概念最初是在1985年由美国经济学家提奥多尔拉维特提出的,之后在国际经济学领域广泛使用。20世纪90年代至今,全球化在不知不觉中逐步向更多国家、更多领域扩散和深化,日益成为人们的关注焦点。在不同的领域,人们对全球化的定义有所区分。经济路径方面,国际货币基金组织(IMF)将全球化定义为跨国商品与服务交易及国际资本流通规模和形式的增加,以及技术的广泛迅速传播使世界各国经济的相互依赖性加强的一种现象;社会路径方面,全球化强调组成现今世界系统的众多国家以及社会之间各种多样性联系;文化路径方面,有关专家学者认为全球化是世界上各种思想及观念之间相互碰撞与交流的一系列过程。

全球化是这个时代最为明显的特征之一，是一项机遇，更是人们无法逆转也不能逃脱的过程。全球化如工业革命一样，给全球的经济、社会带来了重大而又深刻的影响，因此也被称为第三次社会转型。全球化进程不断深入推进的过程中，几乎社会生活的所有领域都在受全球化的影响，教育领域也涵盖其中。联合国教科文组织认为全球化这种强大的、新兴的力量，能够在和其他力量不断作用的过程中，共同改变全球人类社会的各个方面。在当今全球化日益发展的情况下，整个国际社会以及各国政府都十分清楚地意识到，教育乃是立国之本。它不但是民族复兴崛起和社会可持续发展所需要的重要保障，同时也是一个个体人生发展的重要基础。

教育公平问题是教育领域的一项根本问题，世界各个国家对其都十分重视，尤其是在义务教育方面。联合国教科文组织作为一个全球性的教育领域机构，在教育政策的制定以及宣传上做出了不少努力，通过发布报告的方式提出了一系列具有前瞻性的理念与措施，它们正渐渐渗透到世界各国教育的改革发展当中，而对教育公平的促进更是该组织所长期关注的。联合国教科文组织在刚刚成立之时，就开始在全球和区域教育方面起领导作用，宣传倡导教育对发展的重要作用，呼吁各国建立公平并且有效的教育体系。早在20世纪40年代，联合国教科文组织就发起了"基本教育"运动，以此来保证在平等受教育机会基础上降低文盲率，扫除文盲。我国政府在20世纪末响应了这一号召，开始进行了双基达标的教育战，并获得了明显成效。2015年5月于韩国仁川举行的"2015年世界教育论坛"，通过了《仁川宣言》，代表了全球教育界和各国政府对"教育2030"的坚定承诺。《教育2030行动框架》于2015年11月在巴黎联合国教科文组织的38届大会上被正式采纳并实施，致力于每个人平等教育权的获取。

在促进义务教育公平发展方面，各发达国家也总结出了不少经验，值得学习借鉴。在当今世界上，美国的教育发达程度是数一数二的，它对教育公平十分重视，教育机会均等一直都是教育改革中遵循的价值基础和基本原则。2002年美国出台了《不让一个孩子掉队法案》，目标设定为促进公平、消除差距，对城市贫困人群、少数民族子女、移民和黑人等弱势群体采取"补偿教育"政策。英国推行"国家挑战计划""追求卓越城市计划""教育行动区计划"来对薄弱学校和教育落后地区进行改造和扶持。韩国、日本为促进义务教育公平推行了中小学标准化教学措施，对学校办学基准、选址、面积、师资、设备等方面都做出了明确要求。

随着全球化进程的不断推进，世界上各个国家对于教育领域的交流日益增加，各国达成共识的教育方式开始得到推广和普及，逐渐形成世界范围内通行的标准，这一趋势有益于全球教育的公平发展。中国作为发展中国家，与发达国家相比，在经济社会各方面，包括教育经验上都存在或多或少的差距。全球化背景下，联合国教科文组织的发展战略和各发达国家在教育公平上的成功经验逐步被我国引进学习，这有益于我国教育公平的持续推进。

虽然在当今信息网络化、经济全球化的时代，因为担心被外来文化侵略而去抵制国外先进的教育理念是不可取的，是非常愚昧的，但不论在什么情况下，"拿来主义"都不能全盘吸收，而是有选择性地拿，并将拿来的东西与我们的国情和民族特性相匹配，将它们转化为适合我们，于我们而言有益的东西。这是因为不论对哪一个国家和民族而言，它们的教育都扎根在特定的民族特性之中，是政治背景、经济情况和文化内涵等综合作用下的产物。具体来讲，每个国家和民族的制度、文化、环境和语言表达方式都是独一无二的，其改革的关注点和具体内容各有不同，社会制度相同的国家有差异，社会制度不同国家之间的差异更是大相径庭。所以说，如果在丝毫没有国家意识和民族意识的情况下，盲目地让自己涌入全球化的浪潮之中，后果只会是被西方文化吞没，失去自我，这不是我们希望看到的。因此，在向西方学习经验的过程中应当取其精华，去其糟粕，并根据我国的国情进行针对性的调整，不能全盘接收，否则可能会出现事与愿违的情况，使教育在起点公平、过程公平和结果公平各个方面无法改善，甚至退步。

全球化虽然为全球教育公平带来了助力，但也在某种程度上给教育公平带来了阻力，阻碍教育公平在全球化的进程中实现，影响教育发展。事实上，在全球化的进程中，很大程度上，教育公平都受到全球大环境的影响，比如说社会不安定、全球经济衰退等问题，常常令教育身处险境，公平问题更是自顾不暇。另外，在全球化背景下，高收入家庭与中低收入家庭相比，城市家庭与农村家庭相比，支付得起数量更多、质量更高的国际化课程辅导，甚至将子女送至发达国家接受更良好的教育，这时全球化就可能成为维持和加剧教育、社会不平等的推手。

二 信息化对义务教育公平的影响

伴随着信息化程度加深，大数据的相关技术逐渐向各个领域渗透，引起了经济社会方方面面的重大变革，作为社会系统分支的教育也受到重大影响，尤其是教育公平方面。瑞典教育家胡森将教育公平概括为起点公平、过程公平和结果公平三个阶段。据此，从我国当下存在的教育公平问题出发，探讨大数据时代下义务教育的公平性问题。以下从起点公平、过程公平、结果公平三个层面展开论述。

起点公平旨在消除由地域、经济、文化等客观因素造成的影响，确保每个个体都享有平等的受教育的权利和机会。区域之间经济发展上的不平衡令我国不同地区之间面临不同程度的教育不公平问题，教育起点差异的存在已是社会常态，我国教育起点公平所面临的挑战主要是教育资源配置失衡。党的十八届三中全会《中共中央关于全面深化改革若干重大问题的决定》指出，"要大力促进教育公平，构建利用信息化手段扩大优质教育资源覆盖面的有效机制，逐步缩小区域、城乡、校际差距"。从这里可以看到，使用信息技术来弥补传统资源配置模式的不足，克服其弊端，促进教育信息资源及优质教师资源配置合理，以此改善教育起点不公平的问题，不但符合我国的现状国情，更是信息化背景下教育发展的必然举措。在每个学校分别建立教育信息数据库的这种较为传统的信息资源配置模式，使综合水平比较低的学校对教育信息的获取能力持续偏低，长期无法得到提高，以至于迟迟不能改变自身教育水平落后的情况；教师轮岗、挂职和支教等传统教师资源分配方式也无法根本地改善偏远地区教师稀缺的现象。教育信息资源配置和教师资源配置是现如今实现教育起点公平最大的两个障碍，信息技术迅猛发展为破除这些障碍提供新的思路和条件。

要实现教育起点的公平，必须从源头上对教育信息资源进行一系列有目的性的规划，保证优质资源人人享有。近几年，云计算技术飞速发展，更好地实现了资源部署、按需分配、节约能耗，将处于不同时空下的教育资源糅合成为一个统一的整体。一般情况下，我们将应用于教育领域的云计算称为"教育云"，它可以说是当今大数据时代背景下教育信息化的基础。它让教学管理者、老师、学生、学生家长甚至与教育相关的企业和其他人员等教育系统中的各类成员都进入一个各种功能相互协调配合的平台之上,这个平台之中包含了管理、教学、学习和娱乐等多样化的功能和应用。通过后台,管理者能够对平台之中的老师、学生、家长等各种角色的行为模式进行统计和管理,甄别筛选教育资源和有关服务,通过这种方式将优质教育资源和服务的覆盖面扩大,以此提高信息化管理的能力。通过搭建教育云平台,优质教育资源得到了统一的共享方式,扩大了优质教师的教学辐射面,薄弱学校的学习者足不出校便能享受名校名师授课。

由此可以看出,大数据时代所讲的数据之"大",不仅指的是数据的规模庞大,更重要的是价值之大。曾经人们没有能力收集、开发的数据,在大数据时代都能够方便地记录、整合并分析,借此获取隐藏在数据之中更大的价值。依靠大数据时代在线教育的个性化教育思想,提高优质教学资源的利用率,降低知识获取成本,以更加便捷的方式接触到原先仅面向少数人群的课程,能从根本上解决教育不均衡的时代难题。

教育过程公平是指在受教育的过程中,一方面让每个个体都得到平等对待,另一方面关注并尊重学生的差异,让每个人都能获得与其特性相适应的教育,潜力得到挖掘,特长得以发挥。所以,教育过程公平的实质在于平衡学生个体差异和学生整体进步之间的关系。利用信息技术将教育资源作数字化处理之后,获取资源的成本降低,而传播效率得以提高，得益于互联网的发展和普及，远程教育、网络教育等诸多依托信息化的教育教学模式在近几年得到快速的普及和推广。在互联网普及的情况下，网络资源的开放解放了人们学习的方式和途径，使人们获取了更多个性化的内容。可是，随着教育信息资源的持续开发和共享，其数量和种类都呈现井喷式增长，以至于信息严重过载。因而，教育信息资源越来越容易被学习者获得只是表象，真实情况则是，随着教育信息资源的不断丰富，想要从浩如烟海的信息中找寻到自己需要的部分，对学习者来说与大海捞针无异，并且时有迷航。如此，便出现了"资源越来越多，而获取越来越难"的信息悖论。大数据技术的发展为这一问题的解决打开了突破口，同时在一定程度上促进了教育过程的公平。

大数据指导资源利用由"数字化"转向"数据化"。数字化校园和在线教育模式的形成和发展依靠的都是数字在网络中的传播，而在大数据时代，除了"数字化"，还需要物联网、云计算、数据挖掘等新兴技术进行配合，利用"数据化"来记录并管理数据。所以，处于大数据时代的我们，若要进一步促进教育公平，就必须更加关心如何将教育资源利用模式从"数字化"转向"数据化"，即要将教育信息化的重心从技术设备逐渐向运用大数据管理各种信息数据、提供更多的方法，从而支持个性化学习转变。大数据引导教学模式由"经验教学"转向"数据服务"。首先，教师、学生和家长经由各种终端设备浏览网页、交流信息从而产生大量数据流,这些数据信息资源避免了传统数据及时性弱、信息偏差大等问题,可挖掘性更强。凭借大数据本身和数据挖掘技术,教育资源按需推送,学习方法私人定制化得以实现。教育信息资源按需推送的主要策略是学习者和学习资源的相互寻找,即在信息资源和学习者之间建立起映射关系并进行匹配,在为学习者寻找合适教育资源的同时,也为教育资源寻找相互匹配的学习者。学习者与教育资源之间的互动让彼此不断重新认识对方,重新感知、审视并激活自己模糊感性的潜在兴趣和隐性需求,重新组合形成新的更为明确的显性需求。其次,大数据为教师教学方案的调整提供服务。学生所有学习行为轨迹的监测数据经过累积形成大数据,教师可利用数据分析方法,挖掘学生相关学习数据,更加精确地量化学生知识技能掌握程度,而不仅仅依靠对学生日常学习和生活的简单观察来确定学生的行为模式、学习能力、兴趣方向等细节。因此教育者可以有针对性地调整教学方案,从而促进教育管理和服务更加个性化,提高因材施教的准确度与教育效率,以此提升教育过程公平。

教育结果公平是教育公平的最终目标。凭以往经验来看,教育结果公平主要表现为教育质量和效果的公平,是令地域不同、阶层不同的学习者获得相应的进步,从而达到教育公平的效果。从广义上来看,教育结果的影响因素包括社会、文化、自然环境和教育对象,属于教育生态学范畴;从狭义上来看,教育结果的影响因素则是学校、学生以及家庭等，属于教育理论和实践范畴。教育结果公平是检验教育起点和教育过程的实施效果的工具之一。在评价教育结果的过程中，仅依赖主观经验判断，以考试的分数作为教育结果评价的方式是不够客观、精准、科学的，评价的结果只能是模糊笼统的，并且在评价过程中缺少有效的干预和防治，以至于无法完成过程精准、覆盖全面且方式客观的评价。而有了大数据和云计算技术的支撑，就能够更加便捷准确地采集日常的教育数据，使教育结果的多维度评价具有更强的可行性。大数据时代，数据挖掘技术在教育领域的应用能更好地分析学习顺序、学习环境、学生特性、学生行为、学生参与度和满意度以及其他相关预测因素与学生良好的学习成绩和学生成就之间的相关性。学习分析技术则更关注学生的个性化学习需求，重点探究学生的学习内容与其自身的相关程度。定期、连续地收集教学质量、学生体质状况、学习成绩等教育相关数据，利用云计算、大数据等先进技术，对数据进行深度挖掘，可以使评价结果更为科学、准确。同时，在教师教学和学生学习的全过程中建立电子档案并储存在云端，将评价过程和教学学习过程紧密结合，满足教学过程实施和评价实时交流互动，做到评价结果的即时反馈。通过分析教师和学生云端的档案数据，也能让我们更好地、更加客观全面地掌握教师的教学绩效和学生的学习绩效。总之，通过教育数据挖掘和学习分析技术，能够更科学全面地对学生、教师、环境进行相对客观的评价，促进教育结果公平。

信息技术促进教育起点公平、过程公平和结果公平是一个和谐统一的体系,同时进行但又逐步递进。起点公平阶段的资源共建共享和均衡配置是教育公平实现的基础;过程公平阶段的资源个性化推送和主动服务是关键的中间环节;结果公平阶段的合理评价和效果均等是教育公平追求的最高境界。在起点阶段,云计算、互联网等技术融入教育领域后,提高了优质教学资源的利用率,降低了知识获取成本,以更加便捷的方式接触到原先仅面向少数人群的课程。在过程阶段,大数据等各种各样的高新科技能实时地、不断地获取使用资源者的偏好和行为数据,以此为其提供更符合个体特性的学习服务。在结果阶段,充分利用大数据、云计算等先进信息技术,定期、连续收集教学质量、学生身体健康情况、学习成绩等数据,并进行深度挖掘,可以使评价结果更科学、更准确。这三层公平之间,内在相互贯通,在推进教育公平的过程中,每个阶段都不可或缺。

三 城市化对义务教育公平的影响

改革开放以来,我国经济发展速度突飞猛进,一步一个脚印地取得了世界瞩目的成就。但是,长时间以来,我国地区之间、城乡之间经济社会发展的不平衡状况一直存在,且城乡差距也在拉大,进一步引发了各种各样的矛盾。在教育领域,区域城乡差异主要体现在教育资源的分配不均。不同地区、城乡之间甚至不同性质的学校间的教育措施、教育投入都有着明显差异，社会层级不同的学习者得到的教育机会和教育质量也存在很大差距。

起点公平方面，我国教育不公平主要表现为农民工随迁子女和农村适龄儿童的入学率及升学率无法很好地保障。对于农村适龄儿童而言，农村社会整体环境、家庭的保守观念、较差的经济条件等因素是他们无法及时接受义务教育的主要影响因素。虽然义务教育阶段免除学杂费政策的实施减轻了孩子接受义务教育的负担，但是其他的费用也是很多贫困家庭无力承担的。因此，即使是在初期接受义务教育的儿童，很大一部分也因为家庭经济条件限制，难以负担相应的学杂费用，从而被迫放弃学业。另外一些是受农村家庭传统观念的影响，认为去学习文化知识没什么用处，还不如成为家里的一个劳动力，为家庭多分担一些经济负担。还有一部分人是受到农村社会整体教育环境的客观因素影响而无法接受相应教育，比如乡村教育资源紧缺，只有小学而不设中学，想要继续接受教育就要到相对较远的地方，这一过程中往往山路崎岖、交通不便，令很多学生不得不放弃。对于城市而言，情况就大大不同了。城市教育资源丰富，教育理念先进，孩子家长对教育的重视促使其保证孩子接受完整的义务教育并会为孩子选择教育资源更丰富的学校，提供更好的条件。这样，农村孩子不仅在入学的数量上，而且在受教育的质量上都与城市孩子拉开了距离。

过程公平方面，在教学条件上，农村中小学基本教学设

第六章 中国义务教育公平面临的机遇与挑战

施简陋，图书馆、体育场、实验仪器、多媒体设备等设施建设与城市学校差距更大。在办学理念上，农村教学只是简单地使用城市教材照本宣科并且缺乏音体美课程，重教书轻育人，不注重学以致用和学生的全面发展，在德育方面的教育有很大缺失。对于学龄儿童而言，学习的内容不够丰富，趣味性不强，无法引起孩子学习的兴趣，更不用说挖掘孩子其他方面的潜能了，这样的教育方式无法做到因材施教。在师资力量上，城市和农村存在较大差距。乡村本土教师的文化水平和综合素质有限，大部分高学历、高职称并且经验丰富的优质教师资源集中于城市，尤其是城市中的重点学校。农村教师教学水平落后，让农村学生既得不到文化方面的专业指导，也很难接受人生观、世界观的正确引导。即使是这样的师资现状，地处农村或城乡接合部的学校仍面临对刚毕业师范生吸引力弱和高职称高学历的优秀教师流失等问题，导致优者更优、劣者更劣的局面，加剧了城乡校际的不均衡。

结果公平是学生在接受相应的教育后获得相对一致的学业成绩和相对均衡的综合能力。但是，城乡教育在起点和过程上不公平的存在，使教育结果公平的实现难上加难。

城市化进程的含义具有广义和狭义之分。广义的城市化进程指的是经济、社会大环境的变化过程，其中包括城市用地向郊区扩张、城市数量持续增加、城市人口规模扩张、农业人口向非农业人口转化以及其他城市经济、社会、技术向乡村渗透的过程。狭义的城市化进程则是农业人口转向非农业人口的过程。城市化进程的本质并不是高楼林立，而是人的城市化，是使全体民众能够在享受城市生活、现代化生活的过程中，转变之前的生活方式、观念和态度，提高整体文化素质的过程，是产业、就业、环境、文化、制度等相互融合的过程，是城市和农村群众共同富裕、共同发展、共同进步的过程。城市化进程的发展给义务教育公平带来了机遇和挑战。

首先，城市化的发展使社会整体经济实力增强，带来教育经费投入的增加，助力教育公平。其次，城市化进程推进了城市基础建设，为进城务工的农民提供更多的就业机会，直接增加了农民的收入，也间接地让其子女们能够得到更多更好的教育机会和教育条件。另外，教育资源等大量的优质资源会随着城市化的进程从外围向中心城市集聚，经济社会的快速发展也为建设新的教育资源带来了新的需求，从而实现城市教育资源的扩充和优化。此时，政府教育部门可以制定相关的政策，宏观地配置教育资源，使这些资源在城市中得到合理布局，让优质资源向实力相对薄弱的区域或学校流动，以此保障教育公平。

但城市化的发展对教育公平也有一定的负面影响。随着城市化进程中城市基建项目等增加，就业机会也随之增加，这吸引了许多农民到城市中打工。然而进城务工的农民数量增加，让本来就不宽裕的城市教育资源显得更加匮乏，农民工子女入学问题也因此变成社会关注的焦点和阻碍教育公平的一大障碍。具体来讲，一方面，农民工作的流动性极强，其子女也随着父母工作地的更换频繁改变居住地，这就意味着农民工子女需要经常面临转学的问题。由于户籍等的问题，农民工子女本就面临入学难、不能适龄入学、失学和厌学等困境，频繁转学更加重了这些问题。另一方面，城市的教育发展规划本就难以满足大量外来人口涌入所带来的教育需求，教育资源的增长速度远无法满足农民工子女增长带来的需求，教育资源的紧缺让获取相对优质的教育资源对于农民工子女来说变得更加困难。一边是优质学校不愿意招收农民工子女，另一边是农民工无力负担优质学校的学习成本，包括隐性成本。从这个角度来看，城市化的发展使教育公平问题显得更为复杂。

按就近入学原则接收学生的政府支持下的公办中小学本应是农民工子女接受义务教育的主要渠道，承担着畅通流动人口入学通道的重要任务，但在实际的执行过程中农民工子女入学的过程并不顺利。公办学校对接收农民工子女入学一般都持消极态度，不但不积极帮助引导他们，反而抱着不希望其入学的态度，通过各种烦琐的手续、种种借口来为难农民工和其子女。正常情况下，五证齐全是农民工子女进入城市公办学校的必要条件，但仅仅如此就需要外来务工人员多次往返于城乡之间，耗费大量时间。即使资格齐备，在教育资源稀缺的情况下，外来务工人员子女入学还是要委托各种关系才能上学，这让原本收入就不多的农民工增加了额外成本。迫于无奈，农民工子女只能到民办学校就读，又演变出了另一种教育不公平。

即使农民工子女进入公办学校读书，也可能会遭受各种不公平待遇。教师方面，由于城镇与农村教学质量存在明显差异，与城镇学生相比基础比较薄弱，农村学生成绩也就比较落后。在学校以考试成绩作为教师绩效评价主要指标的制度下，成绩落后的外来务工人员子女就会受到部分教师的不公对待，态度冷淡，不管不问。同学方面，农民工子女因为经济条件差，除校服之外没有其他更好的服饰，生活方式和习惯方面也欠讲究，普通话不标准等，常常受到城市出身同学的嘲笑和疏远，以致交不到朋友，很难和融入班级大家庭。来自教师和同学的压力，使农民工子女在新的学校中备受排斥和冷落，内心之中的幸福感十分匮乏，自卑和压抑的感觉却很严重。随后就是从内心深处对学习环境甚至对社会产生不良情绪，有人因此辍学。在这样的情况下，表面的教育公平也很难维持。

在这样的情况下，就需要政府发挥作用，放大城市化对教育公平的积极作用，缩小其对教育公平的负面影响。

首先，接收外来流动人员的当地政府应当大力欢迎这支生产力大军，用好、管好、服务好这支新生力量，为他们消除子女教育的后顾之忧，以便他们能在城市中更放心地生活，享受与一般市民一样的公共服务，并在城市化进程中更好地发挥作用，这就要求政府对城市扩展规划要具有前瞻性并以质量为重。规划之中需要将教育设施建设纳入考虑范围，先是统计流入务工人员子女的数量并预测以后将要流入适龄儿童的数量，之后做好学校建设工作，比如在新建社区建设配套学校，在农民工集聚的区域建立学校，提供更多的教育资源，保证农民工子女上学的需求。

其次，国务院和地方政府制定的关于流动农民工子女平等接受义务教育的政策，应具备强制性，设置责任追究条款，部分政策可写入法律。在外来务工人员子女的教育问题上，政府教育部门当然是责无旁贷，是主要责任单位，要认真督促指导外来务工人员子女的入学和教育工作。但政府其他有关部门也要明确自身责任，相互协调、相互分担，全力解决好外来务工人员子女的教育问题。

最后，在城市化迅速发展的过程中，要继续遵守教育优先的原则，进一步加大资金等各方面资源在教育中的投入力度。接受外来务工人员的政府要提高教育支出在公共财政支出中所占的比例，缩减一般性支出所占的比例，对教育支出实施优先保障，让农民工子女享受到公共财政给他们带来的福利。要借助公共财政的力量，新建、改建、扩建一批学校，充分挖掘公办学校的潜力，扩大中小学学校承载学生的能力，更合理地配置教育资源，解决农民工子女入学问题。财政可根据在校的农民工子女人数给学校拨付经费，消除学校收取其他额外费用的理由，消除农民工子女入学过程中受到的不平等待遇，减轻外来务工人员负担。政府要适当地为农民工子女提供一定的费用减免项目和额度，利用政策倾斜缓解农民工子女的就学压力，同时为其提供更多丰富课余生活的机会，以便他们能增长见识，丰富精神世界，结交更多朋友，从而更好地融入城市生活。

第二节 "十四五"时期中国义务教育公平面临的机遇

2020年10月29日，中国共产党第十九届中央委员会第五次全体会议审议通过了《中共中央关于制定国民经济和社会发展第十四个五年规划和二〇三五年远景目标的建议》，党和国家提高教育质量的建议已经被写入"十四五"规划，明确提出"建设高质量教育体系"这一主线。以提高质量为主线，以促进公平为重点，以深化改革为动力，坚持立德树人，培养德智体美劳全面发展的社会主义建设者和接班人。一方面，我国全面实现现代化将首先保障教育的现代化；另一方面，教育是实施创新驱动发展战略的根本动力，教育不仅是创新的推动者，更是重要的参与者。"十四五"时期，中国的义务教育公平发展面临巨大机遇，推动义务教育均衡发展和城乡一体化，是加快转变经济发展方式、全面实现小康社会的根本保证，党和国家应该从改善人民生活入手，通过促进义务教育公平，进一步促进整个社会的公平正义。随着社会的进一步发展，人们的教育需求也越来越广泛、越来越独特，正因如此，一个可以令大家满意的教育一定是多元化、多层次的。这就要求我们在探索教育改革的道路上要坚持创新，要做到与时俱进，逐步加强义务教育普及的广度与宽度、提高义务教育质量、规范义务教育管理、深化国际交流与合作等。总而言之，我们要想发展好义务教育，就要把公平和质量作为重中之重，只有协调好处理好这两个方面，才能共同促进义务教育质量的提升。

一　可持续发展呼唤义务教育公平

《国家中长期教育改革和发展规划纲要（2010～2020年）》中关于"提高义务教育质量，推动教育均衡发展"的相关内容至关重要。提高义务教育质量和推动均衡发展这两方面相辅相成、相互促进教育改革的实施，义务教育是保障可持续发展的关键，而义务教育的公平则是教育健康发展的重要保证，所以应着眼义务教育公平，形成更好的可持续发展。

（一）义务教育可持续发展的重要意义

第一，在全面实现小康的可持续发展进程中，"百年大计，教育为先"，党和国家把义务教育作为这一进程中的重点工作，不断发展义务教育、加强对义务教育的各项建设，这是实现"四个全面"战略的保障。义务教育事关适龄儿童和青少年的健康成长，进一步来说是关系国家可持续发展的重大问题，为了让每一位适龄儿童都能平等、高质量地接受义务教育，我们务必要牢记习近平总书记提出的"办好人民满意的教育"这一宗旨，做好义务教育公平保障工作。第二，义务教育的可持续发展事关城镇化的发展进程。随着城乡一体化进程的不断加快，大量农民工进入城市，农村土地荒芜现象严重，甚至整村大面积无人居住，严重阻碍了农村经济发展，影响了适龄儿童的学习教育环境。为了应对这些问题，国家采取了相应的措施来保障农村的经济社会发展，当下农民工的返乡热潮说明这些政策措施在潜移默化中发挥着作用，在保障经济社会发展的情况下，一定会促进农村义务教育的可持续发展。第三，义务教育是国家教育的重要组成部分，是高中教育和普通高等教育的基础性学习阶段，这事关适龄儿童以及青少年的健康成长与未来发展，《义务教育法》强调了义务教育强制性、免费性、普及性的特点，要求所有适龄儿童必须接受义务教育。

（二）义务教育不公平对可持续发展的影响

1. 义务教育的不公平导致社会的分层混乱

合理的社会分层是社会可持续发展的基本保障，而公平的义务教育正是合理社会分层的基础。社会分层就是根据人的社会属性，以一定的现实意义为基础将人们分成不同的、合理的层次。合理的社会分层应该是个橄榄球形，通俗讲就是有钱人和穷人应该是少数，也就是橄榄球的两端，而绝大多数人应该是中产阶层，也就是橄榄球形的中间部分。从我国的发展情况来看，我国已逐步从穷人占大多数的金字塔形转为合理的椭圆形结构，在这个进程当中，影响贫穷阶层转变的关键因素是人的综合素质，以往的贫穷阶层绝大多数没有系统的教育经历，很多时候是没有这个条件，也就是义务教育的公平不能得到保障，人的教育不能得到保障，只能从事简单的劳动，陷入继续贫穷的恶性循环，也就阻碍了社会分层的合理化。所以将这部分人转变的关键在于教育，也就是从义务教育开始，通过保证义务教育的公平，让每个人都接受完整的义务教育，提升自身的综合素质，从事一些复杂的劳动，这样才有机会从贫穷阶层向更高阶层转变，也就逐步完善并形成合理的社会分层，保障社会的可持续发展。

2. 义务教育的不公平扰乱了合理的社会流动

合理的社会流动是社会可持续发展的动力，而公平的义务教育也是保障社会流动的发动机。社会流动是指人在整个社会关系中的流动，可以抽象地理解为从空间里的一个地方流向另一个地方。从方向上可以分为垂直流动和水平流动，垂直流动和水平流动的区别在于，垂直流动是针对一个人自我方面的流动，比如之前提到的人在社会分层中的跨越或者职业的变动，主要是说个人在某些方面的流动，而水平流动是一个人在同一个社会分层中的流动。垂直流动密切影响着一个社会的发展，比如封建社会只有科举这样非常少的垂直流动路径，这就导致整个社会的封闭进而影响社会的发展。从方式上可以分为赞助性流动和竞争性流动，所谓赞助性流动，就是人在流动的过程中得到了某种赞助，比如别人的帮助，或者社会的协助，从而实现自身的流动，而竞争性流动就是以一种公平竞争的方式，通过自己的努力而得到的流动。相比过去，社会的进步和发展需要人们以垂直流动和竞争性流动为主，这样不仅有利于个人的发展，也有利于整个社会的可持续发展。所以，在这个过程中，个人的综合素质等各个方面的能力都至关重要，进一步来说就是人的受教育程度至关重要。如果一个人不能公平地接受义务教育，那么就有可能无法实现垂直流动或者竞争性流动而始终处在社会底层，就无法实现自己的个人价值以及社会价值，进而导致社会的可持续发展失去动力而变得封闭落后。

3. 义务教育的不公平阻碍了社会充分合作的实现

社会的充分合作能够快速高效地实现社会的可持续发展，这就需要人们都积极参与到社会合作当中，而人们参与社会合作的能力也就是综合素质，说到底还是需要义务教育来保障，所以公平的义务教育也是提高个体参与社会合作能力的保障进而实现社会的可持续发展。每一个人的充分发展都能够有效促进社会的可持续发展，这就需要政府来保障每个人在青少年阶段接受公平的义务教育，而不能根据经济学上所说的效率搞特殊人群特殊化对待，把优质的义务教育资源分给那些所谓应得的青少年，这样会导致很多青少年无法得到应有的教育而使其无法全面提升自己的能力，进而也就无法充分地参与社会合作。而且，这种以牺牲公平为代价的效率并不可取，公平的义务教育不仅对每个接受教育的人有好处，还会使社会的其他人乃至整个社会受益。相反，不公平的环境，会使很多人不能受到良好的教育，丧失未来充分参与社会合作的能力，进而影响社会的可持续发展。

（三）推进可持续发展背景下义务教育公平的建议

1. 充分认识义务教育公平在促进可持续发展过程中的积极作用

可持续发展包含了两个方面，一方面是人的可持续发展，《教育：财富蕴藏其中》认为教育在促进人的可持续发展方面的意义是指："能满足当时发展的需要，又能保证其身心和谐、均衡与持久的发展而不受伤害，具有全面、长久与强劲的发展能力。"另一方面是教育促进社会、经济与环境可持续发展，如联合国教科文组织在2009年可持续发展教育波恩会议文件中所说："世界正面临严重的金融和经济危机、环境破坏和气候变化，以及各种紧张局势和冲突。全世界越来越意识到，国际社会必须团结起来为了创造一个属于我们共同的更美好未来而准备。联合国2005～2014年的可持续发展教育十年计划体现了这样的全球共识，指出了教育在可持续发展中将起到至关重要的促进作用。"所以，义务教育在可持续发展过程中可以帮助青少年学习可持续发展需要的科学知识、影响他们自身的生活方式以及价值理念，进而促进社会的可持续发展。这需要每个人的努力，需要每个人从青少年时期就形成这样的观念，也需要我们不断普及义务教育，落实义务教育公平，让每一位青少年或者适龄儿童都能平等地接受义务教育，促进人与社会共同可持续发展。

2. 加大义务教育财政投入

国家对义务教育的支持是影响义务教育公平发展的内在因素。虽然教育投入占 GDP 4% 的目标早已实现，但 2015 年我国教育投入只占 GDP 的 4.26%，仍然低于世界平均水平的 7%。目前我国对义务教育的财政预算支出占整个财政预算支出的 70%~75%，而世界平均水平在 85%~90%，不难看出我国在义务教育的财政方面的投入有待加强。在这种现实情况下就会出现一个问题，稀缺的投入总会应用到重点发展的地区，也就不可避免加重了义务教育不公平的现象。从政府投资的角度考虑，在对公共教育投资时，首先应该保障对义务教育的投资，因为研究表明，在不同等级的教育中，初等教育无论是在私人收益率方面还是在社会收益率方面都表现出明显的优势，同时优先保障义务教育投资，也就能很大程度上避免教育资源的不公平分配，让更多的地区、学校享受同等的义务教育资源，协同提高义务教育质量。

3. 实施义务教育阶段的"无差别学校"建设

义务教育阶段的"无差别学校"意味着义务教育学校应尽量将硬件设施和教师水平在一定范围内统一，以实现义务教育的公平，义务教育是最基本的教育，对人一生的发展起着决定性的作用。学生接触义务教育最直接的方式还是学校，而学校的硬件和软件也在一定程度上保障了义务教育的质量，所以要实现义务教育的公平，也要实现学校硬件和软件方面的公平，也就是各个学校之间不能有太大的差距，这样也就解决了择校、城乡差距大等很多现实的不公平问题。无差别学校，世界上韩日两国走在前列，在日本偏远的山村与现代化的大城市，硬件设备水平与学校教师水平基本没有差异。要实现"无差别学校"建设，应该做到以下几方面。一是优化我国现有的义务教育财政投入体系。义务教育作为公共教育的基础部分，因为其特殊的公共性，它的开展很大程度上依赖于一国政府的投入。之前我国的义务教育各项支出、管理主要是由地方分层负责，一些小学、中学甚至主要由村、乡镇以及县级单位负责，由于一些村、乡镇和县的经济能力有限，也就无法保障义务教育的公平性。新的《义务教育法》提出了以省、直辖市、自治区为主的义务教育投入体制，将工作的主要责任转向更高的层级，这在很大程度上提高了义务教育的质量，促进了义务教育的公平发展，但是要实现更全面的义务教育公平，国家和政府还需要更加积极主动地发挥作用。二是健全义务教育财政转移支付制度。"只有发挥上级财政对下属区域的转移支付功能，合理调节下属区域的义务教育经费投入，才能促进下属区域的均衡发展"。这种转移支付能够克服政府系统内部的不良作用，进而保障义务教育的资金问题和公平性问题。目前我国在义务教育财政转移支付方面还存在一些问题，比如支付资金量有限、能够获得转移支付支持的项目少、监督监察体系以及制度不规范等问题。面对这些问题，最主要的还是要解决相对落后地区的资金薄弱问题，也就是要进一步加大转移支付的力度，在上级政府拨付资金后，下级政府要利用好这部分资金，缩小地区间义务教育的差距，让义务教育做到基本的公平。但这只能解决一个地区内部的义务教育公平性问题，地区与地区之间的问题还是需要从全国层面来考虑，要实现全国范围内义务教育资源的公平分配，还是需要中央政府充分发挥作用。三是实施义务教育阶段教师的定期流动。教师是义务教育的直接参与者，并且是义务教育质量的决定性因素。师资力量的过大差别会导致学校的过大差别进而导致义务教育的不公平，要实现学校的无差别，就要保证学校的师资力量达到均衡水平。日本就很好地解决了这一问题，其在义务教育阶段实施了流动制的教师体系，每隔一段时间，部分老师就会进行交流，并大力鼓励教师前往相对落后的地区进行交流，从而通过这种优质的教师资源流动来平衡那些落后地区义务教育与发达地区义务教育的质量差别。虽然目前我国也存在这种教师的流动，但管理混乱，没有严格的监管，存在很多的投机行为，大部分的流动仍然是为了满足个人的利益，形式主义严重。更严重的是，这个流动的过程是单向的，也就是大部分的流动都发生在从落后地区到发达地区，比如从中西部流向东部地区、从农村流向城市、从落后学校流向好的学校等，这进一步加重了义务教育的不公平性。针对以上问题,我们应该做到,第一,建立完善的教师流动体系制度,建立健全相应的监督管理部门,并且充分发挥这些制度、部门的实际作用。首先是制度保证,结合相关法律,制定相应的政策,设立相关的监督管理部门,并赋予这些部门相应的权力;其次在有了相对完善的流动体系后,就要保证整个流动过程顺利实施,避免那些完全只顾个人利益而进行的违纪违规行为,使整个过程公开透明,接受群众的监督,只有保证了教师流动的公平性,才能发挥这种流动体系的作用促进义务教育的公平;最后,不仅要从法律法规上规定教师流动的义务性,还要强化教师的责任感。第二,将教师的聘用划入公务员系统。目前依照《教师法》规定,教师实行聘任制,学校与教师之间的关系由相应的劳动合同规定,城乡之间、学校之间教师待遇差别巨大的原因也在于此,这种劳务的合同制受市场经济的影响,也就产生了差距,从而使那些经济落后地区和学校在教师质量、数量上都远远落后,这也是市场经济在配置资源上的失灵。将教师划入公务员系统的好处在于不仅能够实现充分的教师流动,而且能保障那些落后地区和学校在市场经济中教师资源的竞争性,同时也避免了教师的种种投机行为以及只顾及个人利益的行为。由国家统一管理教师公务员体系,从而实现公平的调配,也就不存在那种优质教学资源集中在发达地区,而落后地区无人问津的现象,有利于保障教师资源的公平性从而促进义务教育的公平。第三,均衡各地教师的待遇,无论是教师资源的过分集中，还是教师流动的难以实现，最大的问题还是差别巨大的薪资待遇，特别是发达地区和落后地区以及重点学校和普通学校之间。结合教师的公务员化，将教师的待遇均衡化也就是由国家统一标准、统一发放，并出台相应的补贴措施来奖励那些在偏远落后地区工作的教师，同时鼓励教师向这些地区流动，当然也要强调流动的定期性，在偏远地区的工作有时间期限，消除那些教师的顾虑。

4. 强化政府落实义务教育公平的责任

因为义务教育特殊的性质（相当于社会中的公共物品），为了防止出现"公地的悲剧"现象，义务教育必须由政府来保障。义务教育的普及以及义务教育的公平主要还是依靠政府，其他任何人和组织都无法替代政府的保障，而市场经济的主要原则就是效率，所以效率可以由市场来调整。保障义务教育的公平需要各级政府的共同努力——中央政府强有力的政策，地方政府积极有效的履行，少了任何一个环节，政府在保障义务教育公平时都会失效。

二 教育现代化促进义务教育公平

实现教育现代化是目前教育改革的总体目标，在邓小平提出我国教育现代化之后，实现教育现代化始终是我国教育改革发展的首要战略目标，《国家中长期教育改革和发展规划纲要（2010~2020年）》提出，到2020年基本实现教育现代化。教育现代化主要是指利用现代先进的科技以及教育思想来提高教育本身的质量以及教学硬件的质量，进而培养新型高素质人才的过程。此外，目前追求的教育现代化也强调教育以人为本，要体现教育的人道性、民主性，这也是现代化与传统的主要区别。要实现教育的现代化，就要从学校出发，建设现代化学校，学校的现代化是一个不断创新的过程，这其中包括教学理念、教学课程、教学管理、教学科技、教学质量等各个方面的创新发展。作为教育体系中最重要的义务教育，现代化建设同样重要，教育的现代化首先发展的应该是义务教育的现代化，而义务教育现代化建设的最终目的就是义务教育的均衡发展，能够通过义务教育现代化学校的建设解决义务教育的公平问题，义务教育现代化学校的建设不仅从教师资源、学校配置等这些硬件设施保障了义务教育在各个地区的可行性，同时现代化的理念也有助于人们深化对义务教育重要性的认识，从而多个方面共同努力促进义务教育公平发展。

（一）义务教育现代化学校的建设要求

义务教育现代化学校的特征。义务教育现代化学校因其先进的理念而具有相应的特征：第一，保障公平，能够让每一位学生都能够公平地接受义务教育，让每一位学生都能公平地享受到现代化学校带来的高质量的教育资源；第二，以人为本，不再模式化地向所有学生推行同样的教学模式，因材施教，充分发挥学生本身的个性；第三，科技创新，充分利用信息化时代进行义务教育教学方式改革，用科技优化创新教学；第四，面向世界，加强国际交流，学习借鉴国外优秀的教学方式、理念，同时培养学生良好的国家观念和世界观，提高国内人才的国际竞争力；第五，相互促进，现代化学校的发展需要各界的共同努力，要培养学生，就需要家长、社会各界的相互协调、相互促进；第六，制度完善，无论是现代化学校建设政策支持，还是现代化学校的先进管理体系，这些完善的制度保障了现代化学校的迅速发展。

义务教育现代化学校建设的宗旨：促进公平与追求卓越。公平作为每个人发展的基本条件，包括义务教育在内的基础公共教育服务平等应该触及所有人，使所有不同地区和不同背景的人都能平等地享受这种教育服务。义务教育现代化学校建设要始终坚持促进公平与追求卓越的宗旨，这两方面是相辅相成的，保障了公平才能追求卓越，而追求卓越本身也要求我们实现公平。推进公共服务基本均等化，是党和国家加快转变经济发展方式、全面建设小康社会的重要战略决策。其重点是确保和改善人民生活，促进社会公平和正义，满足人们日益增长的教育需求，这都要求我们大力发展均衡、优质的义务教育。不仅如此，人们的需求随着时代的发展也趋于多元化，人们满意的教育并不是单一的而是富有变化、丰富多彩的，所以我们应该在义务教育质量、义务教育现代化方面做出更大的努力，不断规范义务教育管理，加强国际交流合作，利用科技手段提升义务教育质量，让义务教育在信息化的时代与时俱进。同时政府要积极履行自己的责任，完善每个人都能公平地接受义务教育的制度政策，在市场中发挥好"看得见的手"的作用，实现义务教育资源的公平配置。在义务教育现代化学校的建设中，积极探索新的教学模式，充分利用好各种现代化的手段、资源，建设优质的义务教育现代化学校，同时让这些学校充分发挥示范带头作用，引领更多的学校进行现代化建设，让优先发展的学校带动其他发展缓慢的学校，惠及更多的学生。

（二）我国义务教育现代化发展历程

1985年5月27日《中共中央关于教育体制改革的决定》指出，法律规定适龄儿童和青少年都必须接受义务教育。我国从20世纪80年代中期开始落实、普及义务教育，这个目标在进入21世纪后基本实现。普及只是最基本的开始，在随后的发展中，义务教育改革不能只追求"有学上"，更重要的是"上好学"，新时代义务教育改革把工作重点转向了义务教育现代化、全面落实素质教育等方面。回顾我国义务教育现代化的发展历程，大致分为两个阶段。

第一阶段是重点发展阶段。20世纪50年代，我国的义务教育以学习苏联为主，更像是摸着石头过河，1953年5月，毛泽东在中央政治局会议上提出要办重点中学，希望能从这些重点中学的开办中学习一些经验。60年代"文革"期间，重点制度被废除，直到1977年，因国家发展急需人才又恢复了重点学校办学制度，1977年5月24日，邓小平在谈"尊重知识，尊重人才"时指出："办教育要两条腿走路，既注意普及，又注意提高，要办重点小学、重点中学、重点大学。"此时国家正处于建设发展的重要时期，迫切需要人才但整体教育薄弱，所以国家充分利用重点学校制度助力教育发展，之后又相继出台了《关于办好一批重点中小学试行方案》《关于分期分批办好重点中学的决定》。随着改革的推进，1986年《义务教育法》颁布，我国的九年义务教育正式启动，但因为重点学校制度的存在，义务教育依然以重点学校制度为主，很难做到普及，这也是由时代所决定的，此时国家急需一部分进行国家建设的优质人才，难免使教育资源优先向少数精英倾斜，在该时期，为了国家的快速成长而立足于世界，义务教育的发展是牺牲了公平的发展。

第二阶段是均衡发展阶段。进入21世纪后，义务教育发展的目标不再是保障效率而牺牲公平，此时要让更多的人更好地、更公平地接受义务教育。党和国家在这方面做出了很多努力，十六届五中全会中首次提出"基本公共服务均等化"理念，紧接着在十六届六中全会中提出"完善公共财政制度，逐步实现基本公共服务均等化"，随后在党的十七大报告中指出"缩小区域发展差距，必须注重实现基本公共服务均等化"以及"优化教育结构，促进义务教育均衡发展"。这也是党第一次正式书面提出"义务教育均衡发展"，之后党的十七届二中全会提出"着力促进教育、卫生、文化等社会事业健康发展，建立健全公平公正、惠及全民、水平适度、可持续发展的公共服务体系，推进基本公共服务均等化",《国家中长期教育改革和发展规划纲要（2010~2020年）》明确指出,"均衡发展是义务教育的战略性任务,建立健全义务教育均衡发展保障机制,推进义务教育学校标准建设,均衡配置教师、设备、图书、校舍等资源"。在此基础上逐步明确了我国义务教育的发展方向,2006年国家以法律的形式提出了"促进义务教育均衡发展"的思想,并对义务教育均衡发展做出了明确规定。《义务教育法》明确规定"国务院和县级以上地方人民政府应当合理配置教育资源,促进义务教育均衡发展,改善薄弱学校的办学条件,并采取措施,保障农村地区、民族地区实施义务教育,保障家庭经济困难的和残疾的适龄儿童、少年接受义务教育"（第六条）,"人民政府教育督导机构对义务教育工作执行法律法规情况、教育教学质量以及义务教育均衡发展状况等进行督导,督导报告向社会公布"（第八条）,"县级以上人民政府及其教育行政部门应当促进学校均衡发展,缩小学校之间办学条件的差距,不得将学校分为重点学校和非重点学校。学校不得分重点班和非重点班"（第二十二条）,"县级人民政府教育行政部门应当均衡配置本行政区域内学校师资力量,组织校长、教师的培训和流动,加强对薄弱学校的建设"（第三十二条）,"县级人民政府编制预算,除向农村地区学校和薄弱学校倾斜外,应当均衡安排义务教育经费"（第四十五条）。从《义务教育法》的规定中可以看出,目前的义务教育发展已经完全取消之前的重点学校制,新时期义务教育公平发展要以保障弱势群体接受义务教育的权利为工作重点，同时要发挥中央以及各级政府的作用来改善那些落后地区、落后学校的义务教育水平。

在保障义务教育公平方面，我国已取得一定的成效，2019年，小学学龄儿童净入学率已达99.94%，初中阶段毛入学率达到102.6%。在我国，每个适龄儿童公平地接受义务教育已不是问题，但是由于目前我国的义务教育主要是分级负责，地域的差别会导致义务教育质量的差别，这也是一种义务教育不公平，不同的地区具有不同的自然环境、人口分布、经济发展政策、经济发展情况，这些都会造成义务教育的差别，最主要的体现就是经济落后地区由于经济实力有限，政府的财政支出不能完全保障义务教育的高质量发展，也就导致义务教育发展的区域差距明显。所以义务教育现代化的建设任务依旧严峻，需要依靠现代化学校的建设来解决这些问题。

（三）我国义务教育现代化建设的新任务

义务教育与时俱进的要求。首先，学习型社会就是能够保障所有人学习以及终身学习的社会，这也提高了对义务教育的要求。联合国教科文组织在1999年的一份报告中指出："处在今天逐渐复杂纷乱的世界，每个人以及所有的社会，都必须能够持续发展与使用各种不同的知识架构、价值体系、智力结构和技能。对于终身学习需要透过较为广泛的观点，赋予新的意义。学习不再只是一种仪式，也不仅是关联于职业需要而已。"在学习型社会中，终身学习已经深入人心，人们越来越重视学习的机会，正所谓活到老学到老，越来越多的人把学习列入自己一生的计划之中。义务教育作为人终身学习的基础，往往决定了最终能达到的高度，所以在目前这种学习型社会中，义务教育的现代化建设要把眼光放长远，不仅要保障学生在适龄阶段的学习，更要培养这种终身学习的能力，为学生的终身发展做出合理的规划。一个人在义务教育阶段接受了系统的、完整的学习能力的培养，这种能力能够让人更好地接受高等教育以及进入社会后的自我学习。其次，随着信息化的不断发展，互联网的不断普及，相比传统的学校教育，现在的教育可能有时就是虚拟的，网络已经不仅是一个教育资源搭载的平台，更多的是搭载了整个教育体系。人们可以通过网络知道任何自己想知道的，可以通过网络获得各种各样的学习机会，网络上有海量的学习资源。同时网络在传播文化资源时，没有什么地域、时域的限制，而这种超越时空的传递很大程度上解决了义务教育在公平性方面的问题，一台终端，即使再偏远地区的孩子也可以得到最优质的教育资源，所以仅仅依靠传统的课堂已经不能满足时代的发展，现代化义务教育更是如此，要充分利用好信息化带来的便利，让现代化义务教育公平卓越地发展。最后，现如今已不同于以往，不仅义务教育的普及基本全面实现，高等教育的普及率也在逐年上升，这意味着从义务教育阶段开始就具有更多机会，这为学生的发展提供了无限可能，学生可以自主选择发展方向，结合自己的个性、特长等发展相应的能力，义务教育阶段是起步阶段，要充分发挥义务教育现代化的特点，让学生开阔视野、提升能力，让现代化的义务教育有助于实现每一个学生的特色发展。

义务教育现代性的追求。作为一种社会文化的发展历程，现代性是一个依据社会历史的进步发展，人性和道德不断提升的过程，在这样一个发展过程中，义务教育公平要体现义务教育现代性的内涵：第一，理性追求，其含义是基于义务教育可规划假定而形成的追求，也就是通过规划、实施进而实现目标；第二，人本追求，现代教育的最终目的在于实现人的价值，通过现代化的教育来提升人进入社会的能力，帮助接受教育的年轻一代在今后的社会发展中实现自我，这需要摆脱教育中存在的对人发展产生的束缚，充分培养年轻一代的主观能动性，通过教育保障使年轻人处于同等的地位，拥有平等的教育权利，基于个人的互动关系成为教育的主体；第三，根植大众，现代化义务教育的出发点是以人为本，以满足广大人民群众的需求为主，通过民主、自由的义务教育现代化来实现义务教育的公平；第四，终身关怀，正如联合国教科文组织的报告《学会生存》所指出的那样："未来的教育必须成为一个协调的整体，在这个整体内，社会的一切部门都从结构上统一起来。这种教育将是普遍的和持续的，从个人的观点来说，这种教育将是完整的和富于创造性的，因而也是个别化的和自我指导的。这种教育既是保障专业活动、促进专业活动的动力，又是文化堡垒和推动力，这个教育运动是不可抗拒也是不可逆转的，这是我们时代的文化革命。"这也体现了义务教育的作用，它不仅是保障人继续接受高等教育的基础，也是推进文化自信的开端，所以义务教育公平也是对终身关怀的追求，更好地实现义务教育的公平发展，这样才能在这场"文化革命"中打好基础，实现可持续发展。

解决义务教育制度自身的矛盾。现阶段义务教育普遍实行"划片"，也就是就近入学，这就难免会出现因地域而造成的义务教育不公平，而深入来说，矛盾的根本原因还是学校的各方面差异过大，所以要实现义务教育公平，提高义务教育质量，就要把学校的发展建设列为主要工作内容。然而学校只能一定程度上影响学生的发展，在义务教育阶段影响学生成长的因素有很多，这些因素的影响程度也不同，家庭因素在影响一个孩子的成长发展方面起着决定性的作用，这主要取决于家长以及孩子成长的家庭环境，比如家长的价值观、习惯等都会影响到孩子的学习成长，甚至学生会把这些带到学校去影响别的孩子，而在这种影响下学校的作用就会小很多，学校很难整体改变这些家庭所带来的影响，所以要提高义务教育质量，就要建设一套完整的学校与家庭相结合、相互促进的体系，同时学校要充分利用学生的家庭教育资源，推动学校的特色发展。在教育现代化的背景下，一方面，义务教育公平发展在提高公共教育资源使用效率的同时，也要发挥学校本身的主观能动性，以学校资源结合学生家庭资源，以完整的体系构建高品质的义务教育；另一方面，在提升学生基本素质实现全面综合发展的同时，关注学生的个性发展、特色发展，最终实现学生的终身发展。

三 互联网计划助力义务教育公平

"互联网+"是指在传统的IT行业的支持下，互联网深度融合一些行业而创造的新的发展生态。在20世纪90年代初期，信息化教育刚刚起步，美国政府提出了一项举世关注的计划——建设国际信息基础设施，说明美国逐步开始将未来教育改革的方向转向信息化，在信息化教育的研究领域中处于领先地位。现代的科学技术在推进教育信息的传递、教育方式的改革方面相比其他技术有着明显的优势，所以信息化教育要充分利用现代技术的优势来发展义务教育。通过计算机、多媒体以及互联网技术来快速实现教育信息的及时分享。"互联网+义务教育"强调通过互联网、云计算、大数据来实现优质资源的合理配置，是一种融合了互联网与传统教学模式的崭新模式，是在传统教育的基础上，通过互联网思维重新构建传统的教育内容、方法以及体系，从而转变传统的以教师教学为核心的教学模式为以学生为核心的发散模式，形成新的教师授课方式和人才培养理念。利用互联网开展教育，可以说跨越了时间、地域等多方面因素，而这些因素也往往是阻碍义务教育公平发展的关键因素，它不仅开拓了崭新的教育体系，同时也提升了一些因客观因素而无法提高教学质量的学校的各方面的能力，增加了一些本无法接受义务教育的学生公平地享受义务教育的机会，这种崭新的互联网教育的模式，促进了义务教育公平的快速实现，同时也保障了义务教育的卓越发展。作为一种全新的发展模式，"互联网+义务教育"可以帮助那些因为起点不公平而无法得到教育保障的孩子享受到优质的义务教育资源。

随着信息技术的飞速发展，过去那些我们觉得不可能的正在逐步成为可能。信息化因其独特的技术和创新的方式，在应用到义务教育方面时有着得天独厚的优势，能够更好地提升义务教育水平，更快实现义务教育的公平发展。我国于21世纪提出教育的信息化发展战略，相继开展了"农村中小学远程教育工程""基础教育跨越式发展创新试验研究"等具体项目，在这些项目的后续反馈中发现，教育信息化的作用要比我们预期的好，特别是对于提升农村、经济发展较落后地区的义务教育质量和公平以及学生的素质和能力有显著成效，所以从这些过往的经验来看，信息化教育能够很好地促进义务教育得以优质、公平地发展，从而使教育公平的目标真正落到实处。目前，国内加大政策的扶持力度，着力保障中西部地区和农村地区学校的信息化教育改革工作。财政部、国家发改委、教育部、科技部等部门也根据具体情况出台了相应的措施，国家也大力支持以东中部省份为代表的教育发展较快的地区对中西部地区进行对口支援，支援内容以这些发达地区中小学的多媒体教室建设、优质教育资源为主,在国家大力支持和各方面积极努力下,区域、城乡之间的数字差距在一定程度上有所缩小。

(一)互联网技术在促进义务教育公平中的作用与功能

1. 互联网技术在促进义务教育公平中的作用

首先,互联网的媒介作用。从教育公平角度分析,互联网上的在线教育不需要实体,大到一所学校,小到一张桌子,它以互联网为介质,也就是说互联网在线教育只需要一台能上网的电脑,也就是通过终端就能把优质教学资源传递给那些没有实体条件而又非常需要的人们,极大地降低了受教育的门槛,让更多的人能接触到。在实际生活中,由于教育资源分配不均的问题,区域之间存在差距。如何逐渐缩小这个差距,是我们现在面临的首要问题,如果能够充分利用互联网进而把发达地区的教育资源共享给这些落后地区,可以为解决差距提供新渠道。而"互联网+"的应用在一定程度上促进了教育资源再分配,将各种教育资源发布在互联网上,网络条件下可以实现互联互通,因此,加强各地的网络基础设施建设,可以为"互联网+"的应用创造条件。其次,互联网的数据分析作用。对于互联网时代来说,大数据至关重要,而有关教育公平的话题蕴含其中。将互联网大数据的理念贯彻在教育中,我们能够通过大数据的分析了解影响教育公平的因素,明白需要做出什么改进才能够解决这样的问题。通过大数据分析,可以了解教育发展差距,深入分析具体问题，积极寻找补救措施，加快实现国家教育均衡发展的目标。政府和社会应该更加重视教育公平问题，在政策和经济等方面给予贫困地区更多支持，加快贫困地区教育基础设施和网络设施建设，借助互联网教育资源分享平台，提高贫困地区的教育水平。

2. 互联网技术在促进义务教育公平中的功能

首先，工具功能。互联网教育与传统的教育手段不同，互联网教育可应用范围更加广泛，通过信息化的技术来发展信息化的教育，而互联网在促进义务教育公平发展中的功能更像是一种工具。互联网教育手段对促进义务教育公平具有非常重要的功能作用，包括对思想意识形态的影响，以及对教育工作者教育教学观念的革新。但是工具功能是其首要功能。1970年美国教学技术委员会教育工作报告指出，"技术可以使教育更有成效、更富个性、学习更迅速，同时使教学建立在更加科学的基础上，使教育机会也更加均等"。互联网技术是信息化快速发展的产物，互联网技术的应用成为促进义务教育公平发展的强大动力。其次，资源共享功能。优质教育教学资源共享是促进义务教育公平发展的先决条件。在信息化教育中，远程教育利用优质的互联网教育资源共享平台，为落后地区学校、教师以及学生提供丰富、优质的义务教育资源，也就解决了这些地区因不可抗力因素而造成的义务教育过程中教师质量、教学资源等方面的问题，互联网在实现资源配置的过程中，因其特殊的性质而不受地域、发展水平等方面的制约，能够实现义务教育资源的高效配置，促进义务教育的公平发展。

（二）互联网技术助力义务教育公平的策略及发展建议

教师自身的素质、能力的差别严重影响了我国义务教育的公平性，同时伴随的问题就是因为教师的差别而导致的学校的差别，进而导致地区的差别，集中表现为优质教师的稀缺，以及地区教育质量的落后，这种不公平主要体现在两个方面。一方面，教师的数量不成正比，城市或者发达地区的教师人数要远远高于农村或落后地区；另一方面，教师的素质能力差别过大，主要表现是教师的学历水平。目前义务教育公平亟待解决的问题主要是儿童因为环境等客观原因不能接受良好的义务教育，需要通过我们的努力让这些儿童都能够平等地享受优质的义务教育。面对目前教师质量差别过大而造成的不公平的现象，我们可以通过教育创新，让信息化与义务教育充分结合，利用互联网带来的便利惠及义务教育，从根本上解决义务教育的不公平问题。

1. 利用互联网来均衡师资力量的差异

第一，利用互联网技术提升教师本身的各方面能力。通过互联网的联通，让城乡教师之间定期交流沟通，并通过视频网课等手段使欠发达地区、学校能够享受到那些名师名家的高质量课程，在此基础上加强学生与学生之间、老师与老师之间的沟通交流，协同教学，取长补短。同时对于稀缺的教师资源，还要努力保障这些少数教师的综合素质，进一步提高他们的教学能力，互联网的协同教学，不仅能使学生受益，也能使一些老师受益。当今教育快速发展，对于老师的教学综合实力的考验也越来越大，但这些能力不是简简单单的培训就能提升的，首先要做的就是改变教师固有的教学理念，然后建立系统的、完善的培养体系，进而提升教学能力。新时期，学生的学习不再仅仅是获得知识，在传统教育模式中言传身教的教育模式只能简单地传输知识，而现在的社会发展需要人不断提高自己各个方面的能力，这也是新时期学校培养学生的重要任务，主要包括一个人的语言表达能力、自我学习能力、逻辑思维能力等多个方面，要培养学生这方面的能力，不光要靠整个教育模式的转变，更重要的前提是教师理念的更新，这也是信息化教育的目标，让教师通过对新技术的适应、学习、模仿等过程，将互联网技术运用到自己的教学方式中，活学活用不断创新。同时，利用网络研修开展教师的工作方式创新，依托互联网广阔的平台，为教师的研修提供专业、丰富、及时的优质教学资源，构建教师互帮互助的交流平台，其中还可以加入专家学者等更高端的人才，让落后地区的教师能够和顶尖人才经常对话交流。

第二，借鉴 MOOC 理念。MOOC（Massive Open Online Courses）即大型开放式网络课程，译文"慕课"。MOOC 理念的应用以美国部分高校为主，2012 年前后，美国几所顶尖大学都开设了自己的 MOOC，通过互联网传播这些免费的课程，比如斯坦福大学两位教授创办的 Coursera、Sebastian 创办的优达学城（Udacity）、麻省理工学院和哈佛大学联合创办的 edX，这些在线课程平台，给更多的学生提供了更多的学习机会。这种新型的教学模式，需要充分发挥学生本身的主观能动性，MOOC 改变了之前老师主导学生从属的关系模式，同时借助于互联网平台，学生不再是求知的客体，变被动为主动，这也从某种程度上锻炼了学生的自主学习能力。MOOC 最大的优势在于公平，这并不受之前我们所说的教师质量、地域差别、经济发展水平等各自现实因素的限制，因为在互联网这个虚拟的空间中，这些都不是决定因素，所以这种公平开放的教学形式使学生更容易获得高质量在线课程。在义务教育领域，也可以巧妙地应用 MOOC 理念，通过共享大量优质教学资源为实现教育公平打开新的突破口。"免费开放、自主学习"是 MOOC 的核心理念，这种理念也被应用于我国中小学教学中，即微课模式。将微课与教案有效结合，前期做好整体教学规划和课程进度安排，课前学生们通过微课预习，课上针对重点疑难问题进行讨论，课后通过微课的测试频道进行自我学习检测，学生个人数据由平台直接反馈给老师，老师通过学生学习检测数据及时了解掌握学生的学习进展和知识点掌握程度，并在下一节课对存在的问题进行重点讲解。学校在使用微课的过程中针对低年龄段的学生要侧重激发和引导学习兴趣，侧重帮助高龄段学生系统地掌握知识；同时要根据学习内容决定是否使用微课教学，灵活变通，提高教学效率和教学质量。但是，目前微课模式大部分发生在城市和县城，因主观和客观上的条件，农村和贫困山区很难实现。微课模式可以作为传统教育的补充，政府和社会应该积极主动地创造条件，拓宽贫困地区学生接受优质教育资源和教育方式的渠道，缓解由于教师短缺和教育质量差距形成的义务教育差距，助力义务教育公平目标的实现。

2. 大数据助推义务教育公平

全球知名咨询公司麦肯锡最先提出"大数据"理念，即"当今的每一个行业和业务职能领域都已被数据渗透其中，数据已然成为重要的生产因素"。人们正在挖掘和运用大数据这条道路上愈走愈远。在传统教育模式中，教师只能用笔和纸记录学生的学习情况，这种方式耗时费力，效率低、成本高。在互联网背景下可以有效改变这种状况，大数据分析技术可以快速计算出试题出错率，使老师准确掌握学生的学习程度，提高教学的效率与质量。反馈、个性化和概率预测是利用大数据改善教育发展水平的三大核心要素。牛津大学互联网研究所教授 Victor Mayer 在《与大数据同行》一书中写道："按照一本给定的教科书、一门科目或课程绝不是未来的学习方式，未来的学习模式是数千种不同的组合的最佳策略。不再需要凭借主观判断选择最适合教学的书籍，教师可以利用大数据分析技术选出最有效的书籍，进一步完善和修正私人定制的教材。"大数据发展评论员 Kenneth Cukier 也认为大数据促进了教育和技术的结合，可以根据每一位学生的学习能力和学习习惯等数据，设计适合该学生的学习内容规划和个性化课程。

(三) 互联网推动义务教育公平发展的制约因素

信息技术的出现改变了传统的义务教育模式，这种跨时代的技术促进了义务教育公平跨时代的发展，互联网、云计算、大数据等现代信息技术的发展可以为义务教育公平发展提供新渠道。互联网教育作为一种新的解决办法，建立在现代科技发展的基础上，但是，仍存在其他因素限制了互联网教育发挥作用。第一，经济发展水平的制约。各项研究及指标表明，一个地区的经济发展水平往往决定了该地区信息化发展的水平，一些经济发展水平较高的地区信息化设备、理念都要比那些落后地区先进，城市中学校信息化的普及程度高，城市学校的公共信息化设施、教师配置等资源，学生个人拥有的计算机、电子设备等设备远远多于部分农村地区，所以不难看出经济发展水平制约了信息化的发展也就制约了义务教育的公平发展。第二，教学理念不到位的制约。信息化时代，互联网与义务教育紧密结合，教育不再是简单的老师教学生学，更多地需要学生通过掌握互联网的学习方法来进行自主学习。但义务教育阶段学生年龄较小，这个阶段如果想更好地利用好互联网所带来的便利，老师、学校、家长等要发挥引导的作用，也就是说教师的信息化理念以及相应的教育教学能力需要进一步提高。如何将这些便利的信息技术应用到实践活动中需要老师们的不懈努力。如果老师不能熟悉这些新方法、新技术，就会严重影响学生学习这些信息化的教学资源。特别是目前有些落后地区，或者大部分农村地区的教师这种理念、技术普遍缺失，就会导致在开展信息化教学的过程中，这种地区差异会越来越大，严重影响义务教育公平的发展。

（四）关于进一步促进互联网义务教育公平发展的建议

1. 加大对农村、经济发展落后地区中小学校的信息技术硬件建设方面投入

实现义务教育公平必须依靠硬件设备的支撑，重点利用信息化手段。第一，增加对农村、经济发展落后地区学校信息化基础设施建设的财政投入。目前农村、经济发展落后地区中小学校的信息化建设基础设施少，要充分发挥计算机在教学过程中的作用，需要加大财政投入，加快农村、贫困地区学校硬件设施建设，保障财政资金的高效使用。其次，制定严格的计算机使用规则，延长机器使用寿命。截至2013年，国家投入总计400多亿元来支持农村中小学校的信息化硬件设施建设。第二，从应用层面提升农村、经济发展落后地区的教学质量。充分利用计算机的多媒体技术，增加教学形式，突破黑板板书、纸质资料发放的传统教学模式。教师可以充分利用多媒体课件形象化地将知识传授给学生，帮助学生理解，提高学生学习兴趣和学习积极性，提高教学效果。同时教师也可以利用计算机继续学习、培训，提升自己的教学水平，减少与经济发达地区教师的差距。

2. 加强软件建设,促进义务教育公平发展

第一,加强资源内容的管理。资源内容主要是指网络软件资源内容,包括习题、课件、文献资料等与教育教学密切相关的资源,可以提高义务教育的发展水平。首先,多媒体可以更形象、更易理解的方式将学习的内容传授给学生,最有效、最直接的信息传递极大地提高了学生的学习兴趣和学习效率。其次,教师可以将教材内容扩展为一种情景,吸引学生的注意力,提高学生的兴趣和积极性,提高教学效果。扩展多媒体资源内容,帮助改善农村、贫困地区教育资源内容匮乏的局面。第二,提高农村、贫困地区教师信息技术水平,鼓励计算机专业技术人才下乡指导。"农远工程"的实施有效提高了农村中小学教师的信息技术水平,教学中增加了信息技术的使用,随着互联网的快速发展以及教育改革的深入,如何更好地使用互联网技术提高教育水平,这是全体教师们面临的新挑战。信息化时代背景下,首先要求教师学习好、掌握好信息化的相关理论知识,在使信息技术作为辅助教学的演示工具的基础上,拓宽教师教学的渠道,提供一种新的教学理念,推动互联网与教育的深度融合。其次,加强对教师队伍的信息技术的培训,培训内容涵盖最新学科发展成果、多媒体技术的教育实践等各方面。最后,建设好教师教学成果展示的平台,让教师利用信息技术的能力在学习—实践—反思—再实践的过程中逐步提高。同时鼓励专业的计算机人才下乡指导,加快以上过程的实施速度。第三,转

变受教者的学习方式，进而提高学习质量。互联网教育平台为农村、贫困地区的学生提供"第二课堂"新教学模式，学生可以自主选择学习内容，也可以利用该平台与其他地区的教师、优秀同学进行沟通，有效提高学生的成绩。互联网的强交互能力帮助农村、贫困地区学生跨域空间的障碍，以小组的形式，学习交流、相互合作、相互激励、互相帮助，实现各自的学习目标。

3. 政府要加强对互联网教育的宏观引导

在政府的引导方面，政府应就互联网在教育方面的应用出台具体的应用措施，明确互联网在促进义务教育公平方面的作用，引导社会各界充分利用互联网带来的便利来惠及义务教育，实现义务教育公平；在具体的措施方面，政府可以出台一些优惠政策，鼓励民间资本进入义务教育的行业，通过对企业家的鼓励，让更多的资源为义务教育所用，促进义务教育的公平发展。加大人力和物力投入，在技术和充足财力的支持下，充分发挥个性化教育的作用，满足不同个性学生的学习需求。新时代互联网技术飞速发展的背景下，政府应该在政策上引导互联网教育的发展，并给予政策上的支持，提供充足的人力物力，保障每一个学生都能共享现代化教育的发展成果，实现义务教育公平发展。

4. 正确认识互联网教育与传统教育的关系

新时代背景下，随着科学技术的飞速发展，计算机、互联网不断地改变着我们的生产方式、生活方式，以及思维模式。传统教育虽然发展了几千年，创造了辉煌成就，但是也应该与时俱进。新的互联网教育发展模式凸显出一定的优越性，弥补了传统教育模式的发展劣势，但是不能盲目夸大优势。互联网教育作为一种新兴的教育方式，仍然存在一定的局限性，我国目前的教育发展形势下，政府、社会应该推动互联网教育与传统教育相结合，推动义务教育的均衡发展。

第三节 "十四五"时期中国义务教育公平面临的挑战

实现中华民族的伟大复兴是中华民族近代以来最伟大的梦想，习近平在中国共产党成立95周年大会上指出，现阶段，建设中国特色社会主义的主要任务是在中国共产党成立一百年，即2020年左右，全面建成小康社会；在中华人民共和国成立一百年，即21世纪中叶，建成富强民主文明和谐的社会主义现代化国家，这是中国梦的两个宏伟目标。而"十四五"时期是我国全面建成小康社会、实现第一个百年奋斗目标之后，乘势而上开启全面建设社会主义现代化国家新征程、向第二个百年奋斗目标进军的第一个五年，在此期间，我们会面临各种各样的机遇和挑战，《中华人民共和国国民经济与社会发展第十四个五年规划纲要》中指出，"建设高质量教育体系。全面贯彻党的教育方针，坚持立德树人，加强师德师风建设，培养德智体美劳全面发展的社会主义建设者和接班人。"实现人才强国战略，这就要求更加重视教育质量，注重人才培养，无疑给我国的义务教育公平提出了挑战。

一 经济转型升级亟待义务教育转型加速

经济转型升级是指在一定时期内，一个国家或地区在经济结构和经济制度方面发生的根本性变化。"十四五"时期是我国全面建成小康社会、实现第一个百年奋斗目标之后，乘势而上开启全面建设社会主义现代化国家新征程、向第二个百年奋斗目标进军的第一个五年。在这个特定背景下，经济转型能释放出巨大的潜力，使经济保持中高速增长，产业迈向中高端水平，能缓解或者化解各种短期矛盾困难，使经济结构迈向一个新台阶。此时，教育转型会为经济转型提供新的动力，义务教育转型加速会促使经济转型升级，进而为实现全面建成小康社会的目标打下坚实的基础，进一步实现中华民族伟大复兴的中国梦。

（一）产业结构由工业主导向服务业主导转型

产业结构升级是指产业结构中产业从低层次转换为高层次的过程，包括第一产业、第二产业、第三产业的比重变化，劳动密集型、资本密集型、技术密集型之间的变化，最终会使产业结构朝着生产效率高、资源配置效率高、环境污染小的产业群转移。在"十四五"时期以前的很长一段时间里，我国的产业结构虽然促进了经济的快速增长，但也存在突出的问题。长期依赖投资规模扩张和固化加工制造环节会使产能过剩，不仅在重工业行业存在产能过剩的问题，在一些新兴产业这种问题也比较突出。服务业发展也比较滞后，加工制造行业所占比重较大，研发、设计和营销等生产性服务业全部依赖别的国家，致使生产性服务业发展滞后，并且很少参与产业链的高端环节，又会阻碍生活性服务业的发展。资源过度开采现象严重，我国虽然矿产丰富，但资源环境问题已经达到了难以为继的地步，我国国民收入的相当一部分是在过度开采资源、牺牲环境和劳动者福利的基础上获得的，并且部分地区存在雾霾现象，影响了人民的生活质量，各地的水体和土壤污染问题也逐渐凸显。

习近平总书记指出，"产业结构优化升级是提高我国经济综合竞争力的关键举措，要加快改造提升传统产业，深入推进信息化与工业化深度融合，着力培育战略性新兴产业，大力发展服务业特别是现代服务业，积极培育新业态和新商业模式，构建现代产业发展新体系"。"十四五"时期，服务业比重不断增大，满足消费的生活性服务和满足生产的生产性服务的增长速度越来越快，占据着经济发展的主导地位。从消费方面来看，人们开始从过去的满足"生存"的需要逐渐转化为"享受"的需要，对住房、医保、娱乐等生活性服务的需求越来越强烈，用于提高生活质量和生活方便度的支出在人们的消费支出中所占的比例越来越大，人们越来越倾向于以非实物消费为主的生活性服务。从生产方面来看，我国的工业化经过了过去长时间的积累，无论是规模还是技术水平都有了显著的提高，工业占据主导地位，现如今，制造业和服务业呈现相融合的趋势，由过去的工业主导逐渐转型为服务业主导，服务化已经成为提高企业竞争力、增加企业利润的重要因素（见表6-1）。

表6-1　1978~2019年国内生产总值

单位：亿元

年份	国内生产总值	第一产业	第二产业	第三产业	工业
1978	3678.7	1018.5	1755.1	905.1	1621.4
1979	4100.5	1259.0	1925.3	916.1	1786.5
1980	4587.6	1359.5	2204.7	1023.4	2014.8
1981	4935.8	1545.7	2269.0	1121.1	2067.7
1982	5373.4	1761.7	2397.6	1214.0	2183.0
1983	6020.9	1960.9	2663.0	1397.1	2399.0
1984	7278.5	2295.6	3124.7	1858.2	2815.8
1985	9098.9	2541.7	3886.4	2670.8	3478.2
1986	10376.2	2764.1	4515.1	3097.0	4000.7
1987	12174.6	3204.5	5273.8	3696.3	4621.1
1988	15180.4	3831.2	6607.2	4742.0	5814.0
1989	17179.7	4228.2	7300.7	5650.8	6525.5
1990	18872.9	5017.2	7744.1	6111.6	6904.5
1991	22005.6	5288.8	9129.6	7587.2	8137.9
1992	27194.5	5800.3	11725.0	9669.2	10340.2
1993	35673.2	6887.6	16472.7	12313.0	14248.4
1994	48637.5	9471.8	22452.5	16713.1	19546.3
1995	61339.9	12020.5	28676.7	20642.7	25023.2
1996	71813.6	13878.3	33827.3	24108.0	29528.9
1997	79715.0	14265.2	37545.0	27904.8	33022.6
1998	85195.5	14618.7	39017.5	31559.3	34133.9
1999	90564.4	14549.0	41079.9	34935.5	36014.4

续表

年份	国内生产总值	第一产业	第二产业	第三产业	工业
2000	100280.1	14717.4	45663.7	39899.1	40258.5
2001	110863.1	15502.5	49659.4	45701.2	43854.3
2002	121717.4	16190.2	54104.1	51423.1	47774.9
2003	137422.0	16970.2	62695.8	57756.0	55362.2
2004	161840.2	20904.3	74285.0	66650.9	65774.9
2005	187318.9	21806.7	88082.2	77430.0	77958.3
2006	219438.5	23317.0	104359.2	91762.2	92235.8
2007	270092.3	27674.1	126630.5	115787.7	111690.8
2008	319244.6	32464.1	149952.9	136827.5	131724.0
2009	348517.7	33583.8	160168.8	154765.1	138092.6
2010	412119.3	38430.8	191626.5	182061.9	165123.1
2011	487940.2	44781.5	227035.1	216123.6	195139.1
2012	538580.0	49084.6	244639.1	244856.2	208901.4
2013	592963.2	53028.1	261951.6	277983.5	222333.2
2014	643563.1	55626.3	277282.8	310654.0	233197.4
2015	688858.2	57774.6	281338.9	349744.7	234968.9
2016	746395.1	60139.2	295427.8	390828.1	245406.4
2017	832035.9	62099.5	331580.5	438355.9	275119.3
2018	919281.1	64745.2	364835.2	489700.8	301089.3
2019	990865.1	70466.7	386165.3	534233.1	317108.7

资料来源：2020年《中国统计年鉴》。

按照当年价格计算，2010年，全国GDP达到412119.3亿元，其中第一产业、第二产业、第三产业分别达到38430.8亿元、191626.5亿元、182061.9亿元，工业增加到165123.1亿元。2019年全国GDP增加到990865.1亿元，其中第一产业、第二产业、第三产业分别增加到70466.7亿元、386165.3亿元、534233.1亿元，工业增加到317108.7亿元，九年的时间里，全国GDP增加了1.4倍，第一产业、第二产业、第三产业的增加值分别扩大了83.4%、101.5%、193.4%，工业的增加值扩大了92.04%。2010年，我国已经成为制造业大国。2011年，按照世界银行统计口径，中国已经成为世界上第一工业大国。

按照当年价格计算，2010年，第一产业、第二产业、第三产业的产值分别占全国GDP的9.5%、46.4%、44.1%，工业生产总值占全国GDP的比例为40.0%。2019年，第一产业、第二产业、第三产业的产值分别占全国GDP的7.1%、39.0%、53.9%，工业生产总值占全国GDP的比例下降到32.0%，服务业占全国GDP的比例大幅上升，九年一共上升了约9.8个百分点，第二产业尤其是工业占全国GDP的比例下降明显，九年内分别下降了7.4个百分点和8个百分点。工业的增加速度和占全国GDP的比例双双下降，对"十三五"期间经济转型升级发挥了重要的作用。2008年，服务业的总产值占全国GDP的比重达到了42.8%。此后，服务业占全国GDP的比重一直高于工业占全国GDP的比重，2006年，工业的总产值占全国GDP的比重是42.0%，达到了峰值。2006年以后开始下降，产业结构开始从工业主导向服务业主导转型。

2010年全国GDP增量中，第一产业、第二产业、第三产业的贡献率分别为7.6%、49.5%、42.9%，工业的贡献率为42.5%，2019年第一产业、第二产业、第三产业的贡献率分别为8.0%、29.8%、62.2%，工业的贡献率为22.4%，第三产业的贡献率增加了 19.3 个百分点，而工业的贡献率则减少了 20.1 个百分点。在 2010 年以前，工业对全国 GDP 的贡献率都维持在一个较高的水平，工业的发展速度比较快，据世界银行统计口径，2011 年中国已成为世界第一工业大国。"十三五"期间，中国经济的发展有了明显的变化，产业结构开始转型，由以前的工业占主导地位变为服务业占主导地位，2010 年后，服务业对全国 GDP 增量的贡献率逐渐加大，截止到 2015 年，服务业的贡献率已经达到 50% 以上，并且还有不断增加的趋势。因此，义务教育要开始转型，以适应产业结构的改变，满足各产业所需人才和技术的变化。

（二）城镇化结构正由规模城镇化向人口城镇化转型

《中华人民共和国国民经济和社会发展第十四个五年规划纲要》指出，"坚持走中国特色新型城镇化道路，深入推进以人为核心的新型城镇化战略，以城市群、都市圈为依托促进大中小城市和小城镇协调联动、特色化发展，使更多人民群众享有更高品质的城市生活"。随着城镇化结构的不断改变，城镇人口的数量开始超过农村人口的数量，逐渐形成了以人为核心的新型城镇化，扩大了消费和投资的规模，促进消费结构升级和投资结构转型，对经济转型升级发挥了重要的作用。

2010 年，中国人口总数为 13.41 亿，其中城镇人口和乡村人口分别为 6.70 亿人和 6.71 亿人（见表 6-2）。其中，城镇人口数是全国总人口数的 49.95%，乡村人口数是全国人口数的

表 6-2 1949~2019 年全国人口数及构成

单位：万人，%

年份	总人口	城镇 人口数	城镇 比重	乡村 人口数	乡村 比重	年份	总人口	城镇 人口数	城镇 比重	乡村 人口数	乡村 比重
1949	54167	5765	10.64	48402	89.36	1979	97542	18495	18.96	79047	81.04
1950	55196	6169	11.18	49027	88.82	1980	98705	19140	19.39	79565	80.61
1951	56300	6632	11.78	49668	88.22	1981	100072	20171	20.16	79901	79.84
1955	61465	8285	13.48	53180	86.52	1982	101654	21480	21.13	80174	78.87
1960	66207	13073	19.75	53134	80.25	1983	103008	22274	21.62	80734	78.38
1965	72538	13045	17.98	59493	82.02	1984	104357	24017	23.01	80340	76.99
1970	82992	14424	17.38	68568	82.62	1985	105851	25094	23.71	80757	76.29
1971	85229	14711	17.26	70518	82.74	1986	107507	26366	24.52	81141	75.48
1972	87177	14935	17.13	72242	82.87	1987	109300	27674	25.32	81626	74.68
1973	89211	15345	17.20	73866	82.80	1988	111026	28661	25.81	82365	74.19
1974	90859	15595	17.16	75264	82.84	1989	112704	29540	26.21	83164	73.79
1975	92420	16030	17.34	76390	82.66	1990	114333	30195	26.41	84138	73.59
1976	93717	16341	17.44	77376	82.56	1991	115823	31203	26.94	84620	73.06
1977	94974	16669	17.55	78305	82.45	1992	117171	32175	27.46	84996	72.54
1978	96259	17245	17.92	79014	82.08	1993	118517	33173	27.99	85344	72.01

续表

年份	总人口	城镇 人口数	城镇 比重	乡村 人口数	乡村 比重
1994	119850	34169	28.51	85681	71.49
1995	121121	35174	29.04	85947	70.96
1996	122389	37304	30.48	85085	69.52
1997	123626	39449	31.91	84177	68.09
1998	124761	41608	33.35	83153	66.65
1999	125786	43748	34.78	82038	65.22
2000	126743	45906	36.22	80837	63.78
2001	127627	48064	37.66	79563	62.34
2002	128453	50212	39.09	78241	60.91
2003	129227	52376	40.53	76851	59.47
2004	129988	54283	41.76	75705	58.24
2005	130756	56212	42.99	74544	57.01
2006	131448	58288	44.34	73160	55.66
2007	132129	60633	45.89	71496	54.11
2008	132802	62403	46.99	70399	53.01
2009	133450	64512	48.34	68938	51.66
2010	134091	66978	49.95	67113	50.05
2011	134735	69079	51.27	65656	48.73
2012	135404	71182	52.57	64222	47.43
2013	136072	73111	53.73	62961	46.27
2014	136782	74916	54.77	61866	45.23
2015	137462	77116	56.10	60346	43.90
2016	138271	79298	57.35	58973	42.65
2017	139008	81347	58.52	57661	41.48
2018	139538	83137	59.58	56401	40.42
2019	140005	84843	60.60	55162	39.40

资料来源：2020年《中国统计年鉴》。

50.05%。2011年，城镇人口数首次超过乡村人口数，成为人口结构的主体和人口数量的主要增长点，此时，全国人口总数为13.47亿，其中城镇人口和乡村人口分别为6.91亿人和6.57亿人，分别占全国总人口数的51.27%和48.73%。城镇人口数占比比上年提高了1.32个百分点。2019年，全国人口总数为14亿，其中城镇人口和乡村人口分别为8.48亿人和5.52亿人，分别占全国总人口数的60.60%和39.40%，城镇人口数占比比2011年增加了9.33个百分点。

城镇化率是指常住人口的城镇化率，通常用城镇人口数占全国总人口数的比例来表示，1949年，城镇人口数占总人口数的比例较低，仅为10.64%，而乡村人口数占总人口数的比例高达89%，人口城镇化水平比较低，此时，经济发展水平并不高，总人口数也不多，随着国家各种政策的实施，经济发展水平明显提高，人口总数也不断增加。1981年，总人口数突破了10亿，人口城镇化率增加到20.16%，比新中国成立初期翻了一番，城市有了更好的发展机会和良好的生活环境，越来越多的人开始涌入城市，在城市安家工作。2010年，我国城镇人口数占总人口数的比例为49.95%，乡村人口数占总人口数的比例为50.05%，是一种相对持平的状态，此时，总人口数为13.40亿，城镇的人口数和乡村人口数基本保持一致。2011年，城镇的人口数首次超过乡村人口数，人口城镇化率达到51.27%，大于乡村人口占总人口数的比例（48.73%），到2019年，总人口数达到14亿，增加了0.53亿人口数，增加速度比较缓慢，而人口城镇化率达到了60.60%，比2011年增加了9.33个百分点，这表明人口城镇化水平的发展速度较快，城镇化结构向人口城镇化转型。

我国的城镇化率虽然在2011年就已经突破了50%，并且在未来的很长一段时间里有继续增大的趋势，城镇化的质量却有待提高。"十四五"期间，党和国家提出了推进以人为核心的新型城镇化，实现人的城镇化，要由一味追求城镇人口数的增加、人口城镇化率的提高转向关注经济社会的全面发展。如果用城镇户籍人口数占总人口数的比例，即户籍人口城镇化率来衡量中国城镇化的发展水平，那中国的城镇化率则要下降很多。以2014年为例，我国的常住人口城镇化率为54.77%，而户籍人口城镇化率仅为35.9%，要低于常住人口城镇化率约18.9%个百分点，因此，要想改善城镇化的发展质量，户籍人口城镇化问题就要得到重视。《中华人民共和国国民经济和社会发展第十四个五年规划纲要》明确指出，"深化户籍制度改革，完善财政转移支付和城镇新增建设用地规模与农业转移人口市民化挂钩政策，强化基本公共服务保障，加快农业转移人口市民化，保障农业转移人口享有应有的权利和义务"。

"十四五"时期是我国全面建成小康社会、实现第一个百年奋斗目标之后，乘势而上开启全面建设社会主义现代化国家新征程、向第二个百年奋斗目标进军的第一个五年，而城镇化对我国的经济转型升级发挥着巨大的作用,蕴含巨大的内需潜力,是我国最突出的优势。义务教育公平是新型城镇化的内容之一,人口城镇化率之所以大幅度增加,除了就业、医疗、养老等方面带来的好处之外,还有教育的因素,为了让子女接受良好的教育,越来越多的人涌向城市,在城市就业生活,人口城镇化率在未来的一段时间内还要继续增大,而教育的资源却是有限的,其增长速度慢于人口城镇化的增长速度,而农村的学生越来越少,校园资源浪费现象严重,办学基础薄弱。"十四五"时期,经济快速发展,城镇化结构转型速度加快,这对政府提供优质公平教育提出了更高的要求。要继续加大对城镇教育投入,保障城市教育水平,同时改善农村的办学条件和办学环境,提高农村教育发展水平,向城市标准看齐,积极推进教育现代化,促进基本服务均等化,使每个孩子都能有学上有书读。

(三) 消费结构由物质型消费为主向服务型消费为主转型

随着经济的转型升级,"十四五"期间,我国的消费结构也将从物质型消费为主转型成为服务型消费为主,物质型消费主要是指吃饭穿衣等方面花费的费用,而服务型消费是指在教育、医疗、健康、文化等方面的消费。如表6-3所示,2016年全国居民人均可支配收入为23821.0元,2017年全国居民人均可支配收入为25873.8元,到了2018年则增长到28228.0元,2017年比2016年的全国居民可支配收入增加了2052.8元,增加了约8.6个百分点,2018年比2017年

表6-3 2013~2019年全国居民人均收支情况

单位：元

项目	2013年	2014年	2015年	2016年	2017年	2018年	2019年
可支配收入	18310.8	20167.1	21966.2	23821.0	25873.8	28228.0	30732.8
消费支出	13220.4	14491.4	15712.4	17110.7	18322.1	19853.1	21558.9
食品烟酒	4126.7	4493.9	4814.0	5151.0	5373.6	5631.1	6084.2
衣着	1027.1	1099.3	1164.1	1202.7	1237.6	1288.9	1338.1
居住	2998.5	3200.5	3419.2	3746.4	4106.9	4646.6	5054.8
生活用品及服务	806.5	889.7	951.4	1043.7	1120.7	1222.7	1280.9
交通通信	1627.1	1869.3	2086.9	2337.8	2498.9	2675.4	2861.6
教育文化娱乐	1397.7	1535.9	1723.1	1915.3	2086.2	2225.7	2513.1
医疗保健	912.1	1044.8	1164.5	1307.5	1451.2	1685.2	1902.3
其他用品及服务	324.7	358.0	389.2	406.3	447.0	477.5	524.0

资料来源：2020年《中国统计年鉴》。

的全国居民可支配收入增加了 2354.2 元，增加了约 9.1 个百分点，2019 年又比 2018 年全国居民可支配收入增加了 2504.8 元，增加了约 8.9 个百分点。由此可见，随着经济的发展和经济结构的改变，全国居民人均可支配收入也在不断提高，与此相对应的全国居民人均消费支出也在不断增加，由 2016 年的 17110.7 元增加到 2017 年的 18322.1 元和 2018 年的 19853.1 元，2017 年比 2016 年的全国居民人均消费支出增加了 1211.4 元，增加了约 7.1 个百分点，2018 年比 2017 年的全国居民人均消费支出增加了 1531 元，增加了约 8.4 个百分点。2019 年比 2018 年的全国居民人均消费支出增加了 1705.8 元，增加了约 8.6 个百分点。居民的可支配收入增加会使消费支出发生变化，消费结构转型，进而又促进经济的发展。

2016 年，全国居民在物质型消费方面的人均支出为 6353.7 元，在服务型消费方面的人均支出为 10757 元；2017 年，全国居民在物质型消费方面的人均支出为 6611.2 元，在服务型消费方面的人均支出为 11710.9 元；2018 年，全国居民在物质型消费方面的人均支出为 6920 元，在服务型消费方面的人均支出为 12933.1 元；2019 年，全国居民在物质型消费方面的人均支出为 7422.3 元，在服务型消费方面的人均支出为 14136.7 元。从物质型消费方面来看，全国居民在 2017 年比 2016 年每人多支出 257.5 元，增加了约 4.1 个百分点，2018 年比在 2017 年每人多支出 308.8 元，增加了约 4.7

个百分点，2019年比在2018年每人多支出502.3元，增加了约7.3个百分点。由此可见，随着全国居民人均消费支出的增加，物质型消费支出也在不断增加，低于全国居民人均消费支出的增长幅度。从服务型消费方面来看，全国居民在2017年比在2016年每人多支出953.9元，增加了约8.9个百分点，2018年比在2017年每人多支出1222.2元，增加了约10.4个百分点，2019年比在2018年每人多支出1203.6元，增加了约9.3个百分点。由此可见，服务型消费支出的增加速度远高于物质型消费增加速度，消费结构正由物质型消费为主向服务型消费为主转型。

居民人均收入水平提高不仅会使人均消费支出增多，还会改变消费结构。一般来说，当全国居民人均收入水平较低的时候，人们在食物方面的支出会较多，占收入的很大一部分，随着人均收入水平的提高，人们会把越来越多的钱用于医疗保健、文化娱乐等方面，在食物方面的支出比例会不断下降。恩格尔系数是指用于食物等方面的支出总额占个人消费支出总额的比例。随着全国居民可支配收入的增加，其恩格尔系数也在不断发生变化，2013年全国居民的恩格尔系数为31.2%，2014年为31.0%，2015年为30.6%，2016年为30.1%，2017年为29.3%，2018年为28.4%，2019年为28.2%。恩格尔系数在不断下降，也就表明了，随着人均收入水平的提高，人们对工业品和服务品的需求不断增加，即由物质型消费向服务型消费转变，消费结构发生了改变，进而使经济发展的主导产业由传统的农业向现代服务业转型，促进经济转型升级。

在新中国成立之后的很长一段时间里，人们的消费支出主要是为了解决温饱问题，满足最基本的生存需要，大部分的支出用来购买食物，后来经济不断地发展，广大人民的温饱问题得到了解决。随着收入不断增加，人们的消费不再仅仅局限于食物方面，他们开始关注医疗、卫生、娱乐等方面，并且把越来越多的收入用于满足安全、社会交往等方面的需求，慢慢地改变了消费结构。"十四五"时期，我国居民在服务型消费方面的支出比例会不断扩大，进入快速增长的新阶段，由此使消费对经济的转型升级的贡献率明显增强。消费结构不断地优化和升级又会导致产业结构发生改变，产业结构的改变又会促使经济增长，进而消费结构又会发生变化，产业结构的变化只有符合消费结构的变化方向，即不断地发展服务型产业，才能充分发挥消费结构改变对经济发展的重要作用，促使经济转型升级。

综上所述，在经济转型升级的过程中，义务教育转型发挥了不可替代的作用。在产业结构和消费结构分别向服务业为主和服务型消费为主的转型过程中，都需要义务教育进行转型，提供各类新型人才，以满足其自身的转型升级需要，在城镇化结构向人口城镇化转型的过程中，也要求义务教育转型，提供更高质量的教育，以满足农业转移人口对教育的需求。总而言之，经济转型升级亟待义务教育转型加速。

二 结构性改革要求义务教育具有前瞻性

近年来，供给侧结构性改革成为一个热门话题，它是指以提高供给质量为出发点，用改革的手段进行结构调整，矫正资源配置扭曲，扩大有效供给，提高供给结构对需求变化的适应性和灵活性，提高全要素生产率，更好地满足广大人民群众的需要，促进经济社会持续健康发展。需求侧管理侧重的是短期问题，在经济出现短期波动时，通过刺激需求侧来解决问题，而供给侧结构性改革注重的是长期问题，是从根本上促进潜在增长率提升。《中华人民共和国国民经济和社会发展第十四个五年规划纲要》指出，"以推动高质量发展为主题，以深化供给侧结构性改革为主线，以改革创新为根本动力，以满足人民日益增长的美好生活需要为根本目的，统筹发展和安全，加快建设现代化经济体系，加快构建以国内大循环为主体、国内国际双循环相互促进的新发展格局"。当前，我国经济的主要问题在供给侧，之所以产能过剩是我国改革的重点，是因为一些行业投资明显过热，导致产能扩张的速度远远快于需求扩张的速度，并且这种问题的出现并不是周期性的而是结构性问题，如果是周期性问题，等待经济复苏就可以，但现在的问题是产能过剩，形不成有效供给，会拖累经济复苏，所以要通过供给侧结构性改革完成"去产能""去库存""去杠杆""降成本""补短板"。

新中国成立以来，经济不断发展，工业实力也大幅增强，2010年，我国已成为世界第一的制造业大国，在世界500多种主要工业品中，我国有220多种产品产量居于世界第一。制造业的规模虽然大，但我国离制造强国还是有一定的差距的，比如在世界百强品牌中，我国只有华为和联想入围。按照国际上的标准，产能利用率在90%以上表现为产能不足，79%~90%是正常范围，低于79%为产能过剩，如果低于75%就是严重过剩状态。2016年，我国25种主要产品的平均产能利用率为69.1%，比上年增加了1.1个百分点，其中，煤制油、煤制天然气、煤制烯烃、煤制乙二醇等产品的产能利用率提高10个百分点以上，烧碱、有机硅甲基单体、顺丁橡胶、MDI、聚甲醛等5个产品的产能利用率提高5个百分点以上。虽然产能利用率在不断提高，但仍然低于75%，处于产能严重过剩状态，这就需要通过改革去产能，促进经济发展。对于"去产能"不能单单理解为去除过剩产能，还要去除无效、落后、污染的产能，这部分产能可以在技术和环境监管下淘汰掉，这就要依靠政府的作用，但在某种情况下，政府出于对本地区财政来源、就业等方面的考虑，会通过各种政策和财政补贴来支持本地效率低下的企业在短期内改善其经营状态，以拖延甚至是逃避去产能任务，这就要中央加大力度，进行供给侧结构性改革，使企业早日完成去产能任务。

"去库存"和"去产能"都是指在供给侧市场的出清，

但这并不意味着是脱离市场需求，单独在供给侧市场出清，出清既包括在供给侧市场，还应包含需求侧市场。而"去库存"比"去产能"更多地依赖在需求侧市场的出清，例如在房地产市场，2015年，我国房屋的待售面积为7.2亿平方米，房屋增加量的空置率高达46%，这意味着我国每年新增房屋中将近一半没有人居住，房地产市场是一种高库存的状态。到了2016年，房屋空置率变化不大，房地产市场"去库存"的效果并不显著，而且在"去库存"的过程中又出现了"加杠杆"和"添泡沫"的现象。在党的十九大报告中，习近平总书记特别强调，"房子是用来住的、不是用来炒的"，"去库存"的关键是让新增房屋和之前的空闲房屋得到有效的利用，这就要求要在需求侧市场达到出清状态，一方面要在发展中创造需求，比如，随着人口城镇化率的提高，越来越多的人涌入城市，可以鼓励这部分人购房；另一方面，用需求侧的需求来减少库存，可以降价或者扩大需求。要解决供给侧市场出清的问题，既要依赖供给侧自身的调整，还要依赖需求侧来扩大需求。

"去杠杆"是供给侧结构性改革的五大任务之一，是针对我国各个部门债务问题提出的，因为政府没有意识到中国经济正在增速换挡，为了达到经济稳定增长、保障就业等目的，对企业进行补贴、政策扶植等，产生了大量的"僵尸企业"，这些企业产能过剩且无法出清，大量资金沉淀在低效率部门，企业利润在不断减少，经济增长的速度不断下降，导致全社会杠杆率高达260.8%。杠杆率不断攀升,企业产能过剩无法出清,只能依赖政府信用背书、财务软约束,增加杠杆负债循环,产生大量的无效资金需求,不断占用信用资源,严重影响经济的发展。政府和银行现在通过改革的方法帮助企业"去杠杆",激发企业活力,不断降低全社会杠杆率,促使经济增长的速度提高。

"降成本"和"去杠杆"一样都是为了激发企业活力,帮助企业减负,让企业"轻装上阵",并激活"僵尸企业"。当前我国存在着规模巨大的财政供养人员队伍,这会对政府的财政造成压力。为了减轻压力,政府会恢复或增加企业的某些税收征收项目来增加自身财政收入,但这样会使企业成本增加,不利于企业自身的发展壮大,所以要通过结构性改革进行调整,大力度地减税、降息,减轻企业负担。"降成本"中的"降"并不是简单意义上的将成本降到最小值,而是使企业在成本较为合理的状况下实现其可持续发展,企业成本过高,经营不善,落后性、污染性的产能较多,这样即使在政府政策的帮助下,可以基本维持其正常经营,但这种情况也不会持续太久,这时就要转变思维,改变其经营方向和方式,使企业转型,增强盈利能力和创新能力,改善供给的质量和效率,增强可持续发展能力,这样企业才会在发展中不断降低成本。

"去产能""去库存""去杠杆"都是一种减法运算,它们减少了现有的生产活动总量,清除了"僵尸企业",同样的,"降成本"也是减法运算,在现行市场体系下,劳动力工资的增速超过了劳动生产率的增速,为了降低成本,企业就会开始解雇工人,以减少支出。而"补短板"则是加法,是一种看涨状态,它补的就是市场供给的短板,在产品供给上,要进行产品创新,依靠创新来提高产品的质量,不仅要依靠科技提高产品的技术档次,还要构建一个创新的体制机制,与科技创新和产品创新紧密相连。企业也应该对商业模式进行创新,在产品质量提高和不断创新的基础上创造消费需求。在企业管理和文化上,某些企业生产的产品质量之所以不高,就是因为其管理问题,对员工要求不严,管理体系松散,对任何事情都是"马马虎虎"的态度,企业文化不明晰,针对这种情况,企业要加强管理,对产品质量要求严格,采取定期或不定期抽查等措施加强对产品的监管,还应该重塑企业文化,培育"工匠精神"。在人才供给结构上,不能仅仅瞄准高精尖科技人才,还要重视管理人员和应用型高端人才以及高级技工的供给,保证企业各部门都有合适的人才,这样企业才会有足够的人力资本参与市场竞争。在诚信体系上,要注重企业形象和口碑,打造自身诚信品牌,这样做会帮助企业增强竞争力,使其依托自身产品在市场竞争中占据一席之地。正如习近平总书记在党的十九大报告中所讲的那样,激发和保护企业家精神,鼓励更多社会主体投身创新创业,建设知识型、技能型、创新型劳动者大军,弘扬劳模精神和工匠精神,营造劳动光荣的社会风尚和精益求精的敬业风气。

教育在供给侧结构性改革中要有所作为，不仅牵涉自身的发展，也涉及经济社会发展大局。例如，在结构性改革的"降成本"任务中，如果生产商品的个别劳动时间超过了社会必要劳动时间，就会导致商品成本较高，企业盈利能力低下，处于亏损状态，这时要想降低成本，使个别劳动时间远远低于社会必要劳动时间，就要改变商品的生产方式，缩短个别劳动时间，而生产方式的改变又离不开人的聪明才智和知识，人的知识又都是在学校努力学习中不断积累的，所以说教育在"降成本"任务中具有重要作用。再例如，在"补短板"任务上，既要求产品质量，又要求有严格的管理制度；既要技术人员在产品创新中不断贡献智慧，又要管理人员有一套适合自己企业的管理方式和制度，人不是天生就是某一方面的人才，都是在学校学习过程中充实自己，在时间经验中不断总结而成才的，教育在这个过程中发挥了重要的作用，由此表明，教育关系经济社会的发展大局。

供给侧结构性改革不仅包括经济领域，还包括社会领域，教育就属于社会领域，教育和经济在结构性改革中占有同等重要的地位，教育为经济社会改革提供人才支撑，可以作为制度创新，人力资本、劳动力和技术创新供给的基础处于经济的"供给侧"，经济社会改革为教育提供资金支持，二者密不可分，在目前，供给侧结构性改革急需教育支持。教育作为供给侧结构性改革的重要内容之一，更加要注重从"需求侧拉动"

转向"供给侧推动"。"十四五"时期是经济转型的关键时期，对教育提出了更高的要求，要求要具有前瞻性，为经济社会改革提供各方面的人才，保证改革的顺利进行。

近年来，中央推出了"一带一路""长江经济带""京津冀经济圈"等区域发展战略，用以优化土地、自然资源和资源配置，同时还提出了"去产能""去杠杆""去库存""补短板""降成本"等供给侧结构性改革的任务，解决产能过剩问题，促进经济转型，改善产品和服务供给质量，这必然会引起产业结构发生变革，一部分企业会被淘汰，另一部分企业转型升级，还会有一些新兴企业涌现，这都会需要大量人才帮助企业发展。但是，人才供给会出现失衡，新型人才缺失，这就需要教育具有前瞻性，在经济改革中要注重教育结构，尤其要注重义务教育，增加人才供给的数量，为以后新型人才的涌现打下坚实的基础。为了优化劳动力配置，中央提出了"一对夫妇可生育两个孩子"的政策，用以增加劳动力的供给，这无疑也给义务教育提出了不小的挑战，要求其更加注重公平问题，注重孩子们的基础性培养，要在一些人口增速较快的区域新建或扩建中小学，扩大义务教育的供给，以满足"全面二孩"政策所产生的需求。为了促进义务教育公平，使我国各个地区内的孩子都能享有同样的教育质量，就要有一个创新型的教师管理制度，教师是教育的主力军，也是"万众创新"中一支非常重要的队伍，要不断提高教师们的创新能力，改变教师们的教育方法，使每个地区的学生享有同样等级的教育，促进公平教育的发展。

义务教育公平不仅关系到供给侧结构性改革进程中的人才供给问题，还关系到千家万户的切身利益，义务教育会提高广大人民的幸福感，提高其知识的储备量，帮助他们认识自身的优势，以及以后的发展方向，进而又会影响产业的后备储蓄力量，改变产业结构，对经济发展产生影响。经济的发展离不开人才的支撑，人才则离不开教育。经济在不断地改革，所需人才类型也在不断变化，这就需要教育也进行改革，但经济领域的供给侧结构性改革和教育领域的改革是有所区别的，就其目的而言，供给侧结构性改革是为了促进经济发展，而教育的改革不仅仅为了实现经济的增长，它还为了提高人们的幸福感，使经济社会健康发展。就其性质而言，前者追求的是使经济增长到最大程度，后者则是坚持教育的公益性，在公平和效率问题上，供给侧结构性改革注重的是效率，是为了使经济又好又快发展，教育领域的改革更加注重公平，保障每个孩子都能公平地享受受教育的权利。总而言之，要明确义务教育公平在供给侧结构性改革中的重要性，在经济社会发展的规划中要优先安排教育发展，确保财政资金投入要充足，保障教育的正常运行，要确保义务教育机会公平、过程公平、结果公平。

供给侧结构性改革的重点是结构调整，在当前经济发展过程中，总量问题和结构性问题都十分突出，但结构性问题更加严重，因此，要用改革的方法来调整结构、优化结构。

结构性问题的出现往往是由人才结构失衡所导致的，由于严重缺乏新型人才，相应的新兴经济发展困难。可以说人才的缺失制约了经济的发展，而义务教育又是培育人才的基础，是教育行业的基础，是十分重要的一个环节。在这个环节，学生们可以简单地了解每个学科，找到自己感兴趣的地方，为自己以后的发展方向树立目标，在将来选择一个自己喜欢又适合自己的行业，为行业的发展贡献自己的聪明才智。试想一下，如果义务教育不公平会怎么样？孩子们无法享受到最基础的教育，或是接受的教育参差不齐，导致他们的知识储备量十分缺乏，对我国各个行业了解不彻底，或是一点都不了解，不清楚自己以后的发展方向，浑浑噩噩，最终还是走向了传统行业的岗位，导致这些行业人数激增，相应的新型行业人数增加较为缓慢，这又会影响经济的发展和供给侧结构性改革。所以要大力发展教育，尤其是义务教育，要紧紧抓住精准扶贫这个契机，健全教育扶贫的机制，将一部分扶贫资金投入教育行业，用以发展教育，推动贫困地区和贫困人口教育发展。与此同时，还要健全农村教育公共服务供给机制，加大对农村义务教育的投资，尽快缩小与城镇义务教育的差距，促进义务教育公平，助力供给侧结构性改革。

三　创新驱动期待义务教育公平拓展内涵

创新是引领发展的第一动力。《中华人民共和国国民经济和社会发展第十四个五年规划纲要》明确指出，"坚持创新在我国现代化建设全局中的核心地位,把科技自立自强作为国家发展的战略支撑,面向世界科技前沿、面向经济主战场、面向国家重大需求、面向人民生命健康,深入实施科教兴国战略、人才强国战略、创新驱动发展战略,完善国家创新体系,加快建设科技强国"。不只是党和国家的重要文件凸显了创新的重要性和实施创新驱动发展战略的必要性,领导人的讲话中也能得出创新驱动发展战略已经成为我国当前的发展战略。2015年3月5日,在第十二届全国人民代表大会第三次会议上,习近平总书记强调,"创新是引领发展的第一动力,抓创新就是抓发展,谋创新就是谋未来"。2016年1月20日,在国务院专题会议上,李克强总理强调,"要深化简政放权、放管结合、优化服务改革,进一步激发市场活力,深入实施创新驱动发展战略,着眼提高全要素生产率,促进大众创业、万众创新,结合实施'中国制造2025''互联网+',推动各类企业注重技术创新、生产模式创新和管理创新,创造新的有效供给,更好适应需求结构升级"。

如表6-4所示,我国的科研经费投入力度持续加大,经费支出费用不断增加。2016年,我国的研究与开发(R&D[①])经费支出为15676.7亿元,其中,用于基础研究[②]

[①] R&D(research and development),指在科学技术领域,为增加知识总量(包括人类文化和社会知识的总量),以及运用这些知识去创造新的应用进行的系统的创造性的活动,包括基础研究、应用研究、试验研究三类活动,可翻译为"研究与开发"。

[②] 基础研究,指为获得关于现象和可观察事实的基本原理及新知识而进行的实验性和理论性工作,它不以任何专门或特定的应用或使用为目的。

的经费支出为822.9亿元，占R&D经费支出的5.2%；用于应用研究①的经费为1610.5亿元，占R&D经费支出的10.3%；用于试验发展②的经费支出为13243.4亿元，占R&D经费支出的比例较大，为84.5%。2019年我国的R&D经费支出为22143.6亿元，比2016年增加6466.9亿元，大约占2016年R&D经费支出的41.3%，其中，用于基础研究的经费支出为1335.6亿元，占2019年R&D经费支出的比例为6.0%，比2016年增加了0.8个百分点，用于应用研究的经费支出为2498.5亿元，占2019年R&D经费支出的比例为11.3%，比2016年增加了1个百分点，用于试验发展的经费支出为18309.5亿元，占2019年R&D经费支出的比例为82.7%，比2016年减少了1.8个百分点。由这些数据可以看出，我国高度重视创新驱动发展，科研经费投入的大幅增长，为创新驱动发展战略的顺利实施奠定了坚实基础。R&D经费支出相当于国内生产总值的比例由2016年的2.11%上升到2019年的2.23%，增加了0.12个百分点，可以预见，这个比例在将来还有不断扩大的趋势。

现如今，政府和企业也越来越重视科技创新，对科研的投入力度在不断加大，对科研资金的支出也在逐年增加，在

---

① 应用研究，指为获得新知识而进行的创造性的研究，它主要是针对某一特定的实际目的或目标。
② 试验发展，指利用从基础研究、试验研究和实际经验所获得的现有知识，为生产新的产品、材料和装置，建立新的工艺、系统和服务，以及对已产生和建立的上述各项作实质性的改进而进行的系统性工作。

表 6-4　2010~2019 年科技活动基本情况

指标	2010 年	2011 年	2012 年	2013 年	2014 年
R&D 经费支出（亿元）	7062.6	8687.0	10298.4	11846.6	13015.6
基础研究（亿元）	324.5	411.8	498.8	555.0	613.5
应用研究（亿元）	893.8	1028.4	1162.0	1269.1	1398.5
试验发展（亿元）	5844.3	7246.8	8637.6	10022.5	11003.6
政府资金（亿元）	1696.3	1883.0	2221.4	2500.6	2636.1
企业资金（亿元）	5063.1	6420.6	7625.0	8837.7	9816.5
R&D 经费支出相当于国内生产总值的比例（%）	1.73	1.78	1.91	1.99	2.02
发表科技论文（万篇）	142	150	152	154	157
出版科技著作（种）	45563	45472	46751	45730	47470
科技成果登记数（项）	42108	44208	51723	52477	53140
国家技术发明奖（项）	46	55	77	71	70
国家科学技术进步奖（项）	273	283	212	188	202
专利申请授权数（件）	814825	960513	1255138	1313000	1302687
发明专利（件）	135110	172113	217105	207688	233228

续表

指标	2015 年	2016 年	2017 年	2018 年	2019 年
R&D 经费支出（亿元）	14169.9	15676.7	17606.1	19677.9	22143.6
基础研究（亿元）	716.1	822.9	975.5	1090.4	1335.6
应用研究（亿元）	1528.6	1610.5	1849.2	2190.9	2498.5
试验发展（亿元）	11925.1	13243.4	14781.4	16396.7	18309.5
政府资金（亿元）	3013.2	3140.8	3487.4	3978.6	4537.3
企业资金（亿元）	10588.6	11923.5	13464.9	15079.3	16887.2
R&D 经费支出相当于国内生产总值的比例（%）	2.06	2.11	2.12	2.14	2.23
发表科技论文（万篇）	164	165	170	184	195
出版科技著作（种）	52207	53284	54204	53629	52067
科技成果登记数（项）	55284	58779	59792	65720	68562
国家技术发明奖（项）	66	66	66	67	65
国家科学技术进步奖（项）	187	171	170	173	185
专利申请授权数（件）	1718192	1753763	1836434	2447460	2591607
发明专利（件）	359316	404208	420144	432147	452804

资料来源：2011~2020 年《中国统计年鉴》。

2016年到2019年这短短四年时间里，政府资金就由3140.8亿元增加到了4537.3亿元，增加了1396.5亿元，增加额占2016年政府资金的44.5%，而企业资金不仅在基数上比政府资金大，增加速度也快于政府资金，2016年企业资金为11923.5亿元，2019年为16887.2亿元，增加了4963.7亿元，增加额占2016年企业资金的41.6%。科技的进步会改善企业结构，帮助企业提高劳动生产率，减少个别劳动时间，使其远远低于社会必要劳动时间，增加产量，提高获利能力。科技的进步也会帮助政府提高效率，促进经济转型升级，使经济社会不断向前发展。

随着科研经费的不断增多，科技产出及成果的数量也在增加，效果显著。发表的科技论文数由2016年的165万篇增加到2019年的195万篇，出版的科技著作由2016年的53284种增加到2017年的54204种，再减少到2019年的52067种，出版的科技著作数量出现了较小的变动。科技成果登记数由2016年的58779项增加到2019年的68562项，在短短的四年时间里，增加了9783项。在发明专利上，由2016年的404208项增加到2019年的452804项，增加了48596项。国家技术发明奖由2016年的66项增加到2018年的67项，再减少到2019年的65项，国家技术发明奖数量没有较大的变动。国家科学技术进步奖的数量由2015年的187项减少到2017年的170项，再增加到2019年的185项，国家科学技术进步奖的数量出现了较小变动，但是随着创新驱动发展战略的实施，以及各类型人才的不断涌现，我国的科技实力会越来越强，各种科技奖项也会越来越多。

《中华人民共和国国民经济和社会发展第十四个五年规划纲要》强调，"十四五"时期要坚持创新在我国现代化建设全局中的核心地位，把科技自立自强作为国家发展的战略支撑，面向世界科技前沿、面向经济主战场、面向国家重大需求、面向人民生命健康，深入实施科教兴国战略、人才强国战略、创新驱动发展战略，完善国家创新体系，加快建设科技强国。2019年，全国R&D经费支出为22143.6亿元，比上年增加2465.7亿元，增长12.5%，；R&D经费支出相当于国内生产总值的比例（经费投入强度）为2.23%，比上年提高0.09个百分点，其中，基础研究经费为1335.6亿元，比上年增长24.3%；应用研究经费为2498.5亿元，比上年增长14.0%；试验发展经费为18309.5亿元，增长11.7%。基础研究、应用研究和试验发展经费所占R&D经费支出的比重分别为6.0%、11.3%和82.7%。"双创"的深入开展，进一步提高了企业开展研发型活动的积极性，2019年，企业经费支出为13971.1亿元，比上年增长7.8%，相比上年提高了3.4个百分点；政府机构经费支出为3080.8亿元，增长14.5%。

2019年，我国的研发经费投入强度达到2.23%，连续6年超过2%，这虽然与OECD国家2.40%的平均水平还有一定的差距，但是已经超过欧盟15国2.08%的平均水平。近年来，我国研发经费投入强度虽然一直保持稳定上升的趋势，与发达国家的差距也在逐年缩小，但与以色列（4.25%）、韩国（4.23%）、日本（3.49%）等创新型国家相比还有很大的差距。引导全社会加大研发投入，是实施创新驱动发展战略的重要基础，也是我国进入创新型国家行列的关键因素。近年来，我国研发经费投入不断增长，总量保持在世界的第二位，与位列首位的美国的差距正在逐步缩小。但在研发活动产出上，我国在论文引用率、国际发明专利等方面还存在许多问题，大而不强、多而不优，与发达国家还有很大差距，研发投入效率有待进一步提升。

从我国科研经费投入的不断增加就可以看出党中央、国务院对实施创新驱动发展战略的重视程度，它是事关社会主义现代化建设全局的重大战略决策，是事关全面建成小康社会的重大战略决策，是事关我国进入创新型国家行列的重大战略决策，对我国意义深远，是实现国家富强、提升国际竞争力、实现中华民族伟大复兴的重要举措。中国必须紧紧把握好新一轮产业变革带来的机遇和挑战，实施创新驱动发展战略，激发全社会的创新活力和潜力，提高企业产品质量和效率，提升劳动、管理和信息等的效率，建设创新型国家，破除经济发展中不平衡、不协调、不可持续发展的问题，解决好在人口、资源等方面存在的矛盾，平衡好经济发展与环境污染之间的关系，转变经济发展方式，为经济发展注入活力，在国内提高国民的自豪感和幸福感，在国外提高我国的国际竞争力，早日实现世界科技创新强国的战略目标。

创新驱动就是指创新成为引领发展的第一动力。当前，我国经济转型升级和供给侧结构性改革都需要以创新作为支撑。在产业结构向以服务业为主转型的过程中，需要产业创新，扩大服务业涉及的区域范围；在人口城镇化过程中，要进行制度创新，帮助农业转移人口尽快享受到与城镇居民同等的权利；在消费结构的变化过程中，也要进行创新，使新的消费结构充分发挥自身对经济增长的促进作用；在供给侧结构性改革的过程中，更需要以创新的方式完成"三去一降一补"的任务。创新事关经济改革的各个方面，创新驱动发展战略更是我国经济增长的重要保障。创新驱动是国家命运所系，创新强则国强，创新弱则国弱，中国要想彻底摆脱过去落后挨打的局面，就要不断增强国力，增强科技创新能力，把握好科技革命带来的机遇和挑战，实施创新驱动发展战略；创新驱动是发展形势所迫，我国的经济发展已经进入新常态，传统行业发展速度缓慢，新型行业较为弱小但潜力十足，所以要实施创新驱动发展战略，帮助传统行业转型，帮助新型行业发展壮大，进一步提升我国的经济实力；创新驱动是世界大势所趋，全球各个国家逐渐明白了创新的重要性，越来越注重创新，不断有新产品和新技术产生，正在慢慢地改变世界格局，改变国家力量对比，创新已经成为各个国家竞争的关键法宝。在这种情形下，我国要想赢得发展的主动权，唯有实施创新驱动发展战略，为人类文明进步做出贡献。

2016年，中共中央、国务院印发了《国家创新驱动发展战略纲要》，明确了我国到2050年建成世界科技创新强国分"三步走"的战略目标。第一步是指到2020年，进入创新型国家的行列；第二步是指到2030年，进入创新型国家前列；第三步是指到2050年，建成世界科技创新强国。创新驱动发展战略事关我国"三步走"目标能否实现，创新驱动是一个复杂的过程，创新也是一个需要各方努力的过程，党的十八大以来，社会各界对创新的关注度不断提高，党的十九大报告中也明确指出，"创新是引领发展的第一动力"，是建设现代化经济体系的战略支持，但创新对我国经济发展的驱动作用还很薄弱，存在诸如缺乏创新型人才、创新环境不完善等问题，会对我国向创新型国家发展产生影响。

从我国经济和产业发展的历史来看，在经济增长和产业创新方面，企业有着不可替代的地位，因此，要把企业作为实施创新驱动发展战略的重要载体，目前，从整体上看，我国企业创新能力的上升空间非常大，吸收创新型人才的能力也较强，但是部分企业对创新缺乏热情，在企业经营模式上，仍偏重于传统的经济增长方式，它们宁愿放弃自主创新所带来的机遇，也不愿意承担相应的风险，将收入仍旧用于日常开销和原材料的采购，几十年来，产品和技术毫无变化，竞争优势逐渐转变为劣势，企业在受到市场变化的冲击时，很快败下阵来，被市场淘汰。从另一个角度来看，由于大企业实力雄厚，掌握着资源的控制权，是技术创新研发投入的主体，员工福利待遇和发展前景好，对人才的吸引大，创新型人才数量充足，有能力承担技术和管理创新带来的高风险和高成本，并可以确保企业在短期内生存不受影响，而中小企业由于其规模小，承担风险的能力低，创新能力低下，为了避免被市场所淘汰，只能选择在加工过程中依靠大企业。反过来，这样会弱化大企业的创新，进而影响创新驱动在整体上的效果。中小企业一直是实施创新驱动发展战略的重要力量，是推动科技进步的重要力量，它们经营灵活、高效，适应环境的速度快、能力强，能很准确地把握时势进行生产，但是融资难、融资贵问题一直困扰着它们，影响了中小企业内部的技术创新，因此，"十四五"时期，要加大对中小企业资金的扶持力度，完善创业投资的税收激励政策，为中小企业的创新发展提供便捷的服务。要想解决这些问题，除了要提高企业创新热情，促使企业改变其生产经营方式，大力扶持中小企业进行创新，增加人才供给，增加创新型人才，每个企业各个部门都具备创新能力，全面实施创新发展。还要发挥大企业引领支撑作用，支持创新型中小微企业成长为创新重要发源地，加强共性技术平台建设，推动产业链上中下游、大中小企业融通创新。

科技体制改革是指在有关科学和技术的组织和制度方面进行的改革，是创新驱动发展战略的重要组成部分。近年来，随着改革的深入开展，科技结构不断优化，创新活动数量普遍提高，对经济发展的驱动作用明显增强，但科技法律法规不健全，削弱了对科学技术创新活动的激励作用。1993年颁布实施《中华人民共和国科技进步法》后，国家还出台了许多推动科技进步的法律法规，各地也推出了相应的法规和实施细则，但部分法律法规只是停留在文字表面，缺乏操作性，影响了其功能的发挥。"十四五"时期，实施创新驱动发展战略，深化科技体制改革，要不断完善科技创新法律法规，完善《中华人民共和国科技进步法》，健全各个行业有关科学技术的法规，保护科学技术的正常活动，为科技创新创造条件，还要完善科技评价体系，对不同行业的科研人员采取不同的评价体系，构建公开透明的评价机制，营造一种相对轻松的创新环境，充分发挥科研人员的自主性和创造性。

我国不仅在科技法律法规上存在不健全的问题，科技成果与经济发展间的结合也存在矛盾。近年来，我国的科研经费支出的数量不断加大，科技产出及成果的数量也十分庞大，每年都会有数百万篇的科学论文问世，国际科学论文的数量已经达到了世界第二位，发明专利数量的增长速度也非常快，如此数量庞大的科技成果理应产生非常多的创新型产品和技术，对我国的经济发展和创新驱动发展战略应该有非常明显的积极作用，但为什么我国到目前为止还未进入创新型国家行列？主要是因为我国的科技成果转化率太低，仅为

10%，远远低于创新型国家，也就是说，经过大量的资金投入和许多人长久的辛苦努力研发出的成果，只有10%的应用到了实际，其余90%对我国的经济发展、企业转型和社会进步不能发挥任何作用。要想改善这种情况，就要使研发成果不脱离市场和实际需求，不仅要增加科技创新人才，还要增加应用创新型人才，将科研成果应用到经济发展的对应环节，同时加大资金引导科技成果转化，尽快实施《科技成果转化法》，为我国早日进入创新型国家、实现全面建成小康社会和中华民族伟大复兴的中国梦奠定基础。知识产权也为科技成果提供了保障和激励，但目前，我国的知识产权制度还不健全，知识产权管理和应用各个环节的能力不足，并且侵权的成本低，维权的成本却很高，导致侵权事件时有发生，企业自身防止产权外泄的能力也非常弱。在企业的创新成果中，只有少部分能够申请到专利保护，大多数以商业秘密的形式出现，但当商业秘密被侵犯后，很难及时获得有效的保护。"十四五"期间，应加强知识产权保护，大幅提高科技成果转移转化成效。

中国有着5000多年的文明历史，中华文化博大精深、源远流长，为人类的科技发展做出了不可磨灭的贡献，"十四五"时期，要大力加强创新文化建设，发展创新文化，它为我国进入创新型国家提供了精神动力和智力支持，是创新驱动发展战略的又一重要组成部分，创新文化为人们建立起了一种新的价值观念，清楚地解释了创新的内涵，帮助人们树立了创新意识，激发了人们的创新需求，调动了人们开展创新活动的积极性和主动性，在全社会营造了一种尊重创新、尊重人才、努力创新的环境和氛围，从而促使人们去学习知识、应用知识，充分发挥自己的聪明才智，提高创新能力和创新成果的质量，在全社会形成敢于创新、勇于创新的良好风气。

创新驱动发展要以人才发展为支撑，以人为本，促进创新。创新驱动发展战略不同于其他战略，它要依赖人，依赖人的智力去开发新的资源和技术，代替即将枯竭的资源和将被淘汰的技术，依赖人的智力改变企业传统的经营模式，改变盈利方式，增强获利能力。随着创新驱动发展战略的实施，国家实力明显增强，居民收入明显提高，生活方式也发生了很大的变化，更加注重教育、医疗、娱乐等方面，可以说，创新驱动发展战略也促进了人的发展。在党的十九大报告中，习近平总书记指出，建设教育强国是中华民族伟大复兴的基础工程，必须把教育事业放在优先位置，加快教育现代化，办好人们满意的教育。总之，创新驱动与人是紧密相连的，相互帮助，相互得利，但目前我国的教育结构和培养模式仍未发生转变，学生的受教育程度仍旧不高，创新能力低下，并且接受义务教育的人数也在逐年下降。我国各个阶段各级各类学历教育学生情况如表6-5所示。

从时间上来看，2016年以后小学毕业生数有上升趋势，但是整体小学毕业生人数和初级中学毕业生数在减少，2011年，小学毕业生人数为1520.15万人，初级中学毕业生数为

表 6-5　2011~2019 年各级各类学历教育学生情况

单位：万人

项目	2011 年	2012 年	2013 年	2014 年	2015 年	2016 年	2017 年	2018 年	2019 年
小学毕业人数	1520.15	1490.28	1431.57	1326.58	1283.38	1339.05	1384.30	1416.87	1435.48
初级中学毕业生数	1309.72	1238.29	1155.94	1029.62	1029.30	1026.04	997.81	968.26	1018.63
高级中学毕业生数	508.82	511.97	524.29	528.13	528.02	524.77	512.54	511.55	515.05
普通本科毕业生数	279.62	303.85	319.97	341.38	358.59	374.37	384.18	386.84	394.72
硕士毕业生数	37.97	43.47	46.05	48.22	49.77	50.89	52.00	54.36	57.71
博士毕业生数	5.03	5.17	5.31	5.37	5.38	5.50	5.80	6.07	6.26

资料来源：2012~2020 年《中国统计年鉴》。

1309.72万人。2019年,小学毕业生人数和初级中学毕业生数分别为1435.48万人和1018.63万人,比2011年分别减少了84.67万人和291.09万人。2011~2014年,高级中学毕业生的数量在逐年增加,但增加速度较为缓慢,2011年,高级中学毕业生数为508.82万人,2014年则为528.13万人,四年的时间里增加了19.31万人。2015年,高级中学毕业生数变为528.02万人,人数开始出现下滑。到2019年,高级中学毕业生数下滑至515.05万人,但是整体来看高级中学毕业生数变动幅度不大。而普通本科毕业生数和硕士、博士毕业生数都在逐年递增。2011年,普通本科毕业生数、硕士毕业生数、博士毕业生数分别为279.62万人、37.97万人和5.03万人,在这九年里,普通本科毕业生数增加最多,增加了115.1万人,硕士毕业生数次之,为20.32万人,博士毕业生数增加最少,为1.23万人。从每个人受教育的情况来看,随着学历层次的提高,毕业生人数在逐渐减少,小学毕业生的数量最多,博士毕业生的数量最少,其中,以初级中学毕业生数和高级中学毕业生数之间的差距最大,2019年,高级中学毕业生数比初级中学毕业生数减少了503.58万人,其余阶段初中比小学减少416.85万人、本科比高中减少120.33万人、硕士比本科减少337.01万人、博士比硕士减少51.45万人,从学历层次上看,毕业生数量在递减,并且每年呈现的趋势大体相同。

从整体上来看,处于义务教育阶段的毕业生数在减少,高级中学毕业生数有小幅度的变动，其余阶段的毕业生数基本是逐年递增。2019年，处于义务教育阶段的毕业生数为2454.11万人，比2011年的2829.87万人减少了375.76万人，下降了13.3%。2011~2015每年接受义务教育的毕业生人数都在减少，但减少的速度不尽相同，2011~2012年接受义务教育的毕业生人数的减少速度为3.6%，2012~2013年为5.2%，2013~2014年为8.9%，减少的速度逐渐加快。到了2015年，减少的幅度开始下降，下降到1.8%，但是从2016~2019年，义务教育的毕业生人数逐渐上升。虽然2011年接受义务教育的毕业生人数比2019年多，但是，高中、本科、硕士和博士的毕业生人数还是较少，大部分人的受教育程度还是较低。"十四五"时期，接受义务教育的人数出现增长的趋势，义务教育的覆盖面会越来越大，与此相对应，高中、本科、硕士和博士的毕业生人数也会增加，人们的受教育程度不断提高，知识储备量不仅多还很专业，更加利于人才的培养，为创新驱动发展战略的实施储备大量的人才。

创新就是在认识事物的发展规律的基础上，运用知识，创造物品，改造自然的过程，是人们在经过理论学习和专业培训后，对旧领域进行的改造，创新包括技术创新、管理创新和模式创新等。中央针对目前的经济运行状况，提出了"大众创业，万众创新"的策略，为我国经济社会发展增加新的驱动力。"众"是人的集合，来自各行各业和各个阶层的人们集合起来，就在"大众创业，万众创新"基础上形成了创新活动和实践的主体——企业,这些企业在参与创新活动和实践时,相互配合,互补短板,形成了高效率的合作,共同促进创新驱动发展战略的高效实施。企业在创新活动上的合作,也可以说是创新型人才的合作、创新型技术和产品的合作,而创新型技术和产品也是通过人们的智慧发明创造的。可以说,企业间的合作,就是人才的合作,是知识和智慧的合作,这种合作期待教育扩大内涵。义务教育作为教育的基础,更要扩大内涵,促进义务教育公平,使人们有序地参与到社会创新活动中,保证创新驱动发展战略得到高效率的实施。

创新型人才是提高产业的创新能力、促进产业转型升级和实施创新驱动发展战略的重要力量,而长期以来,我国以应试教育为主,造成学生们创新意识淡薄,创新型人才和技术型人才匮乏。为此,要继续推行义务教育,扩展义务教育公平的内涵,把教育内容和创新教育理念结合起来,在教育内容、教学方法和教学环境上都体现出创新的内涵,提高学生们的创新意识,培养创新能力,鼓励学生们进行创新活动。

我国目前的教育模式不能很好地适应创新型人才的培养需求,在一定程度上也阻碍了真正有创新思维的人才产生。近年来,国家在教育方面多次进行改革,努力推行素质教育,但大部分地区仍旧保持原有的教育方式,只注重知识的传授,忽略了对学生们个性的培养,并且,我国人才结构不合理,人才模式单一,复合型人才较少,既懂技术创新,又会管理模式创新的人才更是少之又少。要想实施创新驱动发展战略，使我国早日进入创新型国家行列，就要改变现有的教育模式和人才培养模式，在学生们处于义务教育阶段时，就要引导学生们注意培养自身的创新能力，大力推进创新教育，扩大义务教育内涵，提升对创新驱动发展战略的作用。

义务教育公平包含多层含义，首先，要解决好新增人口和外来人口带来的入学压力，多建设一些新的中小学校，保证每个孩子都能享受到义务教育。其次，要保证城乡义务教育一体化，保障农村孩子受教育的权利，加大对农村义务教育的投入，优化办学条件，加大对农村学校发展的扶持力度，提高教师待遇，促使老师改善教学质量，深化考核制度，促进农村义务教育与城镇一样均衡发展。义务教育公平还包含着更深一层的含义，公平并不是指每一个学生现在得到的教育都相同，未来的发展方向也相同，而是指让每一个学生的潜能都能得到释放、个性得到发展，满足每个学生对义务教育的不同需求，学校应该认真研究每一个学生的长处，尽最大努力为学生们提供个性化的学习方案，寻求最优方法培养学生们的个性和兴趣，使学生们既立足于现在的发展，又可以适应未来的发展。创新驱动发展战略不仅包括产品创新、技术创新，还包括制度创新等工作、学习和生活中各个方面的创新，创新驱动包含的范围比较广，覆盖面也比较大。相应地，需要的人才种类也较多，这就需要教育扩大范围，培养各式人才，需要义务公平拓展内涵，发挥学生潜力，促进社会各行各业和各个方面的创新。世界在改变，我国也在不断发展。随着经济的发展、时代的进步和国家各种关于义务教育和创新的政策的提出，学生们在发生变化，学习方式也在发生改变，单一地追求分数和升学率不应该再作为考查学生和学校的标准，应该建立一套新的标准，在保证义务教育公平的基础上，满足社会对人才的需求，满足创新驱动发展战略的需求，这就亟待义务教育公平拓展内涵。

"十四五"时期，我国义务教育公平面临严峻的挑战。首先，义务教育转型速度要加快，以便在经济转型的过程中提供新的驱动力，保持经济中高速增长；其次，义务教育要具有前瞻性，以便在供给侧结构性改革的过程中发挥重要的作用，确保改革顺利进行；最后，义务教育更要拓展内涵，保证创新驱动发展战略的顺利实施，提供各类型的、具有创新思维和创新能力的人才，促使我国早日进入世界科技创新强国。"十四五"时期，我们不仅要把握住机遇，还要直面挑战，克服困难，实现义务教育公平。

第七章　实现义务教育公平的整体思路及保障措施

第一节　实现义务教育公平的整体思路

虽然我国的义务教育事业发展存在问题，但是国家始终把义务教育放在优先发展的战略地位，在我国实现义务教育机会均等的目标后，国家开始把促进义务教育公平，推动义务教育内涵式、均衡式发展作为义务教育事业发展的战略性任务。党的十八大报告提出了义务教育改革的准确定位，即"大力促进教育公平，合理配置教育资源"。《国家中长期教育改革和发展规划纲要（2010~2020年）》重申了实现义务教育公平的政府责任，"教育公平的主要责任在政府，全社会要共同促进教育公平"。国家政策明确了实现义务教育公平目标的财政资源均衡配置路径，财政资源均衡配置的制度设计和政策安排是一项系统工程，需要我们全方位考虑财政体制和政府体制，以指导总体方案的规划和布局。

第七章　实现义务教育公平的整体思路及保障措施

鉴于义务教育公平问题重要性和紧迫性的现实要求，制定全国统一的生均经费支出标准和办学条件标准是最为直接最为有效的措施，但是我们知道任何政策和措施的实施都会带来相关衍生问题，制定全国统一标准对于实现义务教育公平目标无疑是立竿见影的，但是全国统一标准对于可支配财力不足地区的财政压力可想而知。在提出全国统一标准建议的同时，还要考虑地方政府实施这一政策的财力保障问题，由此进一步提出建立需求本位的财政资源分配模式，并根据差异分配原则改革转移支付制度，实施中央—省—市县两级转移支付制度，提高转移支付的财力均衡效力，解决地方政府的财力差异问题，保障全国统一标准顺利实施。但是完善的转移支付制度只是财力保障的一个补救措施，要想从根本上解决地方政府可支配财力不均衡问题，就要从地方政府财政收入和财政支出的自我平衡角度入手，从根本上解决我国财政体制和财政关系存在的顽症，随之提出深化财税体制改革和理顺政府间财政关系的系列举措。由于财政体制和财政关系存在的问题源于政府体制的根本问题，所以本书将实现义务教育公平的总体方案落脚在财政体制和政府体制改革上。

一　制定实现义务教育公平的全国统一标准

我国应该高度重视义务教育改革的发展战略目标建设，《国家中长期教育改革和发展规划纲要（2010～2020年）》

明确指出，"要制定教育质量国家标准把促进人的全面发展、适应社会需要作为衡量教育质量的根本标准"。这体现了用教育质量标准规范和指导教育公平的发展战略，是我国教育改革开始走向精细化和标准化的标志。发展战略目标需要严谨、科学的标准化指标体系分步骤实施。义务教育经费主要来自各级地方政府，由于受到经济发展水平的区域差异及地方政府财力不足的诸多因素的限制，许多地区的地方政府无力提供充足的义务教育财政资源。首先，需要制定全国统一的生均经费支出标准以保障义务教育的经费投入；其次，需要制定全国统一的办学条件标准化以缩小区域之间学校教育的质量差异。2010年中央教育科学研究所教育督导评估研究中心发布的《以公平为核心的义务教育发展报告》，为我国义务教育均衡发展的目标提出了标准化建议，即国家应该争取用10年左右的时间实现义务教育标准化建设的目标。

（一）制定全国统一的生均经费支出标准

实现义务教育公平要有合理的生均经费支出标准，建议借鉴世界各国义务教育经费支出标准的成熟经验，按照全国统一标准、分步调整规范的原则，制定我国统一的义务教育生均经费支出最低标准，包括生均教育事业费最低标准和生均公用经费最低标准。短期内比较现实且操作性比较强的办法是，把目前生均教育事业费和生均公用经费的全国平均水平作为暂时的参考标准，对于生均经费支出较低的省份，可以根据这一标准制定出实现这一目标的具体时间表。对于高于全国统一标准的省份可以适度减少中央政府的转移支付补贴，对于低于参考标准的省份通过中央转移支付给予重点倾斜。通过设定暂时的参考标准给生均经费支出较低的省份以准备的时间，待条件相对成熟后即可制定全国统一的义务教育生均经费支出标准，以制度设计弥补各种原因造成的区域之间生均经费支出差异。

（二）制定全国统一的办学条件标准

义务教育全国统一的生均经费支出标准不等于全国统一的办学条件标准。首先，由各地区地方政府根据本地区的经济发展水平和义务教育需要，以帮扶薄弱学校为义务教育办学条件标准化建设的切入点，要求本地区的薄弱学校改造和新建校舍以此标准为参照，实现师资、设备、图书、校舍、校园等教育资源的均衡配置，保证本地区义务教育办学条件在不低于标准的同时保持相对一致。其次，待条件相对成熟后，国家可以依据各地区的办学条件标准来制定全国统一的办学条件标准。办学条件标准的改革步骤与全国统一生均经费支出标准的改革步骤不一样，制定办学条件标准在短期内是可以完成的，但是办学条件标准的实施存在改革周期的滞后问题，全国统一办学条件标准的实施必须考虑办学设施的折旧周期，需要制定详细的科学高效实施办学条件标准改革的周期时间表，将短期内新建的学校设施全部换掉会带来财政资源的巨大浪费。

二 基于差异分配原则的转移支付制度改革

(一) 建立需求本位的资源分配模式

在较早实施义务教育的国家中，英国目前实施的是 12 年义务教育制度，英国也采取一般性转移支付和专项转移支付两种形式，对地方政府进行财政补贴以均衡义务教育财政支出的区域差异，其中一般性转移支付的分配办法采取基本支出评估需求拨款。澳大利亚实行的是需求本位的财政资源分配模式，学校预算是教育经费配置的根据，该模式主要考虑学生实际需要以此来提供学校教育所需经费，使特殊状况的学生都能享有充足的教育经费。

我国的财政资源分配模式面临变革，急需改变现在的基数分配办法，同时避免转移支付支出的随意性，按照需求的差异原则分配财政资源，建立需求本位的财政资源分配模式。通过计算各地区义务教育基本支出需要来确定各地区的补贴额度，计算过程不仅考虑生均经费支出需求还要考虑用于区域调整的额外经费需求，计算指标包括在校学生人数、不同年级的成本差距、特定学校的专项课程、额外需求的特殊学生、学校建设的成本需求等。通过计算确定每所学校应该分配的经费额度，学校可以依照学校实际需要合理配置经费。建立需求本位资源分配模式的好处在于，财政资源分配权重的设置不是依据历史基数或政治协商，而是以地区、学校和学生的实际需求为标准，从而更加有利于实现义务教育均衡发展和公平的目标。

(二) 建立并实施两级转移支付制度

虽然世界各国有着不同的转移支付制度，但普遍的方法是用建立规范的转移支付制度来解决义务教育财政支出的不均衡，建议可以参考美国及日本的做法实施两级转移支付制度。美国的义务教育财政主体分为联邦政府、州政府和地方政府三级，义务教育支出主要以州政府和地方政府（学区）为主，州政府义务教育经费的主要来源是个人所得税和消费税，地方政府义务教育经费的主要来源是财产税，但是过分依赖地方财产税导致区域之间的义务教育财政资源不均衡，美国在三级政府间实行了两级转移支付制度，一级是联邦政府对州政府实施的专项转移支付制度，二级是州政府对地方政府实施的一般性转移支付制度。日本的财政收入以中央为主、财政支出以地方为主，地方政府财力很大程度依靠中央政府的转移支付，地方政府承担了大部分义务教育支出责任，中央政府建立了地方交付税（一般性转移支付）和国库支付金（专项转移支付）制度，由中央政府直接向都道府县和市町村两级政府进行转移支付补贴，以均衡区域差异并使全国范围的义务教育经费支出保持一致。需要特别提到的是，美国通过教育券将教育经费直接提供给受教育者，利用市场竞争扩大学生对学校的选择权，这并不适合我国义务教育供给区域差异较大的状况。英国采取中央政府直接向公立学校拨款的模式，也不适合我国层级过多的政府和财政体制。

参照世界各国义务教育经费拨付的几种经典方式，建议融合美国和日本的转移支付制度，建立具有中国特色的中央—省—市县两级转移支付制度。一级是中央政府对省级政府实施的一般性转移支付制度，这一级转移支付主要发挥区域之间的财力均衡作用；二级是省级政府直接对市和县两级政府实施专项转移支付制度，这一级转移支付主要发挥区域内部的财力补贴作用。两级转移支付制度既减少了多层级政府之间资金转移的效率损耗，省级政府专项转移支付的直接财力补贴也增加了基层政府资金的刚性保障。无论是中央政府的一般性转移支付，还是省级政府的专项转移支付，都需要按照差异分配原则设计转移支付资源分配的计算公式，使转移支付资金在补贴地方政府财政的同时也能真正起到均衡区域之间财力的作用。

首先，完善一般性转移支付。第一，制定科学的资金分配方法，以衡量地方政府的财政支出需求与财政收入能力为出发点，将人口和税收努力等因素纳入资金分配计算公式。人口因素不仅指人口数量，还包括其他与人口相关的因素，例如人口密集度、贫困率等。依据城市人口数、人口数、相对收入指数、税收努力指数、所得税收入等变量，设计科学的转移支付资金分配计算公式，尽可能确保转移支付资金公开透明，以避免地方政府行政行为发生扭曲。第二，确定合理的一般性转移支付规模。考虑到我国区域之间财力差距过大的现状，相应增加均衡性质的一般性转移支付规模。十八届三中全会明确提出，逐步将一般性转移支付比重提高到60%以上，根据建议实施两级转移支付制度的前提，中央政府的一般性转移支付比重应该快速上升，直至中央政府对省级政府只进行一般性转移支付。2013年和2014年一般性转移支付占转移支付总额的比重分别为57.1%和58.2%，一定程度不指定用途的一般性转移支付，既可以减少地方政府干预经济，也可以增加地方政府的可自由支配财力，提高资金的使用效率，按需分配财政资源。同时鼓励省级政府在一般性转移支付资金使用上，尽量提高对义务教育专项转移支付的支出比例。

其次，规范专项转移支付。在省级政府向基层政府进行专项转移支付时，应严格控制专项转移新增项目，逐步清理现行专项转移支付项目，调节义务教育财政支出比重，确保义务教育专项支出的额度和比例。将一般性转移支付项目中具有固定用途的项目归位到专项转移支付，将现行的项目审批制修改为项目备案制，减少监管成本，充分发挥资金的使用效益。规范专项转移支付配套的补助政策，对属于省级政府支出责任的项目由省级政府全额负担，尽量减少基层政府配套补助额外支出的财政负担；对属于中央和地方共同支出责任的项目，合理分配中央一般性转移支付和省级专项转移支付的比例，确保政府间的支出责任分担和转移支付分配相对称。

最后，逐步取消税收返还。税收返还制度设计的初始目的是减少分税制财政体制改革阻力而实施的过渡性制度安排。由于税收返还与经济发展水平存在正相关关系，经济发展水平较高地区的税收返还多，经济发展水平较低地区的税收返还少，税收返还不但没有起到财力均衡的作用，还加剧了贫富地区之间的财力差距，应该逐步取消税收返还制度，以缩小区域之间的财力差距，确保财政资源分配的相对均衡。

第二节 实现义务教育公平的保障措施

一 完善税收体系改革

（一）加快非税收入制度改革

地方政府本级财政收入由税收收入和非税收入两部分组成，非税收入不能作为地方政府本级财政收入的主体部分，分流归位、规范取消是非税收入改革的大方向。第一，通过设立新的税种或扩大税基实行"费改税"。将教育基金、地方教育附加和教育费附加税统一为"教育税"，将卫生、人事、民政以及劳动等部门的社会保障基金统一为"社会保障税"，将噪声、废渣、废气、废水的排污费以及污水处理费等环保类收费统一为"环境保护税"，将新型墙体材料专项基金、育林基金、矿产资源补偿费等资源类收费并入"资源税"，将地方市政建设的收费、基金、附加和城市基础设施配套费等并入"城市维护建设税"。第二，取消部分因政府提供公共服务而收取的费用，如消防、卫生防疫等强制检测类收费，取消不合理费用。第三，规范土地出让收入管理制度。将土地出让收入纳入公共预算管理范围，细化土地出让收支预算编制，强化预算约束，统筹使用资金，实现"收支两条线"。第四，发挥非税收收入的政策目标作用，针对特定人群或企业的非普遍的服务，在继续保留收费的基础上，评估政策目标，适当调整收费的范围和标准。

（二）完善地方税收体系改革

目前我国区域之间的经济发展水平差距较大，地方政府普遍负担过重又财力不足，需要大量的中央转移支付来补贴地方政府财政，急需完善地方政府税收体系，以增强地方政府财权、保障地方政府财力，逐步形成以自给财力为主、转移财力为辅的地方财政能力。在遵循税种属性划分税收收入的前提下，进一步调整和完善地方税收体系。第一，将增值税划归中央政府，开征销售税划归地方政府。将增值税从中央与地方共享收入修改为中央收入，适度降低增值税率，并由中央负担全额出口退税。为抵消增值税划分给中央后地方税收收入的损失，在零售环节征收销售税作为地方税种补充地方政府财政收入。第二，将消费税划归地方政府。消费税征收从生产环节调整为消费环节，合理调整消费税征收范围和税率结构，充分发挥消费税调节收入分配和引导理性消费的作用。第三，将城镇土地使用税、房产税合并为房地产税，并划为地方税，取消土地增值税。第四，加快资源税从价计征改革。在石油、天然气资源税从价计征的基础上，对煤炭等其他应纳税资源全面实施从价计征改革，保护资源稀缺性，实现资源的合理开采、利用。第五，将车辆购置税划归地方政府。考虑车辆信息管理地域化，充分发挥税收调控作用，对车辆购置税和车船税实行同级管理，将车辆购置税划归地方，提高地方政府税收收入。第六，赋予地方政府适度的征税权。在保证国家宏观经济政策政令通畅的前提下，对税源零散、纳税环节不易掌握和具有明显地域特征的地方税，由省级政府制定税收政策、扩大地方税权，提高地方财政收入能力。

二 界定各级政府事权

（一）事权和事责的优化配置思路

事权与事责的划分，和组织结构高度相关。世界各国为了便于行政管理，把疆土划分为大小不同、层次不等的区域，并建立对应的政权机关进行管理。在此基础上，从行政效率目的出发，中央政府赋予地方政府一定的税收权力，地方政府可以自主决定预算支出权力，使各级政府能够有效提供适合当地公民的公共服务，事权和事责的划分问题因此而衍生，未来事权和事责的优化配置，可以根据以下基本思路进行。一是，事权和事责横向到边。各级政府应重新配置政府之间的事权分配，加快国有企业和事业单位改革的速度，清晰界定政府与市场的边界，将政府职能定位于公共物品的供给，实现事权和事责的划分横向到边、内外清晰。二是，事权和事责纵向归位。各级政府间的事权和事责需要重新进行划分和调整，使原本应由上级政府或下级政府承担的事权和事责各自回归本位，避免各级政府之间事权和事责划分不当和错位，实现事权和事责划分的纵向归位。三是，事权和事责横向分解。支持培养和发展非营利组织，提升公共服务的市场供给水平，对各级地方政府职能进行剥离与瘦身，有效减轻基层政府的财政负担和支出压力，为实现事权与财权相匹配创造有利的外部环境。之所以重点强调事权和事责的优化配置，界定各级政府之间的事权关系，理顺各级政府之间的事责分配，是为了能够使义务教育的供给责任更加清晰。

（二）义务教育财政责任重心上移

虽然世界各国的财政体制有所差异，义务教育财政支出模式各不相同，但是从法国、德国等发达国家的义务教育财政支出的改革来看，政府之间的义务教育财政支出责任都是逐渐上升的。法国在实施义务教育的初期由基层的市镇政府承担义务教育经费，随着法国经济发展，中央政府财力的增强，义务教育的财政重心逐渐由市镇政府转移到中央政府，中央政府承担大约70%的义务教育财政支出，并通过转移支付等方式对地方政府进行补贴。德国义务教育财政支出重心在州一级政府，承担着75%左右的义务教育财政支出，市镇级政府只承担了极少一部分财政经费。从世界各国义务教育财政投入的比较可以看出，税收收入主要由中央政府集中支配的国家，中央政府财政投入在义务教育财政经费中普遍占有较高的比重，意大利、韩国、荷兰、新西兰等国家中央财政教育经费支出比重甚至超过了85%。美国经济学家斯蒂格利茨认为，公共性、外部性、外溢性越强的教育形式越应该由中央政府来承担。从义务教育的准公共物品的特点出发，义务教育应该由中央政府负责；从义务教育供给的效率考虑，义务教育应该由中央政府和地方政府共同承担。

我国在实行分税制财政体制改革之后，中央政府的财政实力增强，根据国际经验，我国中央政府也应在义务教育财政投入方面承担更大的责任。我国历史上，义务教育财政供给也经历了"以乡为主"到"以县为主"重心上移的改革，原来因为看到乡镇一级政府财力不足难负其责，就将经费统筹责任放到了县一级政府；县级政府基本上也是依赖上级政府的转移支付，义务教育均衡发展必须加大省级政府的经费统筹责任。2006年新修订的《义务教育法》有了更大的突破，提出"义务教育经费投入实行国务院和地方各级人民政府根据职责共同负担，省、自治区、直辖市人民政府负责统筹落实的体制"。就是说在"以县为主"管理体制的基础上，进一步加大省级政府统筹落实的财政责任。但是这一条款只是指导性的意见，由于没有具体操作细则而无法落到实处。

基于实施两级转移支付制度的前提，建议由省级政府直接对市和县两级政府进行义务教育专项转移支付，由省级政府统筹义务教育的经费,这在一定程度上可以降低地区经济发展水平对义务教育投入的影响。省级政府相对于低一级的市和县级政府而言拥有更强的财政实力,更有能力承担统筹区域内义务教育经费的责任,既缩短了转移支付资金运转的链条、避免了资金运转的损耗,又考虑了基层政府的财力不足、缓解了基层政府财政支出的压力,同时也上移了义务教育财政责任重心、实现了省级政府的统筹落实责任,为义务教育公平目标的实现提供了有力的保障。

(三) 中央分步走上收部分事权

建议中央分步走上收部分事权,以减少地方政府的财政支出压力。第一,上收不存在行政体制障碍只需从技术层面进行调整的事务,如生态环保项目、大江大河治理、全流域国土整治等事务可上收中央。第二,上收事关全国外部性、市场要素自由流动和社会公平正义方面的事务,如食品和药品安全监管等事务上收中央。第三,将改革阻力大、操作难度高的事务,根据法治建设和政府体制改革进程,积极创造条件逐步上收中央。中央政府和地方政府的事权和事责划分明确后,考虑到事权和事责的调整将涉及一系列深层次问题,应该按照实施阻力由小到大、利益主体由少到多的原则,区别对待、稳步推进地方各层级政府之间的事权和事责分配。事权和事责分步走上收中央,并不是一收到底直接收到中央,而是应该在上级政府之间进行合理分配,将事权和事责从基层政府逐层上收逐级分配,从而改变基层政府事权和事责负担过重的局面。当然，事权和事责在上收过程中并不是完全重叠的，事权总是掌握在更高一级政府手里，事权和事责应尽量保持较多的重叠，实现事权和事责合理分布在不同层级政府之间。建议中央政府分步走上收部分事权，是为了缓解地方政府的财政支出的压力，以便地方政府能够保留充足的财力供给义务教育需求。

（四）政府选择有所为有所不为

我国目前现实的情况是，政府负责的公共事务越来越多，严重挤占了政府的义务教育供给，政府必须有所为有所不为地进行选择。首先清晰划分政府与市场的边界，政府的职能范围必须有限并可把握，政府与市场边界清晰是事权划分的前提。按照市场优先原则，市场可以承担的应由市场承担，政府和市场合作承担的应充分发挥市场的决定性作用，市场暂时不能承担的政府应该逐渐创造条件交由市场承担。明确政府与市场的职能边界，更重要的是政府职能转变、政府体制改革，政府也可以从企业退出、价格、要素等方面推进市场化改革。从义务教育供给来说，教育阶段越高，人们接受教育的目的性就越强，产生的私人收益高于社会收益，此时外部性和外溢性弱，政府应该优先保障义务教育的财政供给，因为高等教育能够创造较高的经济收入与条件，所以高等教育经费不应该主要由政府承担，建议将高等教育供给逐步推向市场，政府适时适量提供专项补贴，实现市场主导政府有限参与。

三　加快省直管县改革

在政府体制改革方面，要积极推进省直管县改革，尽快形成省市并立的格局，逐步取消乡镇层级政府，解决义务教育管理层级过多和经费运行过度损耗的问题。建立中央—省—市县三级政府体制，一级政府一级事权一级财政，市级政府主要管理城市，县级政府主要管理农村，并以法律制度的形式固定下来。实施省直管县改革、构建三级政府体制是历史的必然。第一，我国自秦朝实行郡县制以来，尽管政府层级屡次调整，但基本以县为主，元代开始建行省政区，县级政区从未被取消过，县域范围更适合行政管理，县级政区的稳定性更强，县域提供了重要的税赋，历史演变证明三级政府是可行的。第二，无论是单一制国家还是联邦制国家，包括中央政府在内的行政层级均不超过四级。美国为三级政府体制，英国以四级为主辅之以三级和二级，法国为四级政府体制，日本为三级政府体制，我国目前是五级政府体制，横向比较说明三级政府是可行的。第三，现代发达的交通网络为政府层级减少创造了硬件条件，现代信息技术为政府层级减少提供了软件条件。信息技术提高了上级政府对下级政府的控制效率，使上级政府可控范围增大、政府层级减少成为可能。信息技术使下级政府获得信息资源更加便捷，纵向信息资源传递依赖性弱化，横向政府之间的合作日益加强，信息时代使市县并立成为可能。第四，城镇化快速发展的结果显示，城市数量在不断增加，城市规模在不断扩大，在城镇化进程中，县域不仅是城乡统筹的节点，而且是未来空间布局的关键，县域将成为新的增长极，城镇化突出了县域的重要性，城镇化使市县并立成为历史的必然。第五，国家治理体系现代化要求独立协作的区域关系，市县并立既能增加县域的独立自主性，又能防范区域经济碎片化，国家治理体系现代化需要市县并立的区域格局。第六，历史经验证明，在社会稳定时期，行政区划上稳下变；在社会不稳定时期，行政区划上变下稳。在我国目前的稳定格局下，以节约行政成本、提高行政效率为目的改革，不宜草率变动省级行政区划，省级以下的行政区划改革具有可行性。

省直管县改革要最大限度地发挥省直管之利。政府层级调整离不开政府治理框架，政府层级调整即为财政层级调整，财政是国家治理的基础和重要支柱，要想提高财政效率，真正减少财政层级，必须改变现有的行政层级。首先，从解决基层财政困难角度看，我国分税制改革不彻底造成了基层财政困难。分税制的结果是中央集中了大部分税收同时下放了大部分事权，省级以下政府的财政分权仿效中央政府的做法，层层模仿最终导致基层政府的财政困难，推行省直管县将减少一级政府对县级的盘剥。如果行政层级减少，分税制得以在县级政府推行，各级政府通过固定的税收体系取得收入，县级政府的可支配财力增加，政府之间的盘剥关系将不复存在，要真正提高财政效率，必须依赖行政层级的调整。其次，从促进县域经济发展的角度看，县域经济的发展具有特殊的地位，推行省直管县改革，县级政府直接获得省级政府支持，县级政府可支配财力得到保障，突出了县级政府的作用，调动了县级政府的积极性，促进了县域经济的发展。推行省直管县改革从本质上讲，是想通过省直管县推动地方实行分税制，通过减少财政层级为推行分税制创造条件。从这个意义上说，财政直管需要在行政直管的基础上按照分税制框架进行改革。

省直管县改革要最大可能地回避省直管之弊。在发挥省直管县改革之利的同时，我们也应该看到并设法回避省直管县改革之弊。第一，省直管县改革绕不开市级政府定位难题。不摆正市级政府的位置，省直管县改革很难成功。在现有的行政层级序列中，市级政府高于县级政府，绕开市级政府就意味着放弃了市级政府发挥优势的可能。原来有一些市级政府财力比省级政府雄厚，市级政府对县级政府的支持力度会高于省级政府。调整前市级政府帮县级政府是天经地义，省直管县调整后，市级政府不再可能帮县级政府。第二，财政体制改革首先突围，与行政管理体制的冲突很大。财政事务虽是政府综合事务，但毕竟只是政府众多事务的一种。在经济管理和社会管理权限仍然归属市级政府时，县级政府财政体制与行政管理体制的摩擦在所难免。省直管县的财政直管必须与行政直管同步，避免与市管县行政管理体制发生冲突。第三，省直管县干部直接受省委领导，向省委负责并报告工作，出现了省委对县级干部的隔级管理问题，拉长了管理链条，增加了管理难度，形成了管理缝隙，产生了级差压力，会导致干部晋升渠道堵塞问题。第四，仅仅财政直管不能扭转市支配县的局面，会留下县域经济社会不能独立发展的隐患。财政关系变革属于"顶层设计"，应该把财政关系改革提升到制度、体制与机制建设的层面，与全面深化改革同步进行并统筹规划。第五，省直管县改革的法治化程度严重不足，不少学者为省直管县改革的合法性担忧，省直管县改革必须坚持法治取向，改革法治化必须体现在宪法和法律法规上。

四 改革政府激励机制

由于地方政府义务教育财政支出的动力不足，又缺乏科学有效的激励机制正面引导，需要尽快完善地方政府的政绩考核指标体系，加快地方政府官员的人事管理制度改革，优化对地方政府官员的激励制度设计，设置多元的政绩考核指标体系，逐步改变唯GDP的政绩观，建立以民生为导向的激励机制，回归民生政府本位。新的考核指标体系应该既有经济发展成果的指标，如GDP总量、财政税收等指标，也有经济发展代价的指标，如污染排放量、万元GDP耗能等。淡化经济发展指标并不意味着经济发展的重要性下降，中央应把经济发展指标提升到重量更重质的高度，将纯粹的量化考核改为量与质相结合的考评标准，综合考虑教育、医疗、环保等需要较多财力却只能贡献较少政绩的公共服务和生态环境指标，并同时考虑将经济发展的消耗成本作为约束性指标，既有利于调动地方政府经济发展的积极性，又保障了地方经济的持续性和协调性发展。考虑到经济效益影响的滞后性，避免政府官员的短期行为，应在政绩考核体系中引入时间因素，延长地方政府官员的政绩考核年限。对地方官员进行政绩考核时，不仅应考核官员现任期现辖区的经济效率指标，还要考核原任期原辖区的经济效率情况，以此纠正地方官员任期内盲目追求经济增长的扭曲行为，提高地方官员政绩考核的科学性和合理性，避免地方政府官员行政行为的短期效益。

五 加强法律制度建设

仅仅依靠相关政策的调整难以解决现实中的义务教育不公平问题，因为政策文件在落实过程中有很多主观性、临时性以及随意性，常常会受到政府决策者与政策执行者主观意志的影响，必须通过立法形式赋予政策的合法性与权威性，从而保障义务教育公平政策的严格执行。法治社会长期形成的对法律权威性、强制性及稳定性的认识，会使公民对法律法规具有强烈的敬畏感，义务教育公平目标实现的过程就是义务教育公平法律体系不断自我完善和演进的过程。

世界各国虽然在政治、经济和文化等方面存在差异，但是在追求义务教育公平的实践中，有着可以共同遵循的发展规律。许多国家以法律形式将义务教育财政支出固定下来，既保障了义务教育经费来源的稳定性，又保障了义务教育财政支出的公平性。如美国的《中小学教育法》《初等与中等教育法》《平等的教育机会法案》《2000目标：美国教育法》《不让一个孩子掉队法案》《改革蓝图：对〈初等与中等教育法〉的重新授权》等，在保障义务教育机会均等、促进义务教育公平方面做出了显著贡献。英国的《初等教育法》《费舍法案》《巴特勒法案》等，进一步明确了政府投入的主体责任，一方面通过法律途径解决了义务教育经费投入不足的问题，一方面利用法律手段解决了义务教育财政支出不均衡的问题。日本在"二战"后颁布的涉及义务教育的法律法规多达30部左右，其中诸如《义务教育费国库负担法》《义务教育诸学校设施国库负担法》《学校教育法》等，保障了义务教育经费投入的充足和稳定，实现了义务教育在全国范围内的均衡和公平。

我国目前在保障义务教育公平方面还没有明确的法律法规，从立法方面促进义务教育公平显得尤为必要和迫切，一方面要修订现有的政策文件，完善义务教育经费保障和教育公平的具体内容，并尽快上升到法律法规的形式颁布实施，同时要修订现有的相关法律法规，完善义务教育财政均衡和教育公平的相关内容，使之具有更强的可操作性；另一方面还要研究制定新的义务教育公平专门法律，清晰划分各级政府义务教育供给涉及的事权和事责，合理分配各级政府义务教育支出需要的财权和财力,如明确生均标准、师生比例、图书配备、校舍设施、校园面积等义务教育学校建设标准,规定各级政府的义务教育供给职责范围和经费分担比例,以法律制度的刚性约束保障义务教育财政资源的均衡分配,使经费支出标准、办学条件、教育质量等保持相对的均衡,将实现义务教育公平的目标纳入法治建设的轨道。

我国正在推行的财政体制改革、政府体制改革、国家治理改良等,对法律制度监督问责的要求更加迫切。从某种意义上说,国家治理的过程就是权力运行的过程,把权力关进制度的笼子里,使权力的运行有规矩,以服务于国家治理体系和治理能力现代化。法律是建立政治秩序、经济秩序、文化秩序和社会秩序的桥梁,因此立法改革是国家治理改良的关键环节。国家治理的改良主要依据法律来确认权力结构及运行体系的合法性,为政治、经济、文化和社会秩序的转换提供法律保障,以制度的形式来确认整套社会秩序转型的路径。换言之,国家治理改良应当以经济改革为先导来推进法治建设,再转变为以法治建设为路径来推动全方位改革,依法对经济利益和社会结构进行调整,通过立法成果引导政府公权力改革,使公权力运行的效用目标与公民利益的效用目标协调一致,进而实现全社会稳定和发展的可持续。

第八章 结语

一 研究结论

本书从我国义务教育生均经费支出面板数据的梳理中发现，广受关注的城乡之间义务教育生均经费支出差异已经不很明显，以往关注度不高的区域之间义务教育生均经费支出差异却相当突出。从我国目前普遍存在的义务教育生均经费支出区域差异分析入手，对我国区域之间的义务教育财政支出不公平问题进行了深入剖析，放弃经常使用的有因必有果的因果关系分析逻辑，努力追踪影响义务教育财政支出区域差异的各种相关因素，从财政支出、财政收入、制度因素、人口因素四个层面分析了影响义务教育公平的相关因素，既包括义务教育财政支出及相关影响、政府激励机制的效应、政府职能范围的大小、本级财政收入及相关影响、转移支付收入及相关影响、政府间财政关系、政府层级设置、法律制度建设等因素对生均经费支出分子的影响,又包括多方面原因导致的人口因素对生均经费支出分母的影响,这些影响因素归根结底都是源于财政体制和政府体制的深层次问题。因此,最后提出了实现义务教育公平的整体思路:制定全国统一的生均经费支出标准和办学条件标准,基于差异分配原则改革转移支付制度,即建立需求本位的资源分配模式和实施两级转移支付制度。在提出实现义务教育公平整体思路的同时,又从改革财政体制进而改革政府体制的角度,提出了实现义务教育公平的保障措施,厘清了解决义务教育公平问题的一般思路。

二 研究局限

由于本书中的统计分析数据都是省级面板数据,实证分析部分只是通过宏观数据进行评价,缺乏县域之间义务教育财政支出非均衡的比较分析研究,有些变量的统计数据很难获得一手资料,使实证研究不能完全贴近实际情况,导致问题分析与实际情况可能存在一定程度的偏差。

由于缩小了问题覆盖的研究对象和研究范围,所以忽略了与相关领域研究的融合、摩擦、相悖现象,因此得出的政策建议可能不够全面、客观、系统。本书仅从实践探索进行实证研究,并未提出自己的理论体系,更没有采用主流的计量分析。

三 未来展望

义务教育公平问题是涉及经济学、社会学、政治学和管理学等多学科的学术难题，未来的研究可以依托学科交叉的研究团队，采用跨学科领域的多种研究方法，找到更系统、更科学的协同研究方案，并试图从以下两个方面有所突破。

从全国31个省份来源于本级财政收入比重的区域差异和来源于中央补助收入比重的区域差异的对比分析，找到不同省份生均经费支出差距的不同主导原因，验证部分省份主要是因为本级财政支出比重较低而另一部分省份主要是因为中央补助比重较低的假设，并由此提出不同原因引起的生均经费支出区域差异应该选择不同的改善路径。

从全国31个省份来源于中央补助比重的区域差异分析结果，对比31个省份义务教育生均经费支出的区域差距，分析31个省份中央补助收入对地方政府财力补贴的充足程度，进一步验证转移支付制度对义务教育生均经费支出的影响程度，并依此提出转移支付资金分配的科学计算方法，进而改善转移支付制度，使之能够发挥财力均衡的作用。

参考文献

一、著作

埃莉诺·奥斯特罗姆：《公共事物的治理之道：集体行动制度的演进》，余逊达译，上海译文出版社，2012。

詹姆斯·M. 布坎南：《公共财政》，中国财政经济出版社，1991。

詹姆斯·M. 布坎南：《民主过程中的财政》，唐寿宁译，上海三联书店，1992。

阿瑟·奥肯：《平等与效率》，王奔洲译，华夏出版社，1999。

阿瑟·塞西尔·庇古：《福利经济学》，金镝译，华夏出版社，2013。

曾满超、丁小浩：《效率、公平与充足：中国义务教育财政改革》，北京大学出版社，2010。

成刚：《中国教育财政公平与效率的经验研究》，知识产权出版社，2011。

贾玉香、郭庆：《义务教育财政均衡：政策与效果》，经济科学出版社，2009。

约翰·康芒斯：《制度经济学》，赵睿译，华夏出版社，2013。

柯武刚、史曼飞：《制度经济学：社会秩序与公共政策》，韩朝华译，商务印书馆，2000。

理查德·A.金、奥斯汀·D.斯旺森、斯科特·R.斯威特兰：《教育财政——效率、公平与绩效》，曹淑江等译，中国人民大学出版社，2010。

厉以宁、吴易风、李彭：《西方福利经济学述评》，商务印书馆，1984。

王蓉、魏建国：《中国教育财政政策咨询报告》，教育科学出版社，2010。

约翰·罗尔斯：《正义论》，何怀宏、何包钢、廖申白译，中国社会科学出版社，1988。

约瑟夫·E.斯蒂格利茨：《公共财政》，纪沫等译，中国金融出版社，2009。

约瑟夫·E.斯蒂格利茨：《不平等的代价》，张子源译，机械工业出版社，2009。

岳军：《基本公共服务均等化与公共财政制度创新》，中国财政经济出版社，2011。

詹姆斯·M.布坎南：《公共财政》，赵锡军等译，中国财政经济出版社，1991。

张五常：《制度的选择》，中信出版社，2014。

托尔斯顿·胡森：《平等——学校和社会政策的目标》，载张人杰主编《国外教育社会学基本文选》，华东师范大学出版社，1989。

二、论文

褚宏启：《教育公平与教育效率：教育改革与发展的双重目标》，《教育研究》2008年第6期。

张长征等：《中国教育公平程度实证研究：1978~2004基于教育基尼系数的测度与分析》，《清华大学教育研究》2008年第2期。

田发、周琛影：《中国四大区域财政均等化考量》，《经济社会体制比较》2010年第6期。

田发、杨楠：《基于泰尔指数的区域财力均等化水平估算》，《商业研究》2011年第10期。

周志忍、陈家浩：《政府转型与制度构建——中国教育资源配置的政治分析》，《政论坛》2010年第17期。

刘剑文：《公共财政与财税法律制度的构建》，《政法论丛》2012年第1期。

温娇秀：《中国的财政分权与经济增长——基于省级面板数据的实证》，《当代经济科学》2006年第5期。

乔宝云、范剑勇、冯兴元：《中国的财政分权与小学义务教育》,《中国社会科学》2005年第6期。

殷德生:《最优财政分权与经济增长》,《世界经济》2004年第11期。

卢洪友、李凌:《财政分权视角下中国农村义务教育落后的原因分析》,《财贸经济》2006年第12期。

曾军平:《政府间转移支付制度的财政平衡效应研究》,《经济研究》2000年第6期。

刘溶沧、焦国华:《地区间财政能力差异与转移支付制度创新》,《财贸经济》2002年第6期。

田发:《财政转移支付的横向财力均等化效应》,《当代财经》2010年第4期。

田发:《财政均等化:模式选择与真实度量》,《财经科学》2011年第3期。

袁连生:《我国义务教育财政不公平探讨》,《教育与经济》2001年第4期。

沈百福:《义务教育投入的城乡差异分析》,《教育科学》2004年第3期。

付文林、沈坤荣:《均等化转移支付与地方财政支出结构》,《经济研究》2012年第5期。

李祥云:《关于我国义务教育财政公平问题的探讨》,《教育科学》2000年第3期。

李祥云:《义务教育财政转移支付制度:日本与美国模式》,《教育与经济》2004年第2期。

倪红日等：《基本公共服务均等化与财政管理体制改革研究》，《管理世界》2012年第9期。

孙志军、杜育红：《中国义务教育财政制度改革：进展、问题与建议》，《华中师范大学学报》2010年第49期。

王善迈：《教育公平的分析框架和评价指标》，《北京师范大学学报》（社会科学版）2008年第3期。

王善迈、袁连生、刘泽云：《我国公共教育财政体制改革的进展、问题及对策》，《北京师范大学学报》（社会科学版）2003年第6期。

袁连生：《我国义务教育财政不公平探讨》，《教育与经济》2001年第4期。

三、英文文献

PaulineRose, Yusuf Sayed, "Needs – Based Resource Allocation in Education via Formula Funding of Schools", *International Journal of Educational Development* 22 (2002): 101 – 103.

RobertBerne, Leanna Stiefel, "Measuring Equity at the School Level: The Finance Perspective", *Educational Evaluation and Policy Analysis* 16 (1994): 405 – 421.

Allan Odden, "Improving Educational Productivity and School Finance", *Educational Researcher* 24 (1995): 6 – 22.

Mary ClareAhearn, Maureen Kilkenny, Sarah A. Low,

"Trends and Volatility in School Finance", *American Journal of Agricultural Economics* 91 (2009): 1201 – 1208.

EmilyHannum, Xuehui An, Hua-Yu Sebastian Cherng, "Examinations and Educational Opportunity in China: Mobility and Bottlenecks for the Rural Poor", *Oxford Review of Education* 37 (2011): 267 – 305.

Caroline M. Hoxby, "All School Finance Equalizations are not Created Equal", *The Quarterly Journal of Economics* 116 (2001): 1189 – 1231.

LiChunling, "Sociopolitical Change and Inequality of Educational Opportunities", *Chinese Education & Society* 45 (2012): 7 – 12.

Sheila E. Murray, William N. Evans, Robert M. Schwab, "Education – Finance Reform and the Distribution of Education Resources", *The American Economic Review* 88 (1998): 789 – 812.

Thomas J. Nechyba, "Public School Finance and Urban School Policy: General versus Partial Equilibrium Analysis", *Brookings – Wharton Papers on Urban Affairs* 2003 (2003): 139 – 183.

Ross Rubenstein et al, "Equity and Accountability: The Impact of State Accountability Systems on School Finance", *Public Budgeting & Finance* 28 (2008): 1 – 22.

GabrielaSchütz, Heinrich W. Ursprung, Ludger Wößmann,

"Education Policy and Equality of Opportunity", *Kyklos* 61 (2008): 279-308.

Matthew G. Springer, Keke Liu, James W. Guthrie, "The Impact of School Finance Litigation on Resource Distribution: A Comparison of Court-mandated Equity and Adequacy Reforms", *Education Economics* 17 (2009): 421-444.

图书在版编目（CIP）数据

区域差异与教育公平 / 韩良良著 . -- 北京：社会科学文献出版社，2021.10
（传统农区工业化与社会转型丛书）
ISBN 978 - 7 - 5201 - 8760 - 2

Ⅰ.①区… Ⅱ.①韩… Ⅲ.①义务教育-教育制度-研究-中国 Ⅳ.①G639.22

中国版本图书馆 CIP 数据核字（2021）第 152843 号

·传统农区工业化与社会转型丛书·
区域差异与教育公平

著　　者 /	韩良良
出 版 人 /	王利民
责任编辑 /	张　超
责任印制 /	王京美
出　　版 /	社会科学文献出版社·皮书出版分社（010）59367127 地址：北京市北三环中路甲 29 号院华龙大厦　邮编：100029 网址：www.ssap.com.cn
发　　行 /	市场营销中心（010）59367081　59367083
印　　装 /	三河市尚艺印装有限公司
规　　格 /	开　本：787mm×1092mm　1/16 印　张：23　字　数：228 千字
版　　次 /	2021 年 10 月第 1 版　2021 年 10 月第 1 次印刷
书　　号 /	ISBN 978 - 7 - 5201 - 8760 - 2
定　　价 /	128.00 元

本书如有印装质量问题，请与读者服务中心（010 - 59367028）联系

版权所有 翻印必究